人間関係の心理学

第2版

齊藤 勇 編

誠信書房

はしがき

　人間関係の心理学に興味をもっている人は多い。興味どころではなく，人間関係に悩み，心理学に真剣に答えを求めている人も多い。大学の講義でもカウンセリングルームでも，人の心や自分の心を知ることができる「心理学」には関心が高い。

　しかし，関心をもって勉強を始めたあと「心理学って何か難しい言葉が多くて」とか，「私の思っていたのと全然違っていて……」などというあまりかんばしくない感想を聞くことが少なくない。

　人間関係の心理学に興味をもって，心理学の勉強を始めた人は，人の複雑な感情や性格，人と人との人間関係の心理について詳しく知ることができるのではないか，自分でもわからない自分の深層心理や相手の心理を解く鍵を教えてもらえるのではないか，と思っているのであろう。

　ところが，一般の心理学の講義では，心理学史や方法に始まり，難しい知覚法則や数式，細かい学習実験などに，かなり時間が割かれてしまう。感情の話にしても脳生理の話が中心となる。もちろん，性格や人間関係についても触れられることになっているが，そこに行くまでにもう初心者の心は心理学から離れていってしまっていることが多い。

　せっかく興味をもって始めたのに，これは残念なことである。そこで本書は，初めから人間関係を中心に心理学を紹介していこうと思う。人間関係の発達や印象形成，好きや嫌いの対人感情，援助行動や攻撃行動，性格と人間関係など，アカデミックな範囲内で興味のもてるテーマを順次取り上げ，それをできるだけわかりやすく説明することにした。人間関係の心理学に興味をもっている人のための入門書，本書はそんな心理学の案内役をめざして作成されている。

ページ配置は，各右ページにトピックス欄を設けて，重要な実験や事柄をひとまとめにして，理解しやすいようにした。さらに，図や表やイラストなどを多用して，印象に残るような構成にした。

　本書の第1版は，出版してから20余年を経ているが，幸い今でも，好評を保ってきている。ただ，この間に心理学は発展し，新しい流れや新しい知識が生まれてきている。そこで，今回，第1版の基本は変えずに，新しい流れや知識を加えて第2版を出版することとした。第1版同様，本書を通して人間関係の心理学への興味をいっそうふくらましていただけたら幸いである。

　　2007年　秋

　　　　　　　　　　　　　　　　　　　　　　　　　　　　編　者

目　次

はしがき　*iii*

序章　人間関係の心理学 ──── *1*

第Ⅰ部　人間関係の発達と性格

1章　社会性の発達と性格の形成 ──── *12*
　1　発達初期の人間関係　*14*　　2　発達段階と人間関係　*22*

2章　人間関係を通しての学習 ──── *32*
　1　基本的な学習のメカニズム　*32*　　2　社会的学習のメカニズム　*38*

3章　性格と対人行動 ──── *40*
　1　精神分析的性格論　*40*　　2　性格特性論　*46*
　3　臨床心理学からみた性格と人間関係　*50*
　4　自己特性と人間関係　*54*

第Ⅱ部　人間関係の認知と感情

4章　人間関係の認知 ──── *56*
　1　対人認知の内容　*56*　　2　人間関係の帰属　*66*　　3　社会的比較　*78*

5章　感情と人間関係 ──── *87*
　1　対人好悪の感情　*87*　　2　情緒と対人関係　*96*

6章　態度と人間関係 ——— 105
　　1　態度の特性　105　　2　態度の形成　106　　3　態度の変化　110

第Ⅲ部　人間関係における欲求と行動

7章　社会的欲求と行動の分類 ——— 122
　　1　欲求と行動のいろいろな関係　122
　　2　さまざまな欲求とマレーの欲求-圧力仮説　124
　　3　社会的欲求は生得的か獲得的か　126

8章　対人的行動 ——— 131
　　1　援助行動と攻撃行動　132　　2　達成行動と親和行動　142
　　3　支配行動と服従行動　152　　4　協同的行動と競争的行動　162
　　5　フラストレーションとコンフリクト　168

第Ⅳ部　集団のなかの人間関係

9章　集団の構造と成員の行動 ——— 176
　　1　インフォーマル・グループとフォーマル・グループ　176
　　2　インフォーマル・グループの構造　178
　　3　フォーマル・グループの構造　180

10章　集団の形成と集団機能 ——— 186
　　1　集団の形成と集団の魅力　186　　2　集団規範の形成と維持　192

11章　集団への同調と反発 ——— 198
　　1　同調行動とその心理　200　　2　本心からの同調？　202

3　非同調者への圧力　*202*
　　4　マイノリティ・インフルエンス　*206*

12章　リーダーシップとフォロアーシップ ——— *209*
　　1　リーダーシップの機能　*209*
　　2　望ましいリーダーシップのあり方　*210*
　　3　リーダーと成員の関係　*212*
　　4　交換型リーダーシップと変革型リーダーシップ　*214*

13章　偏見とステレオタイプ ——— *218*
　　1　偏見とは　*218*　　2　偏見形成の機制　*220*

参考文献　*227*
人名索引　*235*
事項索引　*238*

序章　人間関係の心理学

1．人間関係の科学

　人間関係の心理については，古くから洋の東西を問わず，多くの人により語られ，書物に記されてきている。「衣食足りて礼節を知る」とか「類は友を呼ぶ」など哲人や英雄の名言や，それぞれの文化により語り継がれている格言・ことわざには，人間関係に関するものが豊富にみられる。これらは，私たちがいかに人間関係に関心が高いか，また人間関係が私たちの心理や生活にいかに深くかかわっているかを示しているものといえよう。人間関係の心理について調べていくと，各文化においてすでに多くの知識が積み重ねられ，図書館を埋めつくすほどの文化的遺産が存在する，といっても過言ではないであろう。

　それでは，現代の心理学はこのような蓄積に対して，どのような新しいアプローチを試み，新たに何を付け加えようとしているのであろうか。近代心理学が成立して百年以上が経過しているが，人間関係に関する近代心理学的アプローチの特徴と，それをベースにした人間関係の心理学の特徴について，まず概観してみようと思う。

　人間関係についての知識には，人間関係とはこういうものであるというような事実の記述と，人間関係とはこうあるべきだという道徳的・倫理的規範を述べたものとがある。現代の心理学のアプローチは，前者をめざし，人間関係の心理について客観的事実や法則を集積していこうとしている。そこでは理論を構築し，その理論に基づく仮説を立て，それらを自然科学的方法に基づいてデータを収集し，それをもとに理論を実証し，法則を構成していく，という方法を基本としている。心理学は，良かれ悪しかれ，近代において著しい成功を収めた物理学を一つの範として発展してきたといえよう。このような近代心理

学の方向は，自ずと，心理学の対象を目に見えない心や精神から，客観的にとらえやすい心の働きとしての意識，さらには行動に重点を移し，行動から心理を推察する方法をとることになった。そして，心理学は，客観的事実を収集し，分析するために，多くの方法を開発してきたのである。人間関係の心理についても，最近は厳密な実験や正確な調査など，科学的アプローチに基づいたデータ収集と分析が多く行われるようになってきている。本書は，このような人間関係の心理に関する科学的研究を集め，紹介することをめざしている。

ところで前述したように，人間関係の心理についてはすでに多くが語られているので，このような科学的方法によったとしても新しい発見などないのではないか，という疑問が出されるかもしれない。たしかに，人間関係の心理学は，まず各々の文化のもっている大量の経験的知識に学ぶべきであろうと思われる。しかし，これらの知識は体系化されておらず，何が事実であるか，教訓であるか，真理であるか，明確ではない。人間関係の心理学は，これらを整理し，あいまいな点や矛盾する事項などを，新たな実験や調査を行うことにより明らかにし，人間関係の心理に関する知識を体系化し理論化していくことを進めている，といえよう。

たとえば「渡る世間に鬼はなし」「旅は道連れ世は情」というように，人間関係は信頼できるということわざがあるかと思えば，逆に「人を見たら泥棒と思え」などの，人間は信用できないという格言もある。発達についても，「氏より育ち」ということわざと「蛙の子は蛙」ということわざとがある。これらはいずれも相反することわざであるが，どちらもよく使われ，世間の常識として通用している。それでは，どちらが本当なのであろうか。古くから両方とも格言として通用しているのである。それゆえ，両方とも本当であるといえよう。そして，この二つは相反する記述ではあるが，事実が相反するのではなく，現実の社会では，世間は鬼なしのほうが該当する場合と，人は皆泥棒のほうが該当する場合とがあるということなのであろう。ただ，世間の常識的知識は，各々が該当する場面や条件や状況を的確に分類するほど，詳しくもなくまた正確でもない。実はここに，心理学の学問としてやるべき仕事があると思わ

トピックス 1

集団と人間関係研究のパイオニア

《レヴィンの集団力学》

　レヴィンは，集団や人間関係の心理学的研究に非常に大きな影響を及ぼした人といえよう。彼の影響は次の三つに代表される。一つは独自の理論（トポロジー心理学・パーソナリティ力学説・集団力学）を展開し，心的事象の理論化を進めたことである。レヴィンの「よい理論ほど実用的なものはない」ということばに科学における理論の重視が表されているといえよう。哲学と科学に秀でていた彼は，心理学の科学としての位置を明確に把握し，心理学には概念の明確化と実験的研究，そして実践研究が必要である，と指摘したのである。

　レヴィンの心理学への第二の貢献は実験的研究にある。意志や感情・要求水準・心的飽和（飽き）・心的葛藤（コンフリクト）など，きわめて日常的な問題を学問的に取り上げ，理論化し，実験室で実験的に検討できるように工夫している。レヴィンはベルリン大学でゲシュタルト心理学を学んだが，それまで誰もこのような日常生活の問題を心理学的に検討する人はいなかった。

　1935年，アメリカに渡ったレヴィンは，その才能をいかんなく発揮し，アメリカ心理学，特に社会心理学に大きな足跡を残すことになった。ドイツでナチス・ドイツを目のあたりにしたレヴィンは，集団と人間関係に関心が強まり，集団内の力関係を理論化し，それを実験的に検討する学問として集団力学（**グループ・ダイナミックス**）を創設した（1944年）。レヴィンは集団力学の研究すべき課題として，①集団の生産性，②コミュニケーションと対人的影響過程，③対人的認知，④集団成員間の相互作用，⑤集団の所属性と個人の適応，⑥リーダーの訓練と集団機能の改善などをあげた。この課題設定がその後の集団と人間関係の研究の方向を定めたともいえよう。

　さて，レヴィンは心理学における理論は常に社会に寄与し，また実践的に証明されなければならないとし，実践活動に力を注いだ。この実践的研究（アクション・リサーチ）は，第三の心理学への貢献ということができよう。

　このようなレヴィンの独創性と実践力は，後に本文やトピックスで紹介する少年集団における民主的・専制的リーダーシップの研究，主婦に対する食生活の改善を進める集団決定の研究，さらには人間関係を良くする感受性訓練の研究などに代表されている。

(Marrow, 1969)

れる。人間関係の心理学は、人間関係の種々の心理や行動の生起についてその条件や状況を明確にし体系化していくことをめざしている。私たちは人を信用し全面的に協力することもある。また、疑いをもち非難し攻撃することもある。それでは、どのような場合に人を信用し、協力的行動をするのか、どのような場合に信用できず攻撃的行動がなされるのであろうか。このような詳細な分析と体系的な理論は、世間の常識を越えており、心理学が人間の社会に新しい知識を加えることになると思われる。

　本書では、このようなアプローチによって得られた人間関係に関する心理学の知識を、順次紹介していくことにする。ただ、前述したように、人間関係の心理学は、対象の複雑さと学問の歴史的浅さゆえに、十分に完成された知識体系とはいえないと思う。それゆえ、入門者においても、本書の内容を確固とした知見の記述としてみるよりも、人間関係の理解に対する新しい試みという方向に力点を置いて読んでいただきたいと思う。

2．現代の心理学の流れ

　近代心理学を成立させたのはヴントであるが、現代心理学はそのヴントの心理学を批判していく流れのなかで形成された、と考えられる。ヴントは1879年ドイツのライプツィヒ大学に初めて心理学実験室を設立した。一般に、この時をもって心理学が哲学から別れ、自然科学的な学問の一つとして独立した、とされている。ヴントの心理学は、その対象を意識とし（**意識心理学**）、意識を分析することにより心が解明できるとした（**分析心理学**）。そして、通常の意識は単一意識という要素の組み合わせから構成されていると考え（**要素心理学**）、通常の意識が単一要素によっていかに構成されているかを、実験（といっても内省的な方法）を通して研究していった。

　ヴントと同時代、アメリカでは、ジェームスが同じ意識を対象としながらも意識の機能（意識の働き）に焦点を合わせた機能主義の心理学を展開していた。ジェームスのもとで、ワトソンは、意識の働きの結果としての行動に研究の重点を置くようになり、心理学が科学をめざすのなら、とらえにくい意識よ

トピックス 2

深層心理の探究

≪フロイトの精神分析学≫

　フロイトによれば，私たちのどんなささいな言動も偶然によるものではなく，何らかの意図の表れであるとされる。ただし，その意図は自覚されているとは限らず，しばしば**無意識**である。たとえば，ある時ある司会者が，開会の挨拶として「定足数に達しましたので，これから閉会にします」と言い間違えた。これは，フロイトによれば，単なる偶然ではなく，その司会者が「こんな会は早く閉会にしてしまいたい」という気持ちを無意識のうちにもっていたからである。司会者は，会を司会する義務があるので，たとえ個人的に嫌だとしても，勝手に会を閉じることは責任上許されない。したがって，こんな会は早く閉会にしてしまいたいという社会的に許容されない気持ちは無意識の領域に追いやられ，その人自身がその気持ちに気がつかない。しかし，それでその気持ちが消えてしまうわけではなく，**言い間違いや夢**などの形をとって表現されることになる。精神分析学は，表現されたこれらの手がかりをもとにして，私たちの心の奥底にある無意識の内容を探求しようとするのである。無意識の内容を明らかにすることは，神経症の治療および自分自身の行動をより良く管理することなどに役立つと考えられている。

　無意識の内容としては，主に他人に対する憎しみや敵意，性的欲求や金銭的な欲求，怒りなど，礼儀や道徳に合わない反社会的な気持ちをあげることができる。フロイトはこのような無意識の内容をひとまとめにして**エス**と呼んでいる。エスは，礼儀や道徳など，社会規範を無視して，ただひたすら自分の満足を得ようとする傾向をもっている。この傾向を指して，エスは**快感原則**に従うという。フロイトは，性的快感を追求する本能的エネルギー，すなわち**リビドー**がエスに貯蔵されていて，これが人間行動の原動力になると考えている。しかし，人が社会に適応した生活を続けていくためには，盲目的なエスの欲求を社会規範に合うように調整する働きが必要である。このような働きを行うのが**自我**である。また内面化された社会規範は**超自我**と呼ばれる。自我は，外の環境を考慮し，超自我と調整し，エスの欲求満足を図ろうとする。フロイトはこの傾向を指して，自我は**現実原則**に従うといっている（図参照）。

　フロイト以後，神経症の発生やパーソナリティの発達に関して，フロイトの生物主義的な考え方をしりぞけ，社会や文化の果たす役割を重視する**新フロイト派**（ホーナイ，サリヴァン，フロムなど）が現れている。

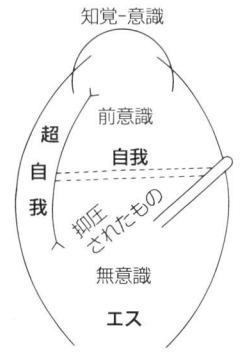

フロイトの精神図式

りも客観的に観察可能な行動自体を対象にすべきだとし，1910年代に**行動主義の心理学**を提唱した。1930年代，ハル，スキナー，トールマンらによって，心理的働きも考慮に入れて行動を考えるという新行動主義が唱えられ，その後この考え方が，学習理論などを中心に，1960年代まで心理学の中心であった。1970年代になると認知主義の心理学が評価され，以後，現在に至るまで，**認知心理学**が心理学の中心となっている。人間関係の心理学においても，**社会的認知**の研究が盛んに行われてきている。

ところで，フロイトは，1900年代初めに心理学の対象を意識の世界から無意識の世界にまで拡大し，人間の行動の多くは意識できない無意識の世界にある性的エネルギー（リビドー）によって決定されているとした。フロイトは，ある人の心理を知るにはその人の無意識の世界を知らなければ理解できないとし，精神分析学を創設した。以後，精神分析は，人間関係の悩みなどから精神障害に陥った人の分析や治療を行いながら諸理論を発展させてきており，人間関係の心理に多くの知識を与えてきている。1950年代になると，アメリカにおいて，**実験社会心理学**が盛んになり，人間関係についても実験的検討がなされるようになったが，多くの研究が精神分析の知見の実証的検討から始められていることからも，フロイトの影響の大きさがうかがい知れる（トピックス②）。

1910年代，ドイツのベルリン大学で，ウェルトハイマーやケーラーやコフカらがヴントの要素主義を批判し，要素が組み合わされて全体が構成されるのではなく全体が部分を規定していくのである，という**ゲシュタルト心理学**を提唱した。ここでは，全体がいかなる形態（ゲシュタルト）をしていると知覚されるかが人と外的事象との対応を決定する，とされている。行動主義が外的事象（刺激）の受け入れに重点を置いているのに対し，ゲシュタルト心理学は外的事象のとらえ方に重点を置いており，認知主義心理学の源泉といえよう。

1930年なかば，ドイツでナチスが台頭し始め，それと同時にドイツの多くの心理学者はアメリカに亡命していった。こうして，ゲシュタルト心理学と行動主義の心理学がアメリカ各地で交流し，現代のアメリカ心理学の発展をみる

トピックス 3

私の敵の敵は私の味方？

《ハイダーの対人関係のバランス理論》

　私たちは，自分が好きになった人は，相手の人もまた自分を好きになっていると思う傾向がある。また，自分が嫌いな人は，相手の人もまた自分を嫌いにちがいないと思う。逆に，ある人が自分に好意をもっていることを知ると，自分もその人を好きになる。

　ハイダーは，私たちが相手にもっている好悪感情と相手が自分に対してもっている好悪感情が，一致していると思っている場合をバランス状態，一致してないと思っている場合をインバランスな状態としている。そして，インバランスな状態は心理的に不快であり葛藤や緊張が生じるので，バランス状態に移行しようとする傾向があるとしている。

　このような二者関係に加えてさらに三者関係について考えてみると，私たちは，自分が好んでいる人（もの）については私たちが好意をもっている人もまた，その人（もの）を好んでいると思いがちであり，逆に私たちが嫌悪している人が自分と同じ人（もの）を好きであると聞くと，なにか嫌な気分になるものである。

　ハイダーはこのような私たちの感情と認知の関係について詳しく検討し，次のようなバランス理論，すなわち動態的な **P-O-X モデル**を提唱している。このモデルは，自分（P）が相手の人（O）にもっている関係（P-O）と，自分と相手の双方が関係していると思われる人や事象（X）に対する自分の関係（P-X）と，相手のそれに対する関係についての私たちの知識（O-X）の 3 関係が，バランスに向かおうとすることを基本としている（図参照）。

　心理的にインバランス状態になったときは，可能なバランス状態の一つに向かって認知や感情の再編成が行われ，好きだった人を嫌いになったり，嫌いだったものを好きになったりして，いずれかの関係を変更し安定した心理状態に落ち着く，と理論化している。

（Heider, 1958）

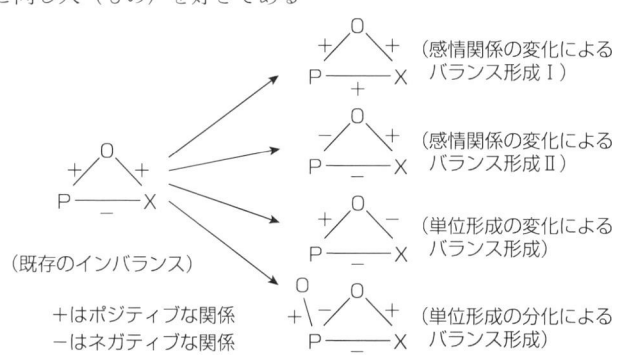

ハイダーのバランス理論：既存のインバランスな関係がバランスに向かう変化の可能性の例示

ことになったといえよう。なかでも，人間関係の心理学に関しては，ドイツからアメリカに渡ったゲシュタルト心理学者，レヴィンとハイダーの活躍は目ざましい。レヴィンは，集団や人間関係の理論を実験的に検討し，グループ・ダイナミックス（集団力学）を提唱して，以後隆盛となる実験社会心理学の基礎をつくりあげたといえよう（トピックス①）。またハイダーは，「対人関係の心理学」を提唱し，1970年以降，心理学の中心となる認知心理学の人間関係の心理学における，先駆的役割を果たしたといえよう（トピックス③）。

　さて，近代心理学は，ヴント以来自然科学をめざし，客観的科学であろうとしてきている。このような方向に対し，その後，心理学はもっと人間の価値や本質について考えていかなければならない，という新しい流れが生まれてきた。ビンスワンガー，フランクル，マスローらによる**人間性の心理学**である。

　また，西欧中心で進められてきた心理学も，近年ではその普遍性に疑問がもたれはじめ，**文化相対論**から，人間関係の心理についても比較文化的なアプローチが多くなされるようになってきている。

トピックス 4

文化によって異なる人間関係のあり方

≪マーカスとキタヤマの文化的自己観≫

　人と人との関係については，文化によって考え方が大きく異なる。このことは，自分と自分の周りの人びととのかかわり方に大きな影響をもっている。つまり，文化によって，周りの人びととの関係のあり方や，人間関係における自己のあり方に関する考え方が，かなり異なることになる。マーカスとキタヤマは，こうした違いが文化的自己観によって生じていると考え，日本人とアメリカ人の自己と周りの人びととのかかわり方の違いに焦点を当てた検討を行っている。

　文化的自己観とは，文化によってつくられた，「人とはどのようなものであるか」ということに関する見方（人間観）のことである。日本人は，他者との関係を重視する相互協調的自己観（左図）が優勢であり，自己は他者と結びついており，関係に埋め込まれた存在であるととらえている。そのため，他者との関係性やその関係をとりまく状況を基準に，自分の判断や行動が行われやすく，結果として他者の願望や意図，状況に合わせた協調的な行動がとられる。一方，アメリカ人は，独立性を重視する相互独立的自己観（右図）が優勢であり，自己は，他者から独立しており，周りの人びととの関係から切り離されて認識される傾向がある。したがって，どのような状況でも，かかわる相手が誰であっても，自分の願望や意図を基準に自分の判断や行動が行われる。つまり，他者と異なること，またそれを主張することが当たり前なのである。このように，対人関係のもち方は，それぞれの国の文化において共有されている人間観によって大きく異なる。

(Markus & Kitayama, 1991)

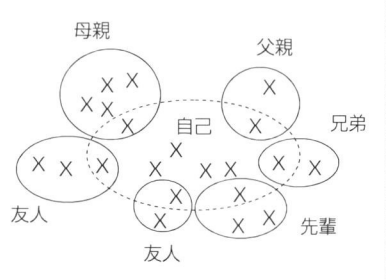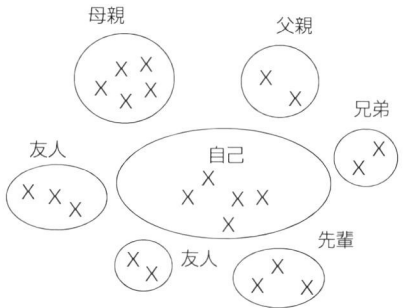

相互協調的自己観のモデル（左）と相互独立的自己観のモデル（右）
　図中の X は各自がもつ特性や意図や態度を示す。相互協調的自己観では，意図や態度が他者と共有されており，かかわる他者から影響を受けて形成されるととらえられる。

トピックス 5

人間関係における役割と交換

《役割理論と交換理論の基本的考え方》

(1) 役割理論

社会生活をするなかで，私たちは，他人が自分にどう対応するかをある程度予測することができる。たとえば，警察官に道をたずねれば，たぶん親切に教えてくれるだろうと考えることができる。これは，その警察官が個人的に意地悪な性格かどうかにかかわらず，警察官の役割として，道を教えてくれることへの期待が一般にあり，またそれに応えて実際に警察官としての職業的役割（この場合は道を教えること）が遂行されているからである。

職業的役割に限らず，年齢・性別・家庭内の位置・社会組織上の地位などに応じて，期待された行動様式としてのさまざまな役割がある。私たちの社会生活は，他人に対して役割の遂行を期待し，同時に，自分に対して期待された役割を果たそうとすることによって成立し，その安定性を維持していると考えられる。このように対人関係を，役割の概念を用いることによって記述し分析しようとする考え方を，役割理論という。

ミードは，今世紀の初め，社会における自己の形成過程を論ずるなかで，役割の概念を導入した。その後の役割理論の展開は，文化人類学者リントン，社会学者マートン，社会心理学者ニューカムなどの考え方にみられる。

(2) 交換理論

私たちは社会生活において，交換つまり損得勘定で動いていると考えられる。たとえば，5000円の報酬（交換）を求めてアルバイトに出かける。5000円にしては楽な仕事だったら得した気持ちになる。人間関係も交換（損得）で考えることが多い。好きになったのに嫌われると損した気持ちになり，嫌気がさす。援助をして感謝されないと腹が立つのは，損した気分になるからである。このように，対人行動を**報酬**と**コスト**（この場合は労力）の交換過程ととらえることにより，種々の交換理論が提示され，対人関係とその変化が研究されている。

たとえば，社会心理学の分野で，交換過程を研究したシボーとケリーは，報酬からコストを差し引いたものを成果と呼んだ。この成果には二つの判断基準がある。第一は，比較水準であり，この水準によって成果が満足すべきものかどうかが決定される。第二は，他との比較では選択水準であり，この水準によって成果が出た対人行動を継続すべきかどうかが決定される。そして，彼らは，このような理論的枠組みを用いることによって，社会的相互作用の展開過程の検討を行っている。また，社会学者ホーマンズは，小集団内部の交換過程の考察を行い，社会的秩序の成立過程を説明しようとしている。

第 I 部
人間関係の発達と性格

1章　社会性の発達と性格の形成

　私たちは人間関係のなかで育っていく。人間関係を通して性格を形成し，自己を成長させ，人間らしく発達していく。両親から受け継いだ遺伝的な素質をもとに家庭や地域社会のなかで養育され，仲間や友達と協力したりケンカしたりすることで，社会性を発達させていくのである。

　私たちの発達を促進させ性格を形成していく要因には，大別すると，両親から受け継いだ遺伝的要因と，生まれた土地の文化や両親の養育方法，周囲の友達や仲間などの環境的要因とが考えられる。心理学には，発達を促進させるのは遺伝と環境のどちらの要因が重要か，という論議（**遺伝説**と**環境説**）がある。しかし，現在では，いずれにせよ双方が互いに働きかけながら相互作用をしていくという**輻輳説**がとられており，むしろ問題は，遺伝的要因と環境的要因がいかに関連しているか，という点に焦点が当てられているといえよう。

(1)　遺伝的要因重視の考え方

　遺伝的要因を重視する考え方は，性格の核になる部分は環境の影響を受けながらも変容しにくい，と主張する。遺伝子の研究や脳科学の進歩により，また進化心理学の発展により，発達における遺伝的要因の重要性がますます指摘されてきている。人は環境の影響を大きく受けるとはいえ，生物学的な要素は進化により方向づけられ，遺伝によって受け継がれており，これによって発達が方向づけられる可能性は大きい，と考えられるのである。

(2)　環境を重視する考え方

　環境条件には，海や山，また気候などの自然条件や，都市・建物など人工的なものも含めた物理的環境と，育っていく社会の文化的・人間関係的環境，たとえば家庭における親の養育態度・きょうだい関係・出生順位・学校や近隣の

トピックス 6

子どもの性格形成に及ぼす社会的要因

《東らの性格形成要因の研究》

(1) 育児方法の要因

乳児に対する授乳や愛撫の方法や回数，離乳や排泄のしつけの時期や方法，睡眠・食事・清潔・着衣など基本的習慣のしつけの方法，子どもの感情（怒り・恐れ・甘え）をめぐるしつけなど。

(2) 親の養育態度の要因

上記の育児方法が行われる際の親が子どもに示す一般的態度，支配的か拒否的か溺愛的か放任的かなど。また一貫性や矛盾がないかなど。

(3) 親の教育的・文化的水準の要因

教育程度・教養・教育観・親と子どもの間の考え方のずれなど。

(4) 家庭（親）の社会経済的地位または社会階層の要因

職業・職種・役職・収入・居住条件・耐久消費財の有無など。

(5) 家族構成と家族関係の要因

核家族か多世代同居か，ひとりっ子か否か，出生順，親-子，夫-妻，きょうだい間の役割分担や愛情関係，コミュニケーション関係，勢力関係など。

(6) 友人集団と友人関係の要因

各年齢段階における友人集団や学級集団における地位・勢力関係や，ソシオメトリー関係など（特に非行集団・非行文化）。

(7) （青年の場合の）職業の要因

勤務先・職業・職種および職場での地位や仲間関係，集団作業意欲など。

(8) 居住地域の要因

都市か村落か，へき地（離島）か，都心部か郊外か，商（工）業地区か住宅（文教）地区か，開発途上地域かなど。

(9) 文化の型の要因

言語・宗教・生業・技術・法・教育や，その他の生活様式を通じて一貫してみられる特徴から抽象された型（パターン）。

(10) 以上のいくつかが複合した要因

たとえば，都市近郊の団地サラリーマンの家族における子どもの人格形成，といった場合。

(東ら，1970)

人間関係などがある。これらの要因が人の行動様式や性格の形成に大きな影響を与える，というのがこの考え方である。東ら（1970）は性格の形成に影響を及ぼす重要な文化的・人間関係的要因として，トピックス⑥のような10項目をあげている。

(3) 二要因の関係を重視する考え方

人の発達は，遺伝的要因にしろ環境的要因にしろ，いずれか一方のみで規定されるものではない。私たちの発達過程には「蛙の子は蛙」という面も「朱に交われば赤くなる」という面もある。現在の大方の心理学は，いずれにせよ双方が互いに働きかけながら相互作用して発達を促進するという説（輻輳説）をとっており，それゆえ，いずれであるかという論議よりも，むしろ遺伝的要因と環境的要因がいかに関連して発達を促していくか，という点に焦点が当てられているといえよう。次に紹介する人間の生まれ方の特徴をみても，人が生まれるときの遺伝的・生物的特徴は，他の動物と比べものにならないほど，人間関係的要因を重要なものにしていることがわかろう。

§1　発達初期の人間関係

1．人間の生まれ方の特徴

ポルトマン（1944）は，人間を含む哺乳類について，その誕生時のいろいろな状態の分析から，留巣性と離巣性とに分類できることを指摘した。

留巣性というのは，誕生後しばらくの間は巣にとどまって，親の完全な保護のもとに育てられ，ある程度発達を遂げてから巣を離れて自由行動ができるようになる特徴を意味している。また，**離巣性**というのは，誕生後まもなく自力で巣を離れて自由行動ができるようになる特徴を意味している。

一般的に留巣性の哺乳類は，妊娠期間が短く，一度に多数の子どもが誕生する。誕生時には未発達であり，身体は小さく，運動能力はきわめて劣っている。また，留巣性は多く下等な哺乳類にみられる。

一方，離巣性の哺乳類は妊娠期間が長く，一度に誕生する子どもの数はたい

トピックス 7

親の姿は一度見たら忘れない

≪ヘスによるカモのインプリンティング実験≫

　カモの子は，生まれて最初に親の姿を見つけると，その後をついていき，その追従行動を通して親の姿を憶え，それを一生忘れない。ロレンツはこれを**インプリンティング（刷り込み）**と呼んだ。子ガモはその後も憶えた親の後をついていく。それにより，確実にえさが得られ，安全も守られるのである。この刷り込みの対象は，最初に目に入る大きくて動くものならなんでもよいことが，実験的に明らかにされている。

　ヘスは，左図のような円型走路を設置し，その内側に成熟した雄のカモの模型を置いて，中央の軸の上部から延びたうでとひもで機械的に移動させながら，誕生後厚紙の箱の中で所定の時間を経た子ガモに追従行動を経験させるという，インプリンティングの実験を行った。

　模型のカモから約 30 cm 離れた後ろの位置の走路の上に子ガモを置き，子ガモが自由に走路の上を移動できるようにして，模型のカモを 10 分間走路に沿って移動させると，子ガモはそれを追従していった。これによって，インプリンティングが行われたかどうかという検査は，上記の模型の雄のカモの他に，もう一つ成熟した模型の雌のカモを用意し，二つの模型を約 1.2 m 離してその中間に子ガモを置いて自由にさせ，次の四つの検査を順に行った。①両模型は静かに静止したままでいる，②両模型は静止しているが胴体内の仕掛けによってそれぞれ呼び声を出す，③両模型とも呼び声は出すが，雌の模型だけは移動する，④雌の模型だけが呼び声を出しながら移動する。

　右図は縦軸にこの行動の現れた回数の割合をとり，横軸にインプリンティングの効果を示した。右図からわかるように，子ガモは孵化後 16 時間前後に最もよくインプリンティングが行われ，だいたい 1 日以上経つともうインプリンティングはほとんど行われなくなる。このような特定の行動を獲得できる期間を，臨界期という。

(Hess, 1958)

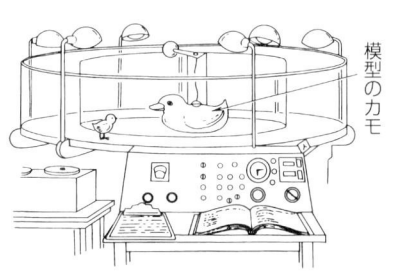

カモのインプリンティング実験

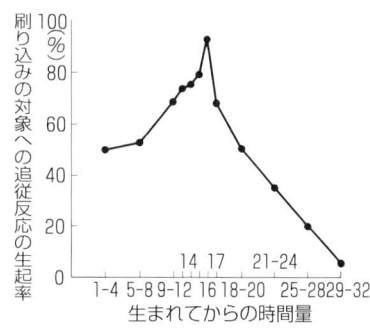

インプリンティングの対象への追従行動の生起率と臨界期

ていの場合1，2個体である。誕生時には感覚器官は十分な発達を遂げており，運動能力も高く，わずかな時間経過後には自力で自由に移動ができる（トピックス⑦）。身体の形も大人の小形版である。離巣性は多く高等な哺乳類にみられる。

　それでは，私たち人間は，留巣性と離巣性のいずれに分類されるのであろうか。人の場合は，誕生後しばらくの間は運動能力が著しく劣っており，放置されればまちがいなく餓死するしかないひ弱な存在であって，一人で自由に立ち上がって動き回れるようになる1年前後までの期間は，親の完全な保護が必要である。これは留巣性の特徴である。

　しかし，人は高等な哺乳類であり，ほとんどの場合，1個体だけで誕生し，トピックス⑧に示すように感覚器官はかなりよく発達を遂げており，他の留巣性の動物とは異なった生まれ方をしている。このような点に注目して，ポルトマンは，人は本来は離巣性の哺乳類であると考えた。では，なぜ留巣性の特徴をもって誕生するのであろうか。誕生時において，人間の体重は類人猿の2倍以上あり，脳の重量だけでも約3倍もあるため，出産はかなり困難であると考えられる。類人猿と同じように，誕生後すぐに移動が可能な運動能力を備えるまで，人が母胎内で発達し終えるのを待つとすれば，さらに1年を胎児でいなければならない。そうなると，脳はさらに発達し，頭はもっと大きくなり，出産は不可能になる。このため，頭が大きくなりすぎないうちに誕生してしまい，母胎外で発達することになる。本来は胎児であるはずのこの期間を，ポルトマンは子宮外胎児期と呼んで，人は進化の過程で生理的早産を通常化し，種として子どもを未熟なまま早産するようになったとし，人のもっている留巣性の特徴を**第二次留巣性**と表現した。このような人の誕生の仕方は，発達における環境的要因をきわめて重要なものとすることになった。

　人間に近い他の離巣性の哺乳類が，重要な発達を終わってから誕生するのに対して，人間は未熟なまま誕生し，親の完全な保護を受けながら，胎児状態ですでに社会的刺激にさらされる。そして，人間は人間として基本的に必要な二本足歩行や言語を他の人間の手厚い援助を受けて，初めて習得が可能となる。

トピックス 8

乳児はすでに人の顔がわかる

≪ファンツの顔・図形注視実験≫

　ファンツは，子どもが誕生後間もなく人間の顔を他のものと区別して，より長い時間注視することを明らかにしている。これは，特別に訓練しなくても一般的に認められることなので，生まれながらもっている行動といえる。

　ファンツの実験は，人の頭部（顔）を前から見た形の平面に，ふつうの人の顔を描いたもの，髪・まゆ・目・鼻・口など位置をバラバラにずらして描いたもの，まゆ・目・鼻・口などのない髪だけを描いたもの，という3種の図を用意し，誕生して間もない49人の子どもに提示して，それぞれの図に対する注視時間を測定した。その結果，乳児は人のふつうの顔に対する注視時間が最も長く，くずれた顔への注視時間はその次に長く，髪だけの図に対しては短時間の注視しかしなかった。またファンツは，直径約25cmの円板に，人の顔，活字印刷によるたくさんの文字，同心円図形，および赤・白・黄色だけを塗った3枚の図からなる計6枚の図を，青色を背景にしていろいろな順序で1枚ずつ提示して，注視時間を測定した。その結果，人の顔に対する注視時間が圧倒的に長かった。また，その後の研究で，人の笑顔図形に対する注視時間が長いこともわかった。

(Fantz, 1961)

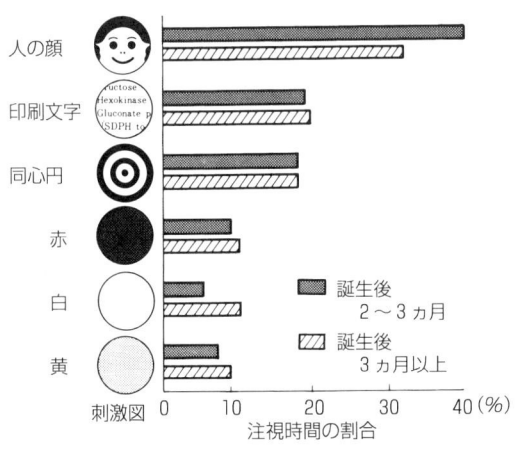

各刺激図形に対する乳児の注視時間の割合

このような基本的で重要な発達は、人間関係を通して初めて遂げることが可能となる。誕生時のこの未熟さゆえに、人は、人との相互作用のなかでのみ多くの発達が可能となり、その人（通常は両親）の大きな影響のもとで成長していくことになる。人間は、どのような環境でどのような人にどのような方法で育てられるかということによって、さまざまな個性や、人格や社会性を形成してゆくようになる、と考えられる。

　発達における初期の人間関係の重要性を明確に指摘したのは、フロイトである。フロイトは、乳幼児期の母子関係、つまり母親の養育の仕方が子どもの性格形成に大きな影響を及ぼし、ひいては大人になったときの精神障害の原因となったりもする、としているのである。フロイトの乳幼児期の人間関係の重要性を指摘するこのような研究は、なるほどとうなずける。しかし、精神分析理論は症例研究をもとにしているため、何が決定因であるかという点についてかなりのあいまいさを残しており、また完全に実証されているわけでもない。

　心理学における最近の発達研究は、諸要因と発達時期との関係をより正確に知るために、細かい操作が可能な実験的方法を用いて研究を進めている。次に紹介するハーロウの動物実験は、発達初期における個体間の相互作用という要因の重要性を実験的に証明したという点で、注目される研究である。

2．社会的隔離と社会性の阻害

　ハーロウらは、親や仲間との関係が発達初期に遮断されると社会性の発達にどのような影響を与えるかを、赤毛ザルを用いて実験している。

　サルの赤子を誕生直後から1匹だけ完全に隔離した状態で、ある期間飼育してから初めて仲間と接触させ、どんなふうに仲間に対して行動するかを観察した。2年間隔離されていたサルは、解放されると、極端におびえたときにみせるうずくまる姿勢を示し、近くに別のサルがいても交流しようとはしない。また、攻撃を受けても自分を守ろうとせず、なされるままにじっとしているだけであった。その後もその様子は変わることなく、別のサルの姿が見えたり、別のサルがたてる音が聞こえたりするだけでも異常な恐怖を示した。ハーロウは、

トピックス 9

親の養育態度と子どもの性格

≪サイモンズの親の養育態度の分類≫

サイモンズは，子どもに対する親の養育態度の基本的要因として，「拒否的-受容的」養育態度と，「支配的-服従的」養育態度の2要因を考えた。そして，この2要因を図のように2軸として直交させた。サイモンズは，養育態度が原点から離れているほど極端な養育態度であり，子どもの発達に好ましくない影響を与えるとしている。また2軸を座標軸とする四つの象限を検討し，図中に示すような四つの養育態度の型を設定した。

奥野は，サイモンズのあげた養育態度が親によって極端にとられた場合，子どもにどのような影響を及ぼすか，またそのような親の養育態度がなぜとられるようになったのかを詳しく検討し，トピックス⑩のようにまとめている。

(Symonds, 1939)

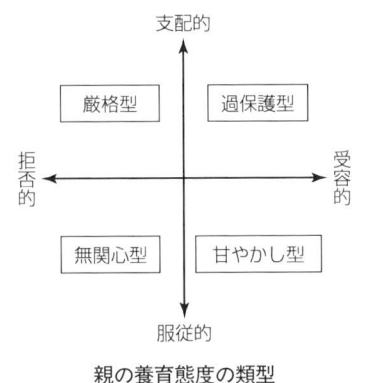

親の養育態度の類型

他に3カ月，6カ月，1年などの隔離期間で実験を行い，赤毛ザルの社会的発達を決定づける臨界期は誕生後6カ月であるとした。上記のような隔離状況で6カ月以上育てられたサルは，社会性において正常に発達しえなかった。強迫的な習慣，自虐的な行動あるいは虚脱的行動を示し，他のサルと仲間になったり一緒に遊ぶことができず，サル社会の順位制に適応できず，さらには，大人になったとき正常な性的行動も行えなかった。この実験結果は，発達初期における社会的接触の重要性を実証しているといえよう。ハーロウは，さらに，社会的接触を母親との接触と仲間との接触に分け，それぞれの影響を調べている。その結果によれば，正常な社会性の発達には，仲間との接触が重要であり，母親との接触以上に必要であることが証明されている。さらにハーロウらは，一連の**社会的隔離実験**により，1匹で育ったメスザルは自分の子どもに対して正常な母親としての行動がとれないこと，また，このような母親のもとで育った子ザルは，攻撃的で性的に早熟なサルに成長したことなどの知見も得ている。もちろん，これらの知見はあくまでサルの研究結果ではある。しかし，綿密な条件統制下での社会性の発達や世代的研究は，人間の社会性を考える際にきわめて重要な示唆を与えてくれることになる。

　ハーロウは，この実験結果をもとに，人間の社会性の発達についても言及している。人間の発達は赤毛ザルの約4分の1の成熟速度であるとし，人間の社会的隔離は6カ月以内なら比較的害は少なく，以後，害は徐々に大きくなり，1年までに正常範囲の限界にいたり，2年までに臨界期を越えるだろう，と述べている。人間については実験が行われたわけではないので，この数字はそのまま受け入れることはできないとしても，誕生後の初期のうちに家族とともに暮らし同年輩の仲間と活発に遊ぶという，いわば何でもない人間的環境のもとで育つことが，社会性の獲得や人間らしい発達に重大な意味をもっていることが示唆されたといえよう。

トピックス 10

親の極端な養育態度の子どもへの影響

≪奥野の誤れる親の態度と子どもの性格≫

　奥野は，誤れる親の養育態度として拒否・過保護・過支配・過服従の四つの型を仮説し，そのような親の養育態度を生じさせる社会的・家族的条件を検討している。またそのような親が実際に子どもにどのような行動を行うか，またその結果，子どもはどんな反応をし，好ましくない性格や行動傾向を身につけていくかを，以下の表のように分析している。

(奥野，1964)

親の養育態度と子どもの性格

	「誤れる親の態度」	「誤れる親の態度」から生ずる「子どもの反応」
拒否型	拒否 ┬ 消極的拒否 ┬ ①無視（放任・無関心） 　　│　　　　　　├ ②置き去り 　　│　　　　　　└ ③否定 　　└ 積極的拒否 ┬ ④威嚇 　　　　　　　　├ ⑤屈辱（皮肉・避難） 　　　　　　　　└ ⑥罰および虐待 （子どもに対する態度や叱り方に現れやすい） 〈愛情がなく強制のあるもの，あるいは放任のもの〉	1．周囲の人びとの注意を引く行動 　　（愛情獲得のための無意識的努力） 2．反抗的・攻撃的・加虐的行動 　　（独立心は強いが，非友情的） 3．消極的・従順的反応 　　（逃避　・　白日夢） 　　自殺・家出　空想 4．愛情に対する神経過敏 5．精神発達の遅滞
過保護型	過保護 ┬ 過剰干渉（先回り，世話のやきすぎ） 　　　　└ 過度の心配（取越苦労，苦労性の親） （子どもの基本的習慣のしつけに現れやすい） 〈愛情あるもの，外的干渉または保護を加えすぎるもの〉	1．生活習慣の発達の遅れ（自立心の欠如） 2．引っ込み思案・臆病・孤独（依存心） 3．忍耐力欠如（責任感がうすい） 4．神経質 5．集団生活不適応に陥りやすい
過支配型	過支配 ┬ 厳格（命令・強制・専制・独裁） 　　　　└ 期待（依存・野心投影・自己愛） （厳格は子どものしつけに，期待は子どもの勉強成績に現れやすい） 〈愛情はあっても外的強制の強すぎるもの〉	1．服従的・従順的・消極的・はにかみや・表面的服従・内面的反抗に陥りやすい 2．攻撃的・反抗的行動 　　とくに「かげひなた」のある行動を生ずる 3．劣等感→逃避　家出・自殺・空想・ 　　　　　　　　　　不良化（快楽追求） 4．自主性や創造性欠如 5．抑圧を受ける結果，暗い表情
過服従型	過服従 ┬ 服従（子どもの言いなりになる，子ども本位） 　　　　├ 溺愛（盲愛・甘やかし・自己愛） 　　　　└ 溺愛（盲愛）→献身→服従 （子どもの「わがまま」に負けてしまう形で現れやすい） 〈愛情があり，強制のまったくないもの〉	1．情緒的発達のおくれ（自己中心的） 2．わがまま（自己統制ができない） 3．恥ずかしがりや（内べんけい） 4．欲求過大（虚栄的・ボス的・規則ぎらい） 5．神経症傾向（退行しやすい，忍耐力欠如）

§2　発達段階と人間関係

　ここでは，乳児から大人になるまでの通常の発達過程と，各段階における人間関係の特徴についてみていくことにする。人が初めて出会う人は通常母親であり，対人関係の第一歩は母との関係である。子どもは家族との接触により情緒的安定を得て，安定した相互交渉を通して徐々に社会性を獲得していく。こうして初期における家族との情緒的結びつきが確立されると，そこに新たな対人関係が方向づけられていく。それは同年輩の子どもとの関係である。社会性の発達において仲間との接触が重要であることは，前述したハーロウの実験で説明したとおりである。次に各発達段階の特徴をみていくことにする。

1．胎児期
　胎児の環境は母胎である。母親と一体のまま栄養をとり情動を体験する。母親の経験はそのまま胎児に伝わっていく。しかし，胎児も成長するとかなり独立し，出産の少し前から胎児はすでに母親の声を聞いているといわれている。

2．新生児期（誕生から1カ月）
　新生児は以前，精神活動と身体的活動の過程が未分化な，全身運動と反射的行動がみられる程度であるとされていた。しかし，研究の結果，感覚器官などは想像以上に発達しており，**コンピテンス**（有能さ）の研究が進められている。たとえば，誕生後10分ぐらいからもう人の顔を追視できる。他者認知の始まりである。

3．乳児期（2カ月目から1歳半ごろ）
　特定の人の顔認知を基礎にして，親子の関係（**愛着**）がつくられていく。乳児は，6〜8カ月目になると，それまで人に対して誰かれ区別なく微笑んでいたのが（無差別微笑），両親など身近な人にだけ笑い，知らない人に対しては

トピックス 11

幼児期の母子関係が，大人になってからの恋愛に影響する

《シェイバーらの成人愛着理論》

　幼児期における母子間の信頼関係（愛着）には，三つのタイプがあるとされている。第一のタイプは，母との別れを嫌がるが，離れた後は落ち着き再会時に喜びを示す安定型，第二は，分離時も再会時も特に変化を示さない回避型，第三は，分離を嫌がり，再会時に喜びと怒りを表出する抵抗型である。回避型と抵抗型はともに不安定型と見なされる。その後の研究で，不安定な愛着関係にある子どもは，安定した愛着関係を築いている子どもよりも，発達過程で問題が生じやすいことが実証されてきた。最近の研究では，幼少期の愛着関係が，成長の過程で新たに築かれる他者との関係にも影響し，幼児期に母親と安定的な愛着関係にあった人は，成人後も安定的な友人関係や恋愛関係を形成することが明らかにされている。

　シェイバーらは，幼児期の愛着理論をもとに，恋愛の個人差を説明する成人愛着理論を提出している。成人の愛着のタイプ（愛着スタイル）も，安定型，アンビバレント型，回避型の三つに分類される。自分にとって重要な人との安心できる関係を享受してきた経験をもつ安定型は，親密な関係にある相手を基本的に温かく信頼できる人と思い，自分は受容されているということを前提に，安心して積極的な関係をもつ。基本的に人への不信感が高い回避型は，相手の人との親密な関係に不安を感じ，親密になることをためらう。人からの条件つきの受容など，関係が不安定な経験を重ねてきたアンビバレント型は，相手の人に対して親和を求めると同時に不安も感じるという両面価値的な感情をもち，相手から十分には受容されていないと考える傾向がある。恋愛関係にあるカップルを対象とした調査では，安定型同士のカップルは，他のカップルよりも関係が安定的で満足度も高いことが示されている。

(Hazan & Shaver, 1987)

成人のアタッチメント・スタイル

安定型	私は比較的容易に他の人と親しくなれるし，人を頼ったり人から頼られたりすることも気楽にできる。自分が見捨てられるのではないかと心配することもないし，あまりに親しくしてくる人に対して不安を覚えることもない。
回避型	人と親しくなることは，私には何となく重荷である。私は人を心から信頼したり，頼りにしたりすることがなかなかできない。私は，誰かが必要以上に親しくしてきたり，恋人から私がちょうどよいと感じている以上に親しくなることを求められると，イライラしてしまう。
アンビバレント型	私は，人がいやいや私と親しくしてくれているのではないかと思うことがある。恋人が本当は私を愛していないのではないか，私と一緒にいたくないのではないかと心配になることがしばしばある。私は，人と完全に一体になりたいと思うが，それがときどき結果的に相手を遠ざけてしまうことになる。

泣くようになる。これが人見知りと呼ばれている現象である。乳児は人を明確に区別して認知するようになるのである。さて，3カ月ごろから喃語(なんご)が始まり，9カ月ごろからママやパパという発音ができるようになる。1歳半ごろにはママという発音によって母親を引き止めるなど，言語をはっきりと対人的コミュニケーションの手段として用いるようになる。ここから言語を媒体とした相互作用が頻繁に行われ，社会性が発達していくことになる。子ども同士の相互作用は，6カ月ごろまでは隣りに他の乳児がいても無関心なのがふつうだが，徐々に相手の髪・持物・着物などに触れるという，短時間の簡単な接触を行うようになる。

4．幼児期（1歳半ごろから6歳ごろまで）

　コミュニケーション手段として言語の獲得と，自由に活動できるという身体的成長により，社会性の発達が急速に進む。友達との遊びも，最初は各々が独立の平行遊びが主であるが，3歳ごろには二人ぐらいまでを相手に，比較的長時間遊べるようになる。そして，保育園や幼稚園に入ると，多くの仲間と交渉をもつようになり，周囲の人の行動や社会生活に関心を示し，人まねを多くするようになる。子ども同士，協力の必要な遊びや想像的な「ごっこ遊び」が盛んに行われるようになる。3～6歳のこの時期の友達との交渉は，社会性の発達を促進する意味で重要であるといわれている。

　また，3歳を過ぎると，大人との対話が十分可能になり，また運動機能も発達し，身辺のことは自分で処理できるようになり，できることは自分で処理したいと思うようになる。このため自分の意向と親の指示が合わないときは，自分のやり方を主張することが多くなる。親のほうからみると，このような行動は反抗と受け取られる。それゆえ，この時期は**第一反抗期**と呼ばれているが，これは子どものほうからみると，第一自立期ということができよう。

5．児童期（6歳ごろから12歳ごろまで）

　学校の生活が中心になり，人間関係は家族中心から学校の友達，教師との関

トピックス 12

「心理-社会的」自我の発達課題

≪エリクソンの自我の発達理論≫

 エリクソンはフロイトの発達論を発展させ，独自の精神分析学的発達論を展開した。彼は，フロイトが人の発達を「心理-生理学的」にとらえて主に性的関係から検討しているのに対し，発達の諸段階における人間関係や社会との関係を問題とした。
 このような「心理-社会的」検討から，エリクソンは発達段階を表のように八つに分け，これを人生周期と呼び，各発達段階には各々発達させるべき自我の発達課題があるとした。そして，人はこれらの課題を人間関係を通して克服しながら自らの性格を発達させていくとしている。また，表からわかるように，フロイトが発達を発達初期の乳幼児期を中心に検討したのに対して，エリクソンは生涯を発達と考え，各段階の課題とそれを獲得する過程で起こる危機について展望しているのが，特徴である。

(Erikson, 1950)

エリクソンの自我の発達段階

発達段階	A 心理 社会的危機	B 重要な対人関係の範囲	C 関係の深い社会秩序要求	D 心理社会的様式	E 心理・性的段階
I 乳児期	信頼 対 不信	母親的人物	宇宙的秩序	得る お返しに与える	口唇-呼吸 感覚-運動段階 (合体的様式)
II 早期児童期	自律性 対 疑惑	親的な人物（複数）	法律と秩序	保持する 手放す	肛門-尿道段階 筋肉内 (貯留-排泄的様式)
III 遊戯期	積極性 対 罪悪感	基本的家族	理想的な標準型	思い通りにする（＝追いかける） まねをする（＝遊ぶ）	幼児-性格的 移動 (侵入-包括的様式)
IV 学齢期	生産性 対 劣等感	近隣 学校	テクノロジー的要素	ものをつくる (＝完成する) ものを一緒につくる	潜伏期
V 青年期	同一性 対 同一性拡散	仲間集団と外集団指導性のモデル	イデオロギー的な展望	自分自身である（または，自分自身でないこと）自分自身であることの共有	思春期
VI 初期成人期	連帯性 対 孤立	友情・生・競争・協力の相手	協同と競争のパターン	他者のなかで自分を失い，発見する	性器性
VII 成人期	生成性 対 自己停滞	分業と共同の家庭	教育と伝統の流れ	世話をする	
VIII 成熟期	統合性 対 絶望	人類 わが種族	知恵	存在しなくなることに直面する	

（A欄は，各発達段階において主に直面する課題）

係などに広がるので，親への全面的依存の傾向が弱まり，子どもだけの独立した生活領域をもつようになる。高学年になると，数人でグループをつくり，役割を分担しながら活発に活動をする。集団をつくり，子ども同士だけでも組織的行動を行うようになる（**ギャング・エイジ**）。この時期にははっきりと意識して「けんか」をするようになる。しかし，けんかは，意志をもった他人の存在を知り，自己を意識し，社会生活にルールの必要なことや協力の必要なことなどを理解するよい機会となっている。

6．青年前期（12歳ごろから16, 17歳ごろまで）

　中学時代に入ると，友人との深い内面的・情緒的結びつきを求める傾向が強くなる。ギャング・エイジのような集団のなかの友人関係だけでなく，個人同士心理的に強く結びついた「親友」「心の友」という，一対一の確かめ合う友人関係が重要となる。それまでは，家庭が唯一の情緒的基盤であり，ほとんどの問題の**準拠集団**であったが，ギャング・エイジに続く親友との固い情緒的結びつきは，準拠集団の移行や家庭からの心理的独立を促進することになる。親からの**心理的離乳**は，友人との強い情緒的結合にも勇気づけられる。こうして，精神的に親から独立し，準拠集団が友人や仲間に移行すると，親の意向と友人たちの意向とが異なった場合，友人たちの意向を重視するようになる。親からみると，このような自分の子どもの行動は親への反抗と映る。このため，この時期は**第二反抗期**と呼ばれることもあるが，子どもが成長し，一人前の自立した大人へのステップであるといえよう。また，このころ，生理的には第二次性徴が現れ，異性に対してこれまでとは異なった愛情（異性愛）を感じるようになる。

7．青年後期（15, 16歳から22, 23歳ごろまで）

　この時期の人間関係の特徴の一つは，初めて異性との恋愛を志向した一対一の交際が実際に始められ，深い情緒的関係をもつにいたることである。同性・異性いずれにしても，青年期は友人関係に非常に強い情緒的結びつきを感じて

トピックス 13

二人の妻から生まれた子孫の行末

≪ゴッダードの家系研究≫

　発達における遺伝の要因を知るために，ある人物のある特徴を追ってその家系を可能な限り綿密に調査するのを，**家系研究法**という。

　進化論を公にしたダーウィンの家系，200年間8世代にわたる136人のうち50人以上もの音楽家を輩出したバッハ一族の家系，数学者ベルヌイの家系などは，才能が遺伝することを示す例としてよく引用される。多くの家系研究は，発達に影響を与える要因として，環境よりも遺伝の重要性を強調するのに用いられることが多い。

　ゴッダードによって1927年に報告されたカリカック家の家系研究は，マルチン・カリカックに始まる二つの家系が対照的にとらえられるので有名である。

　カリカックは仮名であるが，彼は，アメリカ独立戦争に参加し，兵士たちが通う酒場の娘と親しくなり，結婚はしなかったが男の子をもうけた。その酒場の娘は知的障害があって，男の子もまた知的障害者であった。約150年間の子孫は480人いるが，そのうち143人が知的障害者，46人が正常者，残り291人が不明または知的障害の疑いのある者であった。別の分類をすると，私生児36人，売春婦33人，アルコール依存症24人，犯罪者3人，売春宿の主人8人，早死にした者82人である。さらに，彼らの子孫1,146人を調べると，262人が知的障害者で，正常者297人，はっきり断定できない者が残りの581人であった。

　戦争後マルチン・カリカックは郷里に帰り，立派な家庭に育った正常な女性と結婚し，この家系にも496人の子孫を残したが，2人がアルコール依存症，1人が性的逸脱者である以外は，医師・弁護士・判事・大学教授・実業家などの社会的地位の高い人物が多かったのである。

　カリカック家の例では，母親の違いがその後の子孫に大きな影響をもたらす一因にはなっているが，両系統の子孫の育つ環境の違いが，二つの家系の違いを生んだと説明することも可能である。

(Goddard, 1927)

いるが，しかしこれらの関係はきわめて不安定である。それゆえ，これらの関係のもつれから，大きな精神的打撃を受けることも少なくない。もう一つのこの時期の特徴は，社会的に上下関係のある人間関係をもつことである。学校や職場における先輩・後輩関係，組織上の上司・部下の関係など，それまでの学級集団内の同級生の人間関係と異なった社会的相互作用が展開されることになる。特に日本社会のように上下関係が重視される社会では，それに対応する社会性がこの時期に習得されることになる。

さて，シュプランガーは青年期を疾風怒濤の時代と表現している。身体的・性的に急速な成熟を遂げ，論理的・抽象的思考の発達とともに精神的視野が拡大される。独立した自己の確立を求めるようになり，自主的・自律的生活態度をとろうとする。人間関係・価値観・人生観などとの関連において自己を確立する過程で，多くの未知の困難に出合い，さらに強く自己を意識する。外界にのみ向けられていた注意や関心が自分自身の内的世界にも向けられ，さまざまな欲求をもつ自分自身を大海の孤島のようにすべてのことから離れた一個の世界として発見し，孤独を体験するようになる。シュプランガーはこれを**自我の発見**といった。ここに，自分自身のなかに，自分を見る自己と，見られる自己が生まれることになる。青年期は，自分のなかにあるこの二つの自己の分裂と統一に対処する時期である，といえよう。エリクソンは青年期を**自我同一性**の時期（トピックス⑫）と呼んでいる。こうして，青年期の対人関係では，他者との関係も重要であるが，この自分のなかのもう一人の自分との関係が最も重要課題ということがいえる。このため自己を見つめ把握するのに日記をつけ，孤独のなかに内省的生活が行われる。しかし，このような自分探しは，自己の分裂や社会的経験の乏しさや主観的であることなどのため，正当な自己評価は難しく，常に修正と逆転がくり返される。無口であったり雄弁であったり，社交的であったり人嫌いであったり，劣等感にとらわれたり優越感にあふれたりなど，さ細なことを契機に変化し，そのたびに強い情緒を経験することになる。青年期は心理的にきわめて不安定な時期であるといえる。しかし，青年は，多くの体験や内省から，徐々に自分自身についてしっかりとした認知や評

トピックス 14

長男の甚六，末っ子の甘えん坊

《詫摩の兄弟姉妹の性格研究》

　詫摩は，兄弟姉妹にみられる性格の違いを質問紙によって調査した。性格特性100項目からなる性格特性を示すことばをあげ，兄弟姉妹のそれぞれについて，よく認められるものとほとんど認められないものを，300人あまりの人について調査した。その結果は表に示したとおりである。1〜10の順番はいずれもよく認められる順，認められない順を表している。この結果から，出生順位による性格の差はかなりはっきりと認められるとし，それは，親たちが兄弟姉妹の違いについてあるイメージをもっており，それにより，長兄らしくあれ末っ子らしくあれと，しつけることによるとしている。このことは親の養育態度がかなり明確に子どもの性格形成に影響を与えていることを示している。

　ただし，最近は少子化が進み，ひとりっ子や，男女一人ずつのきょうだいが多く，出生順位による性格の影響は少なくなっていると思われる。

(詫摩，1967)

兄弟姉妹の性格の相異

		兄	弟	姉	妹
よく認められる特徴	1.	責任感が強い	冒険好き	もの静か	甘ったれ
	2.	ずぼら	反抗的	温かみがある	おてんば
	3.	寛容である	活　発	思いやりがある	ちゃっかり屋
	4.	指導的	わがまま	やさしい	わがまま
	5.	気前がいい	がむしゃら	控え目	活　発
	6.	思慮深い	開放的	落ち着きがある	嫉妬深い
	7.	いばりたがる	粗　野	おせっかいやき	おしゃべり
	8.	神経質	衝動的	親　切	早　熟
	9.	無　口	軽はずみ	温　和	明　朗
	10.	意志が強い	強　性	慎　重	楽天的
		兄	弟	姉	妹
あまり認められない特徴	1.	ちゃっかり屋	もの静か	開放的	落ち着きがある
	2.	おてんば	落ち着きがある	冒険好き	責任感が強い
	3.	おしゃべり	感傷的	軽はずみ	思慮深い
	4.	衝動的	慎　重	ずぼら	生まじめ
	5.	軽はずみ	ばか丁寧	粗　野	指導的
	6.	甘ったれ	やさしい	あきやすい	陰　険
	7.	うそつき	気前がいい	甘ったれ	寛容である
	8.	嫉妬深い	思慮深い	活　発	勤　勉
	9.	反抗的	繊　細	ちゃっかり屋	気前がいい
	10.	無作法	無愛想	投げやり	聡明である

価を行うようになり，安定した自己を確立するにいたる。こうして青年期は終わり，統一された自己の目は社会や友人や同僚に向けられ，友情や愛情を育み，各々独立した成人同士の人間関係を確立していくことになる。

充実感を感じるとき（各国比較）					(%)
順位 国名	1位	2位	3位	4位	5位
日本	友人や仲間といるとき (72.5)	スポーツや趣味に打ち込んでいるとき (50.9)	仕事に打ち込んでいるとき (30.6)	親しい異性といるとき (27.9)	家族といるとき (27.4)
韓国	友人や仲間といるとき (52.7)	仕事に打ち込んでいるとき (43.2)	スポーツや趣味に打ち込んでいるとき (32.6)	勉強に打ち込んでいるとき (31.3)	家族といるとき (28.1)
アメリカ	家族といるとき (74.1)	友人や仲間といるとき (71.3)	社会のために役立つことをしているとき (44.6)	仕事に打ち込んでいるとき (43.4)	親しい異性といるとき (41.0)
スウェーデン	友人や仲間といるとき (84.5)	家族といるとき (63.2)	親しい異性といるとき (55.5)	スポーツや趣味に打ち込んでいるとき (48.0)	他人にわずらわされず、一人でいるとき (42.2)
ドイツ	友人や仲間といるとき (70.2)	親しい異性といるとき (42.0)	家族といるとき (41.4)	スポーツや趣味に打ち込んでいるとき (36.9)	仕事に打ち込んでいるとき (36.4)

トピックス 15

青年の生きがい（充実感）——国際比較と経年比較

≪内閣府の青年意識調査より≫

　内閣府は，現代の青年の現実の生活実態や意見を知るために，質問紙法により意識調査を5年ごとに計画的に行っている。また，日本の青年の国際的位置や各国青年の意識を知るために，アメリカ・ドイツ・スウェーデン・韓国などで同一質問内容による調査を行い，国際的な比較を行っている。ここでは，そのなかから青年の生きがい（充実感）についてみてみる。質問項目は次のとおりである。

〈問〉　あなたはどんなときに生がいを（充実感）感じますか。いくつでも選んでください。
①社会の為に役立つことをしているとき。
②仕事に打ち込んでいるとき。
③勉強に打ち込んでいるとき。
④スポーツや趣味に打ち込んでいるとき。
⑤家族といるとき。
⑥友人や仲間といるとき。
⑦親しい異性といるとき。
⑧他人にわずらわされず一人でいるとき。

国際比較

　各国とも，友人や仲間に一番の充実感を感じるとしている。次に，個人主義といわれる西欧諸国が家族といるときが上位を占めているのに対し，日本など集団主義といわれる東洋諸国において，家族といるときが上位ではなく，スポーツや趣味，仕事が上位を占めているのが特徴的である（p.30の下図）。

経年比較

　日本の青年の生きがいを1977年から2003年まで経年で比較したのが下図である。70〜80年代にはスポーツ・趣味が生きがいの上位であった。これは国際的にみると特異な結果である。2000年頃になると他国同様，第1位は友人や仲間となっている。代わって，親しい異性といるときが中位にきているのが特徴である。家族といるときはいずれの時期も，それほど高くない。

(内閣府，2005)

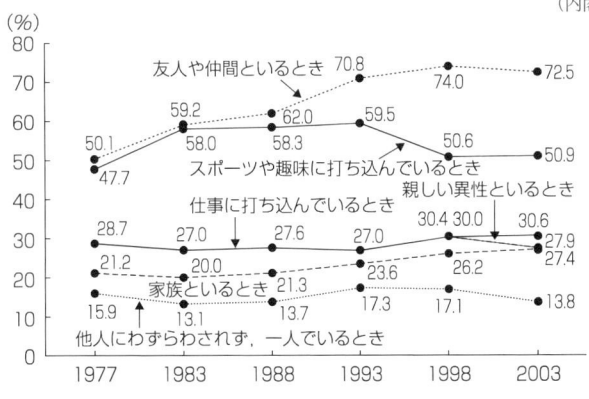

充実感(生きがい)を感じるとき(経年比較：日本)

2章　人間関係を通しての学習

　私たちは，家族や友人，仕事の仲間たちとの相互作用を通して，自分の所属する社会や集団に受容される行動様式や，また自分にとって有益な効果を期待できる行動様式を身につけて，その社会や集団に適応していく。これが**社会化**と呼ばれる過程である。それでは，どのようにしてそれまでなかった新しい行動様式を身につけるのであろうか。ここでは，新しい行動様式の獲得，つまり学習のメカニズムについてみていくことにする。

§1　基本的な学習のメカニズム

　学習とは，経験により，永続的な行動変容が行われ，新しい行動様式が獲得されることである。学習の最も基本的な過程は，古典的条件づけとオペラント条件づけの2種類の条件づけである。

1．古典的条件づけ

　古典的条件づけはパヴロフによって発見された**条件反射**の形成の過程である。ある刺激条件のもとで繰り返し行動が行われるとき，その刺激とその行動は連合する，という考え方を基本としている。

　パヴロフは，胃液分泌の研究をしているときに，餌を運ぶときの食器音や足音を聞くだけでイヌが唾液を分泌することに気づき，この予期的な反応を精神分泌と呼んで，厳密な統制の容易なメトロノームの音を用いて組織的な実験を開始した。唾液の分泌滴数を測定するためほほのあたりに管をとりつけたイヌにメトロノームの音を聞かせると，イヌは耳をそばだてたり顔を音のほうに向

トピックス 16

アルバート坊やはペットを恐れる

《ワトソンの恐怖条件づけの実験》

　行動主義心理学の提唱者であるワトソンは，情動が古典的条件づけによって成立していることを，乳児の実験を通して確認している。

　アルバート坊やは誕生後 11 カ月の乳児で，白ネズミをペットにしていて，ウサギやイヌとも仲がよかった。

　実験の進行は次のようであった。アルバートに白ネズミを見せる。アルバートの手が白ネズミに触れたとき，アルバートの頭のすぐ後ろで，鉄棒を金槌で叩き大きな音を出した。アルバートは激しく飛び上がり，前に倒れてマットレスに顔をぶつけた。同じように白ネズミと鉄棒の音との対提示をさらに数回くり返したところ，アルバートは同じように反応を示した。

　この後，白ネズミだけを見せると，顔にしわをよせ，泣き出し，身を強く引いた。以前よく遊んでいた白ネズミは，今や恐怖反応を呼び起こす刺激に変わってしまったのである。

　この後，ウサギやイヌ，白い毛のあるものを見せても，泣いたり這って逃げ回るなどの反応が見られた。このことを汎化と呼んでいる。

(Watson, 1930)

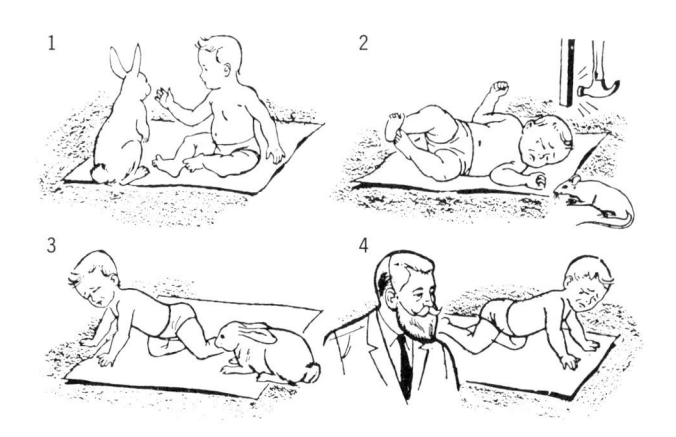

幼児における恐怖の条件づけ

```
メトロノームの音 ──────────→ （注意を向ける反応）
    (CS)       ╲
                ╲      (CR)   ┌─→ 生来の刺激と反応の関係
  肉   粉 ──────────→ 唾液分泌 ┤
    (US)              (UR)   └--→ 新しい刺激と反応の関係
```

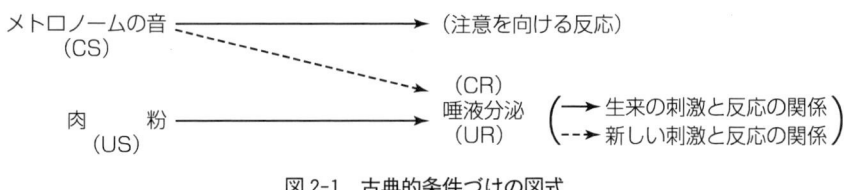

図 2-1　古典的条件づけの図式

けるといった注意を向ける反応（おや何だ反射・探索反応）を示したが，唾液分泌は生じなかった。何回もメトロノームを鳴らして探索反応が生じなくなって（馴化）から，今度はメトロノームを鳴らしながら食物（肉粉）を与えるという手続き（対呈示）を何回も反復した。その後に，パヴロフは肉を与えずに，メトロノームの音だけを同じように聞かせるということをしたが，イヌは肉を与えられたときと同じように，唾液分泌を行ったのである。

　メトロノームの音は，本来は唾液分泌を生じさせる刺激ではないが，この手続きによって，肉と同じように唾液分泌を生じさせるようになったのである。つまり，新しく刺激と反応の連合ができあがったことになる。これを**古典的条件づけ**という。

　肉粉は，特別な訓練をしなくても，口に入れられると必然的に唾液分泌という無条件反応（UR）を生じさせるので，無条件刺激（US）という。また，メトロノームの音は，この手続きのなかでは肉粉を与えるときには必ず鳴らされるので，条件刺激（CS）といい，条件づけの成立した後に，このメトロノームの音（CS）によって生じる唾液分泌は，条件反応（CR）という（図 2-1）。

　この連合による条件づけは，人間関係においても大きな効果をもつ。たとえば，好きな音楽を聞いていると，一緒にいる人にも好意をもつという。これはグッドフィーリング効果として知られている。

2．オペラント条件づけ

　オペラント条件づけは，環境に向けて自発的に働きかける行動（**オペラント**）が，その結果生ずる刺激事象によって，さらにその行動の自発の頻度が増

トピックス 17

自己開示は健康を促進するか

≪ペネベーカーとビールの筆記開示実験≫

トラウマ（外傷）とは，非常に強い心的な衝撃を与える体験で，その後も体験したときと同じような恐怖や不快感をもたらし続ける出来事を指す。ペネベーカーは，こうしたトラウマを体験しても，その体験について誰かに話したことがある人は，誰にも話したことがない人よりも，心身の健康状態が良好であることを見いだした。そして，どのような自己開示が健康を促進するかについて，ペネベーカーとビールは次のような実験で検討している。

実験には，過去にトラウマを体験したことがある人に参加してもらい，実験室においてトラウマ体験を書くように求めた。そのとき，実験参加者は，トラウマ体験にかかわる感情のみを書く人（感情筆記群）と，トラウマ体験に関する事実だけを書く人（事実筆記群）と，トラウマ体験に関する事実と感情の両方を書く人（事実＋感情筆記群）の3群に分けられた。実験参加者は，4日間にわたり毎日同じ指示にしたがってトラウマ体験を書き綴った。このほかに，トラウマ体験でなく，ささいな日常の出来事を書くように求められた人（統制群）もいた。

これらの四群ごとに，参加者一人ひとりの実験後6カ月間における1カ月当たりの病院訪問回数を調べた。その結果が下図である。トラウマ体験に関する事実と感情の両方を書いて自己開示をした人たち（事実＋感情筆記群）は，他の方法で自己開示をした人たちよりも，実験後に病院にかかる回数が少なかったのである。これは，出来事に関する客観的事実に加え，感情をも含む自己開示が心身の健康を増進する効果があることを示唆している。

(Pennebaker & Beall, 1986)

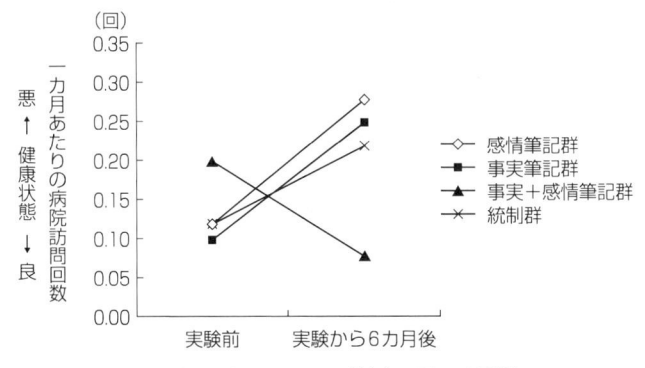

開示方法別にみた開示が健康に及ぼす影響

えていく過程をいう。

　スキナーは，自分で考案したスキナー箱で，オペラント条件づけの実験を行っている。スキナー箱の中には一つの壁からレバーが出ており，それをネズミが押し下げると，すぐ横の餌皿に食物が出てくるようになっている。空腹のネズミがこの箱の中に入れられると，初めのうちは，さまざまな行動をしながら中を探索する。そのうちに，偶然にレバーに体が触れたり手をかけたりすることがあって，餌が与えられることになる。餌を食べたネズミは，また中を動き回るが，またレバーを押すことがあって，再度餌を食べる機会が生じる。そのうちに，レバーを押す頻度がどんどん高くなってゆき，安定したレバー押し反応が同じ調子で続けて行われるようになる。この過程は，レバーを押し下げる反応がオペラントであり，その結果餌が与えられることでこのオペラントの自発頻度は増大する，というオペラント条件づけの過程である。

　さて，オペラント条件づけが行われるときにのみ特定の刺激が与えられていると，その刺激はオペラントを統制するようになる。たとえば，必ず「お手！」と言ってから，イヌが前足を出したとき（オペラントの自発）にのみクッキー（強化刺激）を与えるようにしてこれをくり返していると，ついにはいつもの調子の「お手！」という発声に対してイヌはお手を決まってするようになる。このとき，「お手！」という音声は弁別刺激であり，お手を統制している。私たちの行動は，多くの弁別刺激のもとで自発され，あるいは抑制されることによって成立している，と考えられる。

　人間関係においても同様で，自発的行為に対して相手から好意的反応が返っ

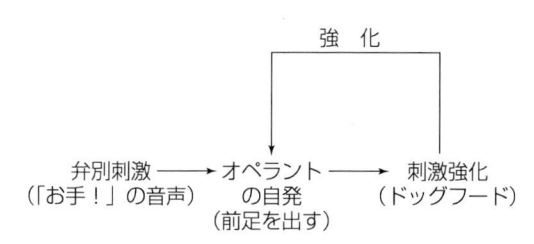

```
                    強　化
          ┌───────────────────┐
          │                   │
弁別刺激 ───→ オペラント ───→ 刺激強化
（「お手！」の音声）  の自発      （ドッグフード）
                 （前足を出す）
```

図2-2　オペラント条件づけの図式

トピックス 18

女性のほうが育児に適していると思う？

≪グリックらの敵意的性差別主義と好意的性差別主義≫

　女性が社会に出て働きやすい環境が法的に保証され，徐々に社会的にも整備されつつある。働く女性が増えるにつれて，「男は仕事，女は家庭」といった伝統的な性別分業に賛成する人は減少した。「女性は男性よりも能力が劣っているから，社会には出ず家事と育児に専念していればよい」といった性差別的な意見には，多くの人が違和感や反感をもつであろう。では，社会から性差別は一掃されたといえるのであろうか。

　「女性は能力が劣っている」という意見を良くないと思う人でも，「女性は弱く，男性が守ってあげるべき存在である」という意見や，「家事や子育ては立派な仕事であり，女性に適した仕事である」という意見には，それほど抵抗を感じないかもしれない。しかし，このような一見女性への配慮や女性の尊重と理解されうる言動の背後には，性差別主義的な態度が存在し，女性を伝統的な家事役割に縛りつけることを正当化しているという知見がある。

　グリックとフィスクは，女性に対する性差別意識として，敵意的性差別主義と好意的性差別主義の2種類があることを指摘している。敵意的性差別主義は，女性に対する嫌悪を伴い，女性を抑えつけて支配しようとする古典的な差別意識である。好意的差別主義は，表面的には女性に対する好意的態度であるかのようにみえるが，保護的な父性主義や，家事・育児役割を女性に限定する考えである点において，男性支配を正当化して継続させる敵意的性差別主義と同様の機能をもつのである。実際に，日本の大学生に対する調査では，好意的性差別主義傾向が高い者ほど，敵意的性差別主義傾向も高いことが示されている。

(Glick & Fiske, 1996)

アンビバレント性差別主義尺度（宇井・山本，2001の日本語版より一部抜粋）

〈敵意的性差別主義〉
- 女性は公平に競争した結果，男性に敗れたときにも，差別のせいであると決まって不平を言う。
- いったん自分とかかわりをもつ男性ができると，女性はたいてい，彼をたえず自分に従わせようとしている。
- 女性は，仕事中に起きる問題について大げさに騒ぎ立てすぎる。

〈好意的差別主義〉
- 男性は，女性なしでは完全とはいえない。
- 女性は，男性から大事にされ，守られなければならない。
- 男性は，女性の生活を経済的に豊かなものにするためには，喜んで自らの満足を犠牲にすべきだ。

てくれば，その行為は学習されることになる。

オペラント条件づけの過程は，図 2-2 のように要約される。

§2 社会的学習のメカニズム

私たちは人の行動を見て，「あれは上手なやり方だ，ああすればよいのか。今度自分がやるときにはあの人と同じように行動しよう」などと，他者の行動から新しい行動を学ぶことが多い。このような他者の行動の観察を通して新しい行動を獲得する学習方法は，**社会的学習**あるいは**観察学習**と呼ばれている。

バンデュラ（1977）は，人間関係を通しての学習の一つのあり方として，認知的な媒介過程を取り入れたモデリングによる学習（観察学習）を提唱している。つまり，「観察者は，モデルを見ている間に，モデルの活動に関するイメージを獲得し，これが適切な遂行のための道標として作用する」という考え方である（トピックス⑲）。バンデュラは，この理論を幼児の攻撃行動のモデリング実験（トピックス㉕）で実証している。観察学習の理論は，他者の行動をモデルとしている点から，社会的学習理論ともいわれる。

さて，バンデュラは，モデリングに関する社会的学習理論と強化理論との違いは，強化刺激がどのような仕方で行動に影響するかということにある，としている。オペラント条件づけにみられるように，強化理論では，刺激と模倣反応との結合が強化によって強められると考えられるが，社会的学習理論では，強化は，注意過程や運動再生過程への効果を通して予期的に行動の獲得に影響する，としている。

トピックス 19

モデリングの心理過程

《バンデュラの社会的学習理論》

　バンデュラは，社会的学習の研究を行い，モデルの観察によって他者の行動の模倣学習が成立するとした。そして，バンデュラはこの学習における言語やイメージの操作という表象過程を重視して，従来の研究との差違を強調するためモデリングと名付けた。すなわち，観察者はモデルを見ている間にモデルの活動に関するイメージを獲得し，このイメージがモデルとの一致反応の遂行のための道標として作用する，と考えたのである。さて，社会的学習の過程は以下の四つに分けられるとされる。

　①他者行動への注意過程　人びとは普段おびただしい量のモデリングの影響にさらされているが，何を注意深く観察し何を引き出すかは，注意過程によって決定される。この過程で重要なのは，モデルの魅力やモデルの属する集団への準拠の有無などである。

　②イメージの保持過程　観察しても覚えていなければ，その場限りのものとなる。モデルの行動をイメージや言語に象徴化して記憶することで，人間行動の多くを観察学習できる。

　③運動再生過程　モデリングの第三の成分は，イメージを行為に変換する過程である。観察された個々の反応を統合することで一致行動を再現する。その際，情報的フィードバックにより修正や調整が行われる。

　④動機づけ過程　人びとは，観察によって習得した行動のうち，価値ある結果が招来される場合には採用し，無報酬や罰を伴うならば採用しようとしない。これは，観察者自身についてだけでなく，モデルに与えられる結果でも同様である。また，自分の行動に対する自己評価も行動の遂行に影響する。

　社会的学習における上述の四つの下位過程は，図のようにモデルの示範事象からモデルとの一致行動の遂行にと進められる。

(Bandura, 1977)

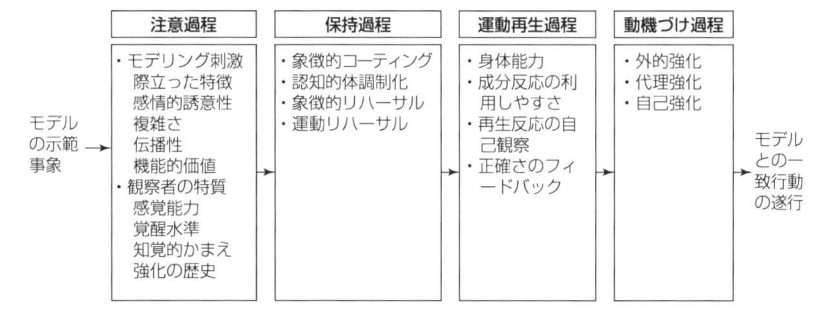

	注意過程	保持過程	運動再生過程	動機づけ過程	
モデルの示範事象	・モデリング刺激 　際立った特徴 　感情的誘意性 　複雑さ 　伝播性 　機能的価値 ・観察者の特質 　感覚能力 　覚醒水準 　知覚的かまえ 　強化の歴史	・象徴的コーティング ・認知的体制化 ・象徴的リハーサル ・運動リハーサル	・身体能力 ・成分反応の利用しやすさ ・再生反応の自己観察 ・正確さのフィードバック	・外的強化 ・代理強化 ・自己強化	モデルとの一致行動の遂行

社会的学習の過程

3章　性格と対人行動

　性格は人間関係によく表れる。人間関係がうまくいくかどうかは，二人の性格によるところが大きい。このため，人と何かの関係をもつときは，相手の人の性格が大いに気になる。恋愛はもちろん，勉強や仕事をするのにも相手の性格が気になる。性格が合う人とならいつでも一緒にいたいと思うし，関係を維持したいと思う。性格が合わない人とは一緒にいたくない。人の性格は，その人の対人行動を方向づけ，周囲の人との人間関係にも影響を与える。このため，友人，恋人，上司，部下など，身近な人がどんな性格かに強い関心をもっている。

　それでは，心理学では性格をどのように考えているのであろうか。ここでは，精神分析における性格論と性格心理学の性格特性論，それに社会心理学の自己概念理論における個人的特性について，各々について対人行動の特徴をみていくことにする。性格とは，その人の人となり，つまり独自性や個性をいうが，実際には，どう人と付き合うかが重要なポイントとなる。オールポートによれば，性格とは，その人の環境に対する独自の適応の仕方を規定する，力動的な心理・身体的体制をいう。つまり，性格は，周囲の人から独立はしているが，周囲の人の影響を受けて形成されたものであり，常時周囲の人と関係をもっている個人の特性であるといえる。

§1　精神分析的性格論

1．フロイトの性格論

　精神分析の創始者フロイトは，人の性格は，エス（イド，原我），自我（エ

トピックス 20

楽観的な人は健康！？

《テイラーのポジティブ・イリュージョン》

あなたは「世間一般の人と比べて，自分のことを親切だと思いますか」と聞かれたら，何と答えるであろうか。たいていの人は自分は親切だと答える。しかし，もしも私たちが，自分自身と他者とを正確に比較して認識できるのであれば，自分自身について，世間一般の平均的な人よりも「親切だ」と評価をする人と，「親切でない」と評価をする人とがほぼ均等に存在すると考えられる。なぜなら，大多数の人が平均的な人よりも親切ということは，理論的にあり得ないからである。平均点が50点のテストで，みんなが90点ということがあり得ないのと同じである。ところが，私たちは，自分のことを他の人よりも「親切」だと思っている。これは，私たちが，自分のことを他者よりも望ましく評価する傾向があるからである。また，自分の将来に関しても，他の人よりも幸せに満ちていると予測する傾向がある。テイラーは，このように自分のことを肯定的で良い方向に認知する傾向を，ポジティブ・イリュージョンと呼んでいる。

イリュージョン（幻想）なので，不適応を起こすと思われるかもしれないが，実はその逆で，ポジティブ・イリュージョンは，自尊心を高く保ち，抑うつの程度を低くし，他者への配慮などを高めて対人関係を良好に保ち，活動の動機づけやパフォーマンスを高めたりすると指摘されている。

(Taylor & Brown, 1988)

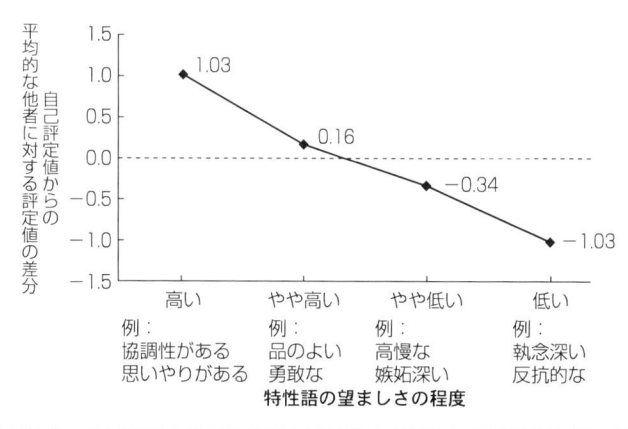

特性語の望ましさ別にみた自己評定値と平均的な大学生に対する評定値の差の平均

正の値は当該特性語が他者よりも自分により当てはまると評定したことを，負の値は当該特性語が他者よりも自分により当てはまらないと評定したことを，それぞれ示す。

(Alicke, 1985)

ゴ），超自我（スーパーエゴ）の三つの領域からなると提唱している。各々の領域は，トピックス②ですでに説明したように，快楽原理，現実原理，理想原理に支配されており，どの領域（原理）が優位かにより，その人の性格も決められる。快楽原理の強い人は，自らの本能的欲求（主に性的欲求や攻撃的欲求）をストレートに表に表すタイプ，現実原理の強い人は，周囲の人間関係をみながら行動を調整していくタイプ，理想原理の強い人は，倫理観や道徳観にこだわるタイプといえる。

　また，フロイトは，生まれたときから性的欲求（リビドー）をもっており，エネルギーの向かう対象による心理的発達を提唱している。この理論を人間関係と関連させ発展させたのが，トピックス⑫で説明したエリクソンの自我の発達理論である。トピックス⑫の表のEにある「心理・性的段階」が，フロイトのリビドーの発達段階である。フロイトは，大人になってからの性格がこの幼児期におけるリビドーの固着対象により，大きく影響されるとしている。各々は，口唇愛的性格（甘え性格），肛門愛的性格（保守的性格），エデップス・コンプレックス的性格（対立的性格）が形成されるとしている。

2．アドラーの劣等感コンプレックス論

　アドラーは，フロイトが，性的欲求（リビドー）が人を動かす本能的エネルギーとしたのに対して，優越欲求こそが本能的エネルギーだとし，幼児期における優越欲求の不充足からの**劣等感コンプレックス**と，それを補おうとする補償作用により，基本的性格が形成されるとした。このため，人間関係的には，フロイトが親との関係により性格が形成されるとしたのに対して，アドラーは，きょうだい関係により性格形成されるとし，第二子の長子に対する劣等感コンプレックスに注目している。

3．ユングの内向的・外向的性格論

　ユングは，心的エネルギーが，自分の内側に向くか，外側（社会）に向くかに焦点を当て，内側に向ける人を**内向的性格**，外側に向ける人を外向的性格と

トピックス 21

自己意識の高い人，低い人

≪フェニグスタインの自己意識特性≫

　大勢の人の前で話すときには，自分がどのように見られているのか非常に気になる。また，鏡に自分を映したときなどは，自分の見映えが気になり，自分を強く意識する。私たちは，通常外界の事物に注意を向けているが，状況によっては，自分自身の行動や感情，外見に注意を向け自分を意識することがある。こうした自分自身に向けられる意識は，自己意識と呼ばれる。自己意識の強さは，状況によっても変化するが，ふだんからよく自分を意識している自己意識の高い人と，あまり自分を意識しない自己意識の低い人がいる。

　フェニグスタインらは自己意識の強さを測定する尺度を作成し，個人差を調べている。彼らによると，自己意識には2種類あるとされている。一つは，感情や気分など，他の人からは直接観察されない自己の内面へ注意を向ける傾向であり，これは私的自己意識と呼ばれている。もう一つは，服装や髪型，言動など他の人から観察しうる自己の外面へ注意を向ける傾向であり，これは公的自己意識と呼ばれている。

　私的自己意識の高い人は，態度と行動の間の一貫性が高いが，過剰な自己注目によって抑うつ状態に陥りやすいという。一方，公的自己意識の高い人は他者からの評価に敏感であり，対人不安や対人場面での困惑感を感じやすく，他者の目を意識した行動をとりやすいとされている。

(Fenigstein ら，1975)

自意識尺度（self-consciousness scale）日本語版（菅原，1984）

〈私的自己意識〉	〈公的自己意識〉
・自分がどんな人間か自覚しようと努めている。	・自分が他人にどう思われているのか気になる。
・その時々の気持ちの動きを自分自身でつかんでいたい。	・世間体など気にならない。*
・自分自身の内面のことには，あまり関心がない。*	・人に会うとき，どんなふうにふるまえばよいのか気になる。
・自分が本当は何をしたいのか考えながら行動する。	・自分の発言を他人がどう受け取ったか気になる。
・ふと，一歩離れたところから自分をながめてみることがある。	・人に見られていると，ついかっこうをつけてしまう。
・自分を反省してみることが多い。	・自分の容姿を気にするほうだ。
・他人を見るように自分をながめてみることがある。	・自分についてのうわさに関心がある。
・しばしば，自分の心を理解しようとする。	・人前で何かするとき，自分のしぐさや姿が気になる。
・つねに，自分自身を見つめる目を忘れないようにしている。	・他人からの評価を考えながら行動する。
・気分が変わると自分自身でそれを敏感に感じとるほうだ。	・初対面の人に，自分の印象を悪くしないように気づかう。
	・人の目に映る自分の姿に心を配る。

＊印は逆転項目を示し，当てはまる程度が低いほど，当該自己意識が高いことを表す。

した。現在でも，人の性格を分けるとき，内向的，外向的とするのはこのユングの考えを出発点としている。

　内向的性格の人は，関心はもっぱら自分自身の内面に向かっている。このため，人間関係に対しては消極的で，むしろ防衛的で，他の人から影響されることも影響することも好まず，自分の内面世界を自分でつくりあげている。一人でいても寂しくはなく，内面的には十分充実した生活をしている。外向的な人がすぐに周囲に反応するのに対して，内面的な人は，自分を崩さず，ゆっくりと少しずつ対応していく傾向が強い。

　一方，外向的性格の人は，自分よりも周りの人や物事に注意が向いている人で，人間関係に積極的にかかわっていくタイプである。人との交流は開放的で，人に働きかけもし，また受け入れもする。性格特性としては，大まかな性格である。即断的で，行動的で，のんきで，感情表現が豊かで，おしゃべりで，現実的である。

4．バーンの交流分析

　バーンは，精神分析の理論に基づき，人には三つの心理状態と五つの心があるとし，自己（自我）を構造化している。この五つの心のうち優位なものにより，その人の性格が決められるとしている。そして，その心を主体として人との交流，つまり人間関係がなされるとし，**交流分析**を提唱している。バーンは，各人がどの心の部分が優位であるかを知るために，エゴグラムという自己診断リストを作成したが，日本ではこの**エゴグラム**が，性格テストのように広く利用されている。

　その三つの心理状態，五つの心とは次のとおりである。

　①P（ペアレンツ：親）　発達過程において両親から取り入れた親的心である。この親的心は二つに分かれている。一つは子どもを包み育てる養育的な親（NP）で，いわば母親的性格である。もう一つは，厳格で批判的な親（CP）で，いわば父親的性格である。

トピックス 22

周りの人に過敏な人

《スナイダーのセルフ・モニタリング》

　セルフ・モニタリングは，対人場面において他者の行動や状況を観察し，その時の周囲の状況を敏感に察知して，他者に合わせた行動をとろうとする傾向を指す。この傾向は誰もがもっているが，人により，この傾向が高い人と低い人とがいる。前者は高モニター，後者は低モニターと呼ばれる。低モニターの人は，周囲の状況よりも自己の内的状態を重視して行動する傾向をもっている。スナイダーらの一連の研究では，実際にセルフ・モニタリングの高・低によって，他者とのかかわり方が異なることが示されている。

　たとえば，ある活動を一緒にする相手として，その活動に長けてはいるが個人的に好意を抱いていない人と，その活動に長けていないが個人的に好意を抱いている人が選択肢としてあげられた場合，高モニターは前者を選ぶことが多く，低モニターは後者を選ぶことが多い。具体的には，自分がテニスをするときに，高モニターは，個人的な好き嫌いよりも，テニスが上手いかどうかを重視して相手を選び，低モニターは，テニスの上手さよりも，個人的な好意を重視して相手を選ぶ傾向がある。こうした傾向の違いは異性交際においてもみられ，異性とデートに出かける場合に，高モニターは，恋人でなくとも目的とする活動（ハイキング，ボーリング，野球観戦，観劇など）を得意とする異性の友人と時間を共にすることも好むが，低モニターは，恋人が目的の活動を苦手とした場合でも恋人と一緒に過ごすことを好む。また，恋愛関係に関しては，高モニターは外見を重視し，交際相手の数が多く交際期間が短い一方，低モニターは性格を重視し，交際相手の数が少なく交際期間が長いことが明らかにされている。

(Snyder, 1987)

②A（アダルト：大人）　客観的な立場から情報を収集し，論理的・知性的に状況を判断する成人した大人の性格（A）である。
③C（チャイルド：子ども）　子どものままの心である。大人になっても人は子どもの心を内にもっているが，このCにも二つの心がある。一つは，わがままで自由奔放な快楽追求型の性格（FC）で，もう一つは，大人の言うことをよくきく従順な性格（AC）である。

§2　性格特性論

人の性格を表すとき，神経質な人とか楽観的な人などと，その人の特徴をあげる。これが，性格特性であり，その人がもっている比較的安定した心理的・行動的パターンを指す。この特性は，いろいろな状況において，その人によくみられる一定の傾向である。

このような心理的・行動的特性は多くあげられるが，そのなかから基本的性格特性を選び，人の性格を分類していこうというのが，パーソナリティの特性理論的アプローチである。ここでは三つの代表的な性格特性論をみていく。

1．キャッテルの16 PF理論

パーソナリティ特性論の代表的な理論の一つは，キャッテルの16 PF（パーソナリティ・ファクターズ）理論である。キャッテルは，因子分析という統計

表3-1　キャッテルの性格特性（Cattel, 1965）

1. 打ち解けない──開放的な	2. 知能の低い──高い知能
3. 情緒的──安定した	4. 謙遜な──主張的
5. 生まじめな──気楽な	6. 便宜的な──良心的な
7. 内気な──大胆な	8. タフ・マインド──テンダー・マインド
9. 信頼する──疑い深い	10. 実際的な──想像的な
11. 率直な──如才ない	12. 穏やかな──気づかいの多い
13. 保守的な──何でも試みる	14. 集団に結びついた──自己充足的
15. 場当たり的な──統制された	16. リラックスした──緊張した

トピックス 23

自尊感情の高い人は幸せ

≪レアリーらのソシオメーター理論≫

「自分に自信をもっている」「自分を誇らしく思う」というような，自分に対する肯定的な評価や感情を，自尊感情と呼ぶ。自尊感情が高い人は，自分自身を価値のある人間としてとらえているといえる。自尊感情が高い人は，自己評価の高い人，幸福感や生活の満足感が高く，人間関係を円滑に運ぶための社会的スキルに長けている。一方，自尊感情が低い人は，不安や孤独感が高く，抑うつなどの精神的健康の問題が生じやすい。このため，自尊感情は精神的健康や適応の重要な側面として注目されている。

元来，自尊感情の高さや低さは，性格のように比較的安定しているものとしてとらえられてきた。しかし，最近では，自尊感情は，その時々の周りの人からの承認や拒否によって大きく変化することが見いだされ，状況に応じて変動する自尊感情（状態自尊感情）にも関心が寄せられている。

こうした状態自尊感情が，自分と他者との関係を監視する心理的システムとして働いており，個人の社会的な適応を促進する機能を担っているとする考え方がある。これが，レアリーらのソシオメーター理論である。そこでは，自尊感情の高まりは，自分が人から認められているという信号となり，逆に自尊感情の低下は自分が人から認められていないという信号になるという。自尊感情の低下というネガティブな信号，すなわち周りの人とうまくいっていない状態を感知すると，この状態の回復を図るために対人関係に注意が向けられ，人から排除される可能性を低め，受容的な関係の構築や維持につながる行動（謝罪など）をとるように動機づけられるのである。これは，自尊心の意味を自他の関係性の観点からとらえ直そうとする新たな考え方である。

(Leary ら，1995；
Leary & Baumeister, 2000)

的手法を用いて,たくさんの性格特性のなかから,性格形成の根源となるような性格特性を16個（因子）選び,その16をパーソナリティ・ファクター（性格の根源因子）とした。そして,その根源因子のどの特性が強いか,どんなパターンをもっているかが,その人の性格特性であるとした。その性格特性は,表3-1に示した16特性である。

2．アイゼンクの性格特性論

アイゼンクも性格特性を因子分析することにより,次の三つの基本的性格特性を提唱している。

① **内向性-外向性** 外向性の特性は社交的で活動的,冒険心に富み,変化を好む,積極的に外に出ていく傾向である。他方,内向性の特徴は静かで,思考的,人と接することを好まず,孤立を愛する傾向である。

② **情緒性-安定性** 情緒性の特徴は感情的で興奮しやすいこと,心配性で落ち着きがない傾向である。他方,安定性は,冷静で,リラックスしており,いつも平常心で情緒的に安定している傾向である。

③ **神経質性** 神経質性の特徴は残虐性,敵対的,奇抜的などの反社会性である。

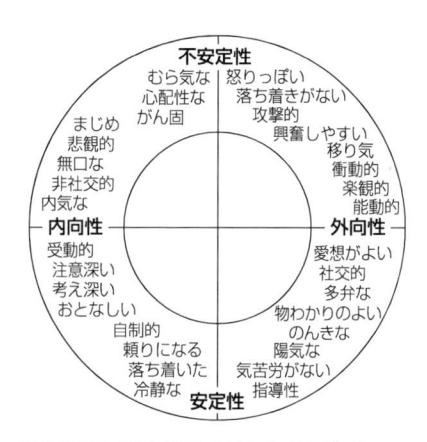

図3-1　性格類型に関するアイゼンクの理論（Eysenck, 1960）

トピックス 24

友人への評価はなぜ厳しくなってしまうのか

≪テッサーの自己評価維持モデル≫

　自己評価の高い人も低い人もいる。しかし，この自己評価は，決して固定されたものではなく，他の人との比較などによって大きく変動する。たとえば，あなたと同じ部活動をしている友人が，試合であなたよりも良い成績を修めると，あなたは何となく不愉快になったり，落ち込んだりするかもしれない。これは，友人と比べて自分はダメだと思い，自己評価が下がっている状態といえる。その一方で，あなたとは違う部活動をしている友人が全国大会で優勝したら，あなたはその友人を誇らしく思い，自慢したくなるであろう。これは，友人の活躍によって気持ちが高ぶり，あなたの自己評価が上がっている状態といえる。こうした反応は，友人と自分との比較による自己評価の変動の表れである。

　では，「友人が良い成績を修めた」という同じ事態に対して，自己評価が低下する場合と，高揚する場合とがあるのはなぜだろうか。この点について，テッサーは自己評価維持モデルによって次のように説明している。

　このモデルによれば，自己評価の変動の方向性を規定する要因は，比較する相手との「心理的距離」と，自分にとって比較内容がどの程度重要であるかを示す「関与度」，比較相手の成績の良し悪しを示す「遂行」の三つである。具体的には，親しい（心理的距離が近い）人が，自分にとって重要な（関与度が高い）課題において，良い成績を修めた（遂行が高い）場合には，自己評価は低下し，悪い成績をとった（遂行が低い）場合には，自己評価が上がる。一方で，親しい人が，自分にとってそれほど重要でない（関与度が低い）課題において，良い成績を修めた（遂行が高い）場合には，自己評価が上がる。

　全般的に，人は自己評価を安定的に維持するよう動機づけられている。このため，自己評価が低下した場合は，上記の三つの要因のいずれかを変化させ，自尊心の低下を防ぐ方略をとると予測される。具体的には，相手を心理的に遠ざけたり，課題が自分にとっては重要でないと思い込もうとしたり，自分の成績を向上させるように努力したりすることになる。

（Tesser, 1988）

心理的距離（近い）
- 関与度（高）
  - 他者の遂行（高）→ 自己評価の低下 → 心理的距離を拡大する／課題の関与度を下げる／自分の遂行が他者を上回るよう努力する
  - 他者の遂行（低）→ 自己評価の高揚
- 関与度（低）
  - 他者の遂行（高）→ 自己評価の高揚
  - 他者の遂行（低）→ 影響なし

自己評価維持モデル

表 3-2　ビック・ファイブの 5 要因

1．外向性（話し好き，精力的，主張的）　vs.	内向性（無口，遠慮深い，内気）
2．安定性（冷静，満足，しっかりした）　vs.	神経症傾向（不安定，心配性）
3．協調性（同情的，親切，やさしい）　vs.	敵対性（冷たい，対立的，残酷）
4．誠実性（責任感，統制的，注意深い）　vs.	軽薄性（無責任，場当たり，軽率）
5．開放性（創造的，知的，開放的）　vs.	狭量性（狭い，単純，堅い）

　アイゼンクは，人の性格はこの三つの基本的性格で表すことができるとしている。そしてさらに細かく，たとえば，内向性・外向性と情緒性・安定性の二次元の性格特性を図 3-1 のように示してある。

3．ビック・ファイブ

　基本的性格特性は何か，またいくつかということに，多くの心理学者が取り組んでいるが，近年，5 特性モデルがおおよその一致をみてきており，ビック・ファイブ，あるいは 5 要因モデルと呼ばれている。コスタとマックケア（1988）やディグマン（1989）などによる研究からの 5 特性とは表 3-2 のとおりである。

　これらの他に，アメリカでは CPI（カリフォルニア性格インベントリー），日本では 12 性格特性の YG 性格検査が性格テストとして多く利用されている。

§3　臨床心理学からみた性格と人間関係

　心が病んだり，悩みごとをもったりして，精神科医や心理カウンセラーを訪れるクライエントは，年々増加している。その原因は，当人の性格や人間関係のストレスや，対人間のトラブルによるものが圧倒的に多い。ここでは，臨床心理学的にみた人間関係と性格について，典型的なケースとしての抑うつ性と対人恐怖症をみていく。

トピックス 25

成功は運が良かったと考えてしまう人

≪アルデンのシャイネスの実験≫

　「シャイネス」(shyness)を英語の辞書で見てみると,「内気」とか「恥ずかしがり」という訳語がついている。心理学では,シャイネスは,対人場面において他の人からのネガティブな評価を懸念して不安が高まり,行動の抑制や相互作用の回避が生じやすくなる傾向を指す。シャイネス傾向が高い人は,対人関係の形成や維持をはじめ,適応上の困難を抱えやすいことが指摘されている。

　アルデンは,シャイネス傾向と,対人相互作用時の行動についての認識との関連を実験によって調べている。実験では,参加者が二人の異なるパートナーと相互作用を行い,それぞれの相互作用後に,相手の人から参加者の行動について,「成功」(平均以上)か「失敗」(平均以下)というフィードバックを受け取った。フィードバックは,「成功-成功」「成功-失敗」「失敗-成功」「失敗-失敗」の4通りとなる。フィードバックは,実験のため,実際の相互作用の内容にかかわらず,あらかじめ決められた内容が告げられた。その後,参加者はフィードバックされた成功あるいは失敗に関して,自分の能力が原因かどうかの原因推測を行った。

　通常,「成功」と言われた場合は自分の能力によると考え,「失敗」と言われた場合は運が悪かったなどと自分以外の原因に帰属されることが多い。この実験でも,「成功-成功」フィードバックを与えられたシャイでない人は,成功の原因は「自分の能力」だと考える程度が高かった。しかし,シャイな人は成功の原因を,「自分の能力」だと考えず,運が良かったなどの自分以外の要因に帰属する程度が高かった。この結果は,肯定的なフィードバックがあった場合でも,シャイな人は自分の能力には帰属しないことを示している。つまり,シャイな人にとっては,成功が自信や自己評価の獲得につながらないことになる。

(Alden, 1987)

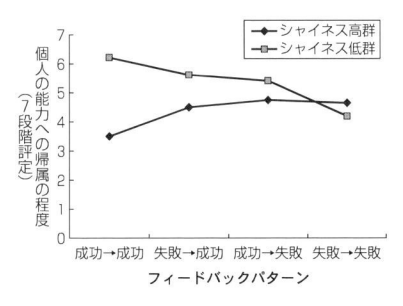

シャイネスの程度およびフィードバックパターン別にみた個人の能力への帰属の程度の平均値

1．抑うつ性と対人関係

　抑うつ性の強い人は，人間関係がうまくいかない。うつの人は物事をすべて否定的にとらえるが，特に自分について否定的である。自分は能力もなく，魅力もなく，生きている価値もないと考える傾向が強い。人間関係においても否定的になり，自分は人から好かれもしないし，人間関係はうまくいかないと考える。また，相手の人に対しても否定的なとらえ方をするので，実際に，友人や恋人ともうまくいかず，家族ともうまくいかなくなり，ますます自己否定的となり，人に対しては懐疑的になってしまう。

2．対人恐怖症と社会不安障害

　人に会うのが怖い，特に見知らぬ人に会うのが怖い。また，面接や見合いなど，人から評価される場面が怖い。これが，対人恐怖症である。そんな対人場面では顔が赤くなり，汗びっしょりになり，緊張してうまくしゃべれない。また，そうなるのではないかと思う恐怖心で，人に会えなくなってしまう。このために社会生活に障害をきたす場合，**社会不安障害**（SAD）と呼ばれている。見知らぬ人に会ったり，評価されたりする場面は，どの文化の人にとってもストレスであろうが，特に日本人に多くみられる恐怖症である。これは日本のタテ型の人間関係が他の文化に比べ，人間関係を難しくしていることによるのではないかといえる。

　さて，このような症状に対する治療としては，カウンセリングや薬物療法が必要である。また，うつや対人恐怖の心理療法の一つとして，社会心理学の帰属理論に由来する帰属療法も応用されている。この療法は，否定的自己への帰属の仕方を外的要因と変換することで，否定や恐怖の心理を変えることを基本としている。

トピックス 26

人生の目標による性格の分類

《シュプランガーの価値態度による性格類型論》

シュプランガーは，人間の基本的性格領域を分類し，各々の文化的価値とそれを求める個人の生活態度との関連，すなわち人の「価値態度」から，性格を以下のような六つの類型に分類している。

(1) 理論志向型

世界を客観的に認識し，物事を理論的・客観的に把握することを通じて，真理を探求し，知識の体系を獲得するのを生活目標にしている，いわば合理性を尊重するタイプの人が，この性格に属する。

(2) 経済志向型

生活におけるいろいろな物事を，経済的観点や有用性という面からみて判断するタイプで，功利主義的である。この性格の人にとっては，財産や金銭の獲得が生活の最大目標となる。

(3) 審美志向型

実際生活には関心が向いておらず，最高の感覚的事実としての美に，人生最高の価値を見いだし，人生の本来の目標は美の追求にある，とする感性に生きる性格である。

(4) 宗教志向型

聖なるものや絶対的生命を肯定し，それに救いと恵みを感じ，非利己的・博愛的傾向を示すタイプの人が，この性格に属する。内にこれを求める場合は，生命を肯定し人生を愛するが，超越的に求める場合は，現世を否定し，法悦を追求する。ふつうはこの両面をあわせもつといわれる。

(5) 権力志向型

常に権力を求め，他人を支配し，命令することを好む性格をいう。権力をもっていると感じたときにのみ満足するタイプである。権力を得ることと権力を行使することを，生活の目標としている。

(6) 社会志向型

社会福祉や他人のために役立つことに，関心と興味をもっているタイプである。困っている人への援助や，思いやりに最高の価値を置いて生活していく性格である。

(Spranger, 1922)

§4 自己特性と人間関係

　認知社会心理学の発展から自己認知の研究が進み，自己をどのようにとらえるかが人間関係に及ぼす影響として，関心が強まってきている。各々の人の自己認知の仕方には個人差があり，この差が対人関係に影響を及ぼす。このことを考えると，この個人的特性は性格的な側面をもつとも考えられる。たとえば，**自己評価（自尊感情）**の高い人と低い人の対人行動が異なり，また**自己意識**の高い人と低い人でも対人行動は異なる。また，スナイダーに提唱された**セルフ・モニタリング**傾向の高い人は，低い人と対人行動は大きく異なるといえる（トピックス㉒）。さらに，**ポジティブ心理学**の視点からも，テイラーらの**ポジティブ・イリュージョン**の研究も注目されている（トピックス⑳）。これらの自己特性と人間関係の関連については，本章のトピックスで紹介している。

　また，社会心理学の性格研究としては，社会体制と関連した性格特性としてファシズム研究から発した**権威主義的特性**や，功利主義と関連した**マキャベリズム特性**などの，社会的性格特性の研究がある。

第II部
人間関係の認知と感情

4章 人間関係の認知

§1 対人認知の内容

　私たちは日々，たくさんの人と接しながら生活をしている。家族や友人など親しい人と一緒にすごすことも多いが，初対面の人と接する機会も少なくない。初めて会ったとき，私たちがまず考えるのは，相手がどのような人か，ということである。実際，この判断が以後の接し方を決めるのである。**対人認知**とは，このような，人が他者を知り，理解しようとする過程を指す。

1．第一印象
　私たちは初対面の人と接したとき，相手のどのような点を認知しようとするのであろうか。ビーチとウェルトハイマー（1962）の研究などを参考に対人認知の内容を検討してみると，次の五つの項目があげられる。

　(1) 身体的特徴の認知（顔・スタイル・体型など）
　(2) 社会的背景の認知（家族・職業・出身など）
　(3) 性格の認知（性格特性・態度など）
　(4) 相互作用の認知（自分に対する対応の仕方・情緒など）
　(5) 社会的活動の認知（関心・欲求など）

　普通，対人認知といったら，まっ先に浮ぶのは，(1)の容姿や背丈といった身体的特徴の認知と，(3)の仕事や学校についての知識であろう。しかし，私たちが相手を知るというのは，単に身長がどれくらいでどんな仕事をしているかと

トピックス 27

対人認知の基礎

《ゲシュタルト的認知の基本原則》

　私たちは自分の周囲の人や事物をただ単に受動的に知覚しているのではない。むしろ自分の見る事物を積極的に取捨選択し，見たものは主体的に解釈していく。このような心理的働きは，単純な感覚機能にさえあるが，対人関係などのような複雑な認知においてはより大きな役割をもってくるといえよう。そこで，基本的な原理をここにあげておく。

　(1) 図と地的認知
　ルビンは，人が環境を認知するときは，認知の対象となる図とその対象の背景となる地に区分して認知するとし，これを図と地の知覚と呼んだ。図になりやすい対象は，一般に他と差異の著しい部分や一定のまとまりをもち，強い印象を与えるものなどである。デートのとき人込みのなかでも相手がすぐにわかるというように，認知する側の欲求などによっても何が図になるかが決定される（図 4-1, 4-2）。

　(2) 体制化の原理
　ウェルトハイマーをはじめとするゲシュタルト心理学派の人びとは，私たちが環境をみるときは，そこに点在するいろいろな事象をできる限りまとまりのあるものとして認知する傾向があるとし，これを体制化の原理と呼んだ。体制化の仕方は良い形態（ゲシュタルト）を形成する方向になされるとされており，具体的には近接の法則・類同の法則・閉合の法則・良い連続の法則・共通運動の法則があげられている（図参照）。このような認知の仕方は，対人認知や偏見など社会的認知にも影響を及ぼすことになる。

　(3) 恒常的知覚
　私たちは，容易に変化しそうにない人の性質や事物の特徴については，あるときそのものから受ける大きさや形が多少違ってもそれ自体の大きさや形が変わったとは受けとらないで，それらは一定の大きさや形を常にもち続けており他の条件が変わったのだ，と知覚する傾向をもっている。これを知覚の恒常性という。

　(4) 対比的知覚
　まったく同じ人や物でも，周囲の人や事物との関係によって異なって知覚される。これは，私たちが物を知覚するとき，そのものを単独に知覚するのではなく常に周囲との比較を通して知覚していることによる。この知覚の傾向は対比的知覚と呼ばれている。ある人が頭がいいとか背が高いとかいうときも，比較してみているのである。

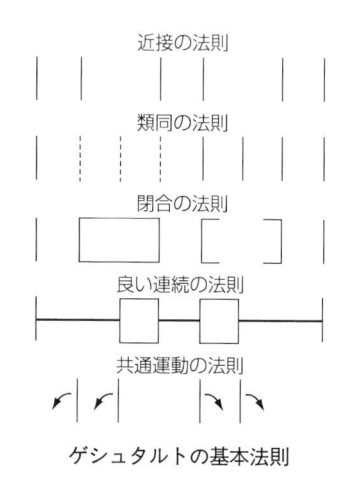

ゲシュタルトの基本法則

図4-1 ルビンの盃と対面する人　　　　　図4-2 二人の女性の顔

いうだけではない。より重要なのは(3), (4), (5)などの心理的特徴を認知するのである。

　しかし，性格や態度といった心理的特徴は，背の高さや顔つきと違い，直接観察できるわけではない。相互作用のなかで私たちが直接眼にするものは，相手の話やふるまいなど外に表れた行動である。私たちはそれらを通して，相手の考え・感情・態度・性向・好みなどの心理的特徴をとらえるのである。

　他者がある性格属性をもつと見なすことは，その属性を中心として一つのまとまった印象を抱くことを意味する。この全体的な印象は必ずしも，相互作用をくり返していくなかで次第につくられていくとは限らない。

　ブルンスヴィク（1956）は，人の顔のいろいろなイラストを見せ，そこから得る印象を調査している。イラストは，額の大きさ，両目の間隔，鼻の長さと位置，鼻の下の長さなどを変化させている。その結果，広い額や両目が離れていることなどは性格的に良い印象を与え，狭い額や長い鼻などは性格的に悪い印象を与えることを明らかにしている。つまり，私たちは初対面の相手であっても，顔を見ただけで，親切だとか内気だとかいった心理的特徴をある程度まで認知するのである。このような身体的特徴などの**非言語的コミュニケーション**から得る情報が，第一印象を形成している。そして相互作用を通して，この印象を修正したり補強したりしていくのである。

トピックス 28

中心特性と周辺特性

≪アッシュの印象形成の実験≫

　アッシュは，他者に対する印象は入手できるすべての情報を使ってつくられる，ただし情報の種類によって印象に及ぼす影響力は異なると考えた。

　アッシュの用いた方法は，実験参加者に対し，1人の人物について述べた複数の形容詞リスト（刺激特性）を呈示し，次いで別の形容詞リスト（反応特性）で，その人物の印象を評定させるものである。

　実験は全部で5条件で構成された（表1参照）。実験条件では，統制条件のリストの中間部分に，それぞれ別の形容詞が付加されているにすぎない。しかし，実験参加者の受ける印象は非常に異なるものであった。

　表2から，条件Aでは肯定的，条件Bでは否定的に評価し，統制条件を含む3条件は中間的に評価していることがわかる。つまり，「温かい-冷たい」は全体の印象を左右するような影響力をもつのに対し，「上品-粗野」は影響力が小さいのである。この結果をもとに，アッシュは前者を**中心特性**，後者を**周辺特性**と呼んだ。

(Asch, 1946)

表1　各条件の刺激特性

条件A	知的－器用－勤勉－温かい－意志が強い－実践的－注意深い
条件B	知的－器用－勤勉－冷たい－意志が強い－実践的－注意深い
条件C	知的－器用－勤勉－上　品－意志が強い－実践的－注意深い
条件D	知的－器用－勤勉－粗　野－意志が強い－実践的－注意深い
統制条件	知的－器用－勤勉－意志が強い－実践的－注意深い

表2　四つの反応特性について適合すると評価した比率（％）

	条件A	条件B	条件C	条件D	統制条件
寛　大	91	8	56	58	55
思慮深い	65	25	30	50	49
幸　福	90	34	75	65	71
人のよい	94	17	87	56	69

印象を形成するとき，私たちは入手したさまざまな情報を一つにまとめ上げていく。このとき，すべての情報が同じように重要であるとは限らない。この問題に一つの示唆を与えたのが，アッシュの実験である（トピックス㉘）。アッシュは，他の情報の意味に影響を与え全体の印象を左右するような**中心特性**と，付加されてもほとんど評価に影響しない**周辺特性**が存在することを明らかにした。

　こうしてつくられた第一印象は，その後の全体的印象とどのような関係にあるのだろうか。これは，情報を入手する順序が最終的な印象にどう影響するかという問題である（トピックス㉙）。まず，第一印象がその後も全体の印象を左右すると考えることができる。これを**初頭効果**と呼ぶ。逆に，間近に起こったことのほうが重要であると考えることもできる。これを**親近効果**と呼ぶ。

　アッシュの実験結果は，初頭効果を支持している。最初に確立された印象は強力であり，後にそれを否定する情報が示されたとしても，容易に破棄されないのである。これに対し，ルーチンズの実験結果は，親近効果を支持している。すなわち，第一印象と対立する情報に接すると，それを破棄し，印象を改めるのである。印象形成の研究を概観すると，初頭効果が支持される場合が多い。親近効果が成立するには特定の条件が必要なのである。

　アッシュは印象形成に関する実験結果を踏まえて，性格に関する印象は，他者に接すると即座に，そして簡単に形成されると強調した。このことは，特性や行動の情報は，提示された段階で一貫した表象へと統合されることを示唆する。すなわち，情報がコード化される段階で，性格属性と結びつくのである。情報をコード化する操作は，何がどのように記憶されるかを決める。それゆえ，印象形成の過程と結果は，後に想起される情報の質や量を規定するはずである。

　ウィンターとウルマン（1984）は，こうした考え方に基づいて，行動を想起させるうえで属性の手がかりが有効であることを明らかにした（トピックス㉚）。人びとは印象をまとめるように指示されていなくても，自発的に他者の行動を性格属性と関係づけているのである。

トピックス 29

初頭効果と親近効果

≪アッシュの実験とルーチンズの実験≫

　アッシュは実験参加者に対し，ある人物について述べた一群の性格リストを呈示し，その人物の印象をたずねた。
　ある実験参加者は，次のような順序の性格特性を呈示された。
　〈性格リストA〉知的－勤勉－衝動的－批判的－頑固－嫉妬深い
　別の実験参加者は，次のリストを呈示された。
　〈性格リストB〉嫉妬深い－頑固－批判的－衝動的－勤勉－知的
　リストAとBの違いは，提示順序が逆転しているだけである。Aでは良い性格特性から悪い性格特性へと並んでいるのに対し，Bでは逆になっている。
　この提示順序の違いは，実験参加者の抱く印象に大きな相違をもたらした。リストAを与えられた実験参加者は，リストBを与えられた実験参加者よりも，描かれた人物をより幸福で，社交性に豊み，機知にあふれ，自制心がある人物とみる傾向にあった。この結果は，印象形成における初期情報の重要性を明確に示している。
　アッシュはこれを，最初に与えられた性格特性が後に提示される性格特性の意味を変え，その解釈を歪めるからであると説明している。
　ルーチンズは同一人物を内向的に描いた文章と，外向的に描いた文章を用意した。たとえば，内向的記述の内容は次のようなものである。「放課後，ジムは一人で教室を離れた。通りは太陽が眩しく輝いていたが，ジムは日差しを避け，日影の側を歩いていった……」。
　実験参加者に対し，内向的記述，外向的記述の順で続けて示した後，全体の印象をたずねると初頭効果が得られた。すなわち，描かれた人物は内向的であると評価された。
　しかし，最初に内向的記述を与え，その部分だけをもとにいったん印象をたずね，その後で改めて外向的記述を示し，再度全体の印象をたずねると，描かれた人物は外向的であると評価された。のみならず，外向的記述だけを呈示した場合よりもいっそう外向的と評価された。これは，内向的な記述と対比されたことで，外向的だという印象がより強まったことを意味する。あらかじめ全体的な印象がつくられた後で，それとまったく矛盾する情報が得られる場合には，第一印象は破棄されるのである。
　このほかにも，ルーチンズが，対立する情報に接するまでの時間を増大させたり，途中でまったく別の課題を行わせたり，対立する情報が含まれることをあらかじめ警告したりすると，初頭効果が減少することを明らかにした。

(Asch, 1946；Luchins, 1958)

2．知覚者の影響と役割
(1) 暗黙のパーソナリティ観

　印象形成に関する知見は，人が与えられた情報を結びつけて解釈する際，性格特性に関する何らかの知識を使っていることを示唆する。たとえば，「温かい-冷たい」という特性が重要であるという判断は，その人の基準に拠っているはずである。実際，私たちは白紙の状態で他者と接するわけではない。初対面であっても，これまでの経験や知識に基づいて相手を認知しているのである。

　知覚者のもつ知識のなかで最初に注目されたのは，人びとが過去の経験をもとに，性格特性の結びつきについて一定の信念をもっているという事実である。たとえば，ある人が温かい人柄ならば，おそらくまじめで誠実だろうと考えるようなことである。ブルーナーとタジュウリ（1954）は，これを**暗黙のパーソナリティ観**と呼んだ。私たちは，このような経験的知識をもとに，いくつかの特性情報が得られると，その人の全体的印象をつくりあげるのである。こうした裏づけがなければ，第一印象を抱くことなど不可能であろう。

(2) 社会的スキーマ

　他者を認知する際に知覚者が用いる知識は，性格特性の結びつきだけではない。たとえば，私たちはある人の職業や性別を聞いただけで，さまざまな特徴や行動パターンを予期する。こうした知覚者のもつ知識は，**社会的スキーマ**と総称される。スキーマは，記憶のなかに貯蔵されている，過去の経験に基づいて構造化された情報を指す概念である。そこで，社会的スキーマは，人や出来事，その属性，属性間の関係などを含む認知表象であるといえる。

　フィスクとテイラー（1991）は，社会的スキーマを次の四つに分けている。

　①**人物スキーマ**　ある人物やその役割について知っていることを要約した認知表象。たとえば，誰かと知り合いになっていくとき，私たちは徐々に，詳しい人物スキーマをつくっていく。第一印象の重要性は，この過程で初期情報

トピックス 30

知覚者は自発的に行動を性格属性と結びつけている

≪ウィンターとウルマンの行動記述の記憶の実験≫

ウィンターとウルマンの実験では，実験参加者は，異なる人物について記述した 18 個の短い文章を一度だけ提示され（各 5 秒），それを覚えるように求められた。

文章中には，特性を含意するような行動が記述されていた。ただし，課題はあくまで内容を記憶することであり，印象をつかむようにといった教示は一切与えられない。

実験参加者はその後，各文章の内容を想起するように求められた（想起の時間は全体で 10 分間）。配布された回答用紙には，各文章に対応する三つの手がかり条件が含まれていた。
　①属性手がかり条件：行動と結びついた属性語が示された。
　②意味手がかり条件：文中の重要な語と意味的なつながりはあるが，属性を含意しない語が示された。
　③手がかりなし条件

具体的には，「秘書はミステリーを半分読んだところで結末がわかってしまった」といった文章の場合，属性手がかり条件では「頭がいい」という手がかり語が回答用紙に記されているのに対し，意味手がかり条件では「タイプライター」という語が記されている。手がかりなし条件では，何の語も記されていない。もちろん，「頭がいい」ことを示唆するような文章も，「タイプライター」と結びつくような文章も，1 種類しかない。

結果をみると，文章の再生率は，属性手がかり条件，意味手がかり条件，手がかりなし条件の順で多かった。つまり，文章中に明示されていないが，そこに含まれる行動に対応する属性を示す語は，再生の強力な手がかりとして作用したのである。

さらに，実験後にインタビューをすると，実験参加者は，自分が刺激文章を読んだとき属性と結びつけていることにまったく気づいていなかった。実験目的の説明のなかでそのことを指摘されても，たいていは信じず，属性の手がかりが有効であったことを示す自分の回答を見せられて，驚いたというのである。

つまり，実験参加者は刺激文章を入力する段階で，自分では気づかないうちに属性を推論していたことになるのである。

(Winter & Uleman, 1984)

想起された文の要素数の平均値

属性手がかり条件	意味手がかり条件	手がかりなし条件
2.42	2.14	1.36

の影響が大きいことを表している。人物スキーマは，特定の個人を対象とするだけではない。一般的なタイプや理想的なタイプについても成立する。そこで，暗黙のパーソナリティ観は，属性間の結びつきを内容とする初対面の相手に対しても適用される一般性の高い人物スキーマであり，また，中心特性は，その中核となる特性情報とみることができる。

②**自己スキーマ**　自分はどのような人間かを表す，自己に関する認知表象。

③**役割スキーマ**　特定の社会的役割を占めている人に期待される典型的な行動に関する認知表象。教師，生徒，夫，妻などのスキーマが成立する。

④**出来事スキーマ**　繰り返し経験する社会的場面で，通常起こると期待される出来事の認知表象。この知識をもとに，私たちは，ある場面で，あることが起こったら，次に何が起こるかを予想する。

これらの社会的スキーマは，互いに関係している。ここで，教壇に教師がいる場面を想定してみよう。役割スキーマは，教師の地位にある者が一般に何をするかしないかについて期待する基盤となる。出来事スキーマは，授業がどう進行するかについての見通しを提供する。また，人物スキーマは，この教師独特の行動の予想を可能にするのである。対人認知は，これらの知識を動員して行われる能動的な過程なのである。

このような社会的スキーマは，自分が暮らす社会的世界を要約したものである。それは同時に，新たな情報をコード化することを容易にする。すなわち，進行している事態のなかで，相手の何に注目し，何を無視すべきかを指示するのである。こうした社会的スキーマの働きを明らかにしたものが，コーエン(1981)の実験である（トピックス㉛）。私たちはスキーマに適合する情報に注目し，適合しない情報を無視するのである。

3．知覚者の影響

私たちのさまざまな欲求や願望は，他者との相互作用を通して達成される。そのなかで，相手が自分を査定する立場にあり，自分の望む結果が得られるか

トピックス 31

職業ステレオタイプが他者認知を変える

≪コーエンの職業ステレオタイプの実験≫

　私たちは相手の職業がわかると，自覚するしないにかかわらず，その人がどういった人かについて一定の期待をもつ。これは職業ステレオタイプと呼ばれる。

　コーエンはまず，職業ステレオタイプの内容を確認するために，司書を職業とする女性とウェイトレスを職業とする女性を思い浮かべたうえで，その人の外見，行動，好み，生活様式などについて具体的に記述するように求めた。この報告を整理した結果，人びとは両者が多くの点で異なっていると考えていることがわかった。たとえば，人びとは一般に，司書を職業とする女性はメガネをかけ，ワインを飲み，クラシックを聴く……のに対し，ウェイトレスを職業とする女性はメガネをかけず，ビールを飲み，ポップスを聴く……などと想定しているのである。

　次いで，これをもとに，女性を主人公とし，その日常生活を描いた約15分のVTRを作成した。このなかで，主人公の女性は，人びとが二つの職業をもつ人に典型的だと考える特徴を同程度示すようにした。具体的には，主人公は<u>メガネをかけ</u>，<u>生花を飾ったテーブルで</u>，<u>サラダなしの</u>ロースト・ビーフを食べ，ビールを飲み……夫から<u>ガウン</u>と恋愛小説をプレゼントされる，のである（下線は司書，波線はウェイトレスの特徴）。

　実験では，実験参加者はVTRを見た後で，主人公の印象を判断するように求められた。その際，半数の実験参加者は女性の職業が図書館の司書であり，残りの半数はレストランのウェイトレスであると言った。つまり，実験参加者によって，まったく同じVTRを異なる職業をもつ女性を描いているものとして見るのである。次いで，実験参加者は，直後，4日後あるいは7日後に，主人公の行動や外見をどれだけ記憶しているかテストされた。この成績が従属変数である。

　結果をみると，実験参加者は職業ステレオタイプと一致する特徴をより正確に覚えていた。たとえば，主人公がメガネをかけていたという事実は，司書であると聞かされた実験参加者のほうがより多く覚えていたのに対し，主人公がビールを飲んだことは，ウェイトレスであると聞かされていた実験参加者のほうがより多く覚えていたというわけである。さらに，想起までの時間間隔にかかわらず，ステレオタイプと一致する特徴が常に多く想起されたのである。　(Cohen, 1981)

ステレオタイプとの一致・不一致と想起までの時間による記憶の正確さ（％）

ステレオタイプ	想起までの時間間隔		
	直後	4日後	7日後
一　致	88	73	73
不一致	78	68	66

どうかは、その人の判断に左右されることがある。たとえば面接試験である。このような場面では、知覚者は相手の言動の端々にまで注意を払い、自分がどう見られているかを知ろうとするだろう。そして、相手が自分を好意的に評価してくれることを期待するだろう。

ペピトーン（1950）は、こうした知覚者の期待が、相手に対する認知を歪める場合のあることを実験によって例証した（トピックス㉜）。知覚者の動機や欲求は、対人認知を左右するのである。

§2 人間関係の帰属

日常生活の場面で他者理解の出発点となるのは、他者の行動を観察するということであろう。自分をとりまく人びとを理解するためには、単に他者の行動を見聞きするだけにとどまらず、他者の行動が自分にとってどんな意味をもつのか、そこに何がしかの説明を探し求めるものである。このような価値判断をする際に重要なのは、他者の行動そのものではなく、行動の背後に潜んでいると思われる行動の理由であることが多い。すなわち、「彼が何をしたか」ということよりも、「なぜ、彼がそのようなことをしたのか」とか、「彼がそのようなことをした理由は何か」といったことのほうが、私たちの主たる関心の対象となる。

ところで、私たちの目の前で数限りなくくり広げられている人びとの多様な行動に対して、そのつど、その状況にふさわしい理由づけを一つひとつしなければならないとしたら、私たちの他者理解は膨大なものとなってしまうであろう。しかし、私たちはそのような理解の仕方はしていない。私たちは、自分の周りで起こった多様で数多くの行動を、何らかの共通分母でくくるという作業をしながら他者理解をしていくのである。これは環境理解の経済性と呼ばれており、自分をとりまく社会を、支配可能な大きさに単純化するというものである。私たちは他者の行動を、その背後にある比較的安定した属性（固有な性質）に理由づけを行いながら、多様な行動をまとまりをもった意味のパターン

トピックス 32

欲求や期待が対人認知を歪める

《ペピトーンの試合招待券の実験》

ペピトーンは，バスケットボールが好きな高校生を実験参加者に使い，有名な大学のバスケットボールの試合の招待券をもらえるという機会を設定した。当然，実験参加者はぜひとも券を手に入れたいと思っている。しかし，実際に券がもらえるかどうかは，面接を受け，そこでの受け答えの結果によって判定されると説明された。この後，実験参加者は，3人の面接者から，スポーツに対する興味や関心などについてさまざまな質問を受けた。ただし，この3人の面接者は，実際には実験協力者（サクラ）であり，あらかじめ決められたとおりに行動した。実験は次の二つのタイプが行われた。

実験Ⅰ：インタビューのなかで，招待券を与えるかどうかの決定権は3人の面接者で異なることが，実験参加者に伝えられた。しかし，実験参加者に対する態度，特に好意度については，3人とも同じであるようにふるまった。インタビューの後，実験参加者は3人の面接者が自分に対してどれくらい好意的であったかをたずねられた。実験参加者に対する行動は同じであったにもかかわらず，実験参加者は，決定権のあるメンバーほど自分に好意をもっていると判断する傾向がみられた。

実験Ⅱ：面接者の態度を操作し，3人は実験参加者への好意度が異なるように行動した。しかし，決定権は3人とも同じであることが伝えられた。インタビューの後，実験参加者は誰がどの程度決定権をもっていたかをたずねられた。その結果，実験参加者は，自分に好意的であった面接者ほど多くの決定権をもつと判断する傾向がみられた。

しかしながら，直接利害関係のない第三者が，好意度や決定権について3人の面接者を評価すると，実験Ⅰ，Ⅱのいずれの場合もまったく差がみられなかった。

つまり，どちらの実験参加者も，自分に都合がいいように相手に対する判断を歪めたのである。このように，知覚者の欲求や期待は，事態の判断や相手に対する認知に影響を及ぼすのである。

(Pepitone, 1950)

へ組織化して,理解していくのである。ちなみに,自然科学における法則性の発見も,こうした環境理解の手法を用いている。

さて,他者の行動を不変的な属性と対応づけて理解するというこの過程は,多様な事象を安定したものとして説明できるということに役立つだけでなく,科学法則がそうであるように,行為者の将来の行動を予測することの可能性を増大させる。たとえば,ある人物の行動がその人の性格のような比較的安定した属性に基づいて生じたとの理由づけがなされるとしたら,その後の状況の変化にかかわりなく,同様な行動の再現性を高いものと予測することができよう。

こうした理由から,私たちは他者の行動の原因を明らかにしようとするのである。この他者の行動の因果関係をめぐる解釈の認知プロセスを,**帰属過程**と呼んでいる。とりわけ対人認知においては,観察された他者の行動から,その行動の原因をその人の内的属性にあると推断するところに重要な意味がある。というのは,その行動の原因が行為者の内部にあると見なされたときには,その他者に対する私たちの行動に大きな影響を及ぼすからである。したがって,帰属過程は人間関係の理解にとって不可欠なものなのである。しかも,この帰属過程は,知覚者の個人的欲求によって歪められたり,論理的に誤っていることがしばしばあるということだけでなく,仮に誤っているとしても,そうした理由づけの真偽にかかわらず,一度原因の帰属がなされると,その影響のもとで他者に対する行動がとられてしまうのである。自然現象とは対照的に,人間のおりなす社会事象の原因は,同定することが困難である。感情的な意味が付加されていると,偏向した理由づけをしがちである。特に,人と人との相互作用は,こうした事情の影響を受けやすい。ここでは,そのような人間関係場面での帰属過程に関する三つの主要理論をながめることで,人間関係の認知過程について明らかにしていく。

1. ハイダーの常識心理学

帰属過程に関する独創的で卓越した洞察を最初に提示したのは,ハイダーである。ハイダー(1944, 1958)は,人間関係に関する諸概念を組織化するにあ

トピックス　33

もっと知りたいときの印象形成

≪フィスクの印象形成の連続体モデル≫

　誰かと出会ったときに印象を形成するプロセスは2段階になっている。
　まず，第一段階では，その人の国籍や職業など，相手が属している集団や社会的カテゴリーと関連させて印象が形成される。これはカテゴリー処理と呼ばれる。この処理では，たとえば「イタリア人だから陽気だ」といった印象が形成される。認知的な節約のために，多くの場合，私たちの印象形成はこのカテゴリー処理にとどまる。しかし，相手に関心があったり，自分にとって重要な人物であったりする場合には，情報処理が継続される。このときに生じる第二段階では，相手の言動や特徴を詳細に検討して性格を推測し，印象が形成される。これは詳細処理と呼ばれる。
　図は，2種の印象形成のプロセスを説明するため提出されたモデルである。このモデルでは，誰かと出会ったときには，最初に必ずカテゴリー処理が行われ，相手についてもっと知りたい場合にのみ，より詳細な情報が吟味され，個人的な印象が形成されると考えられている。

(Fiske & Neuberg, 1990)

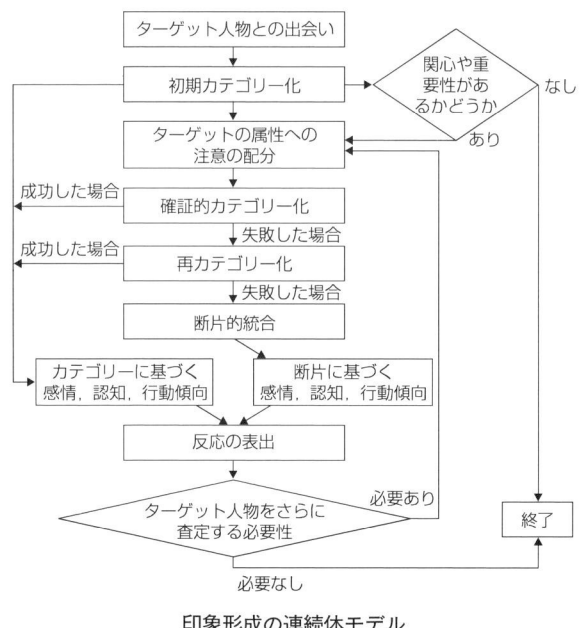

```
          ターゲット人物との出会い
                  ↓
    ┌──→ 初期カテゴリー化 ──→ 関心や重要性があるかどうか ──なし──→ 終了
    │            ↓                    │あり
    │     ターゲットの属性への ←───────┘
    │        注意の配分  ←──────────────┐
    │            ↓                      │
 成功した場合 ← 確証的カテゴリー化      │
    │       ↓失敗した場合              │
 成功した場合 ← 再カテゴリー化           │
            ↓失敗した場合              │
          断片の統合                    │
            ↓                          │
  カテゴリーに基づく    断片に基づく    │
  感情，認知，行動傾向  感情，認知，行動傾向
            ↓            ↓            │
            反応の表出  ─────────────┐ │
                  ↓                  │ │
          ターゲット人物をさらに ──必要あり┘
          査定する必要性
                  ↓必要なし
```

印象形成の連続体モデル

たっては，心理学や社会科学の概念を集めて体系化することよりも，日常生活において十分に公式化されないままに一般の人びとによって語られている人間関係についての知識を利用すべきである，と主張している。一般の人びとの社会的行動を理解するためには，彼らが自分をとりまく社会的世界をどのように認知し理解しているかを知る必要がある，というのがハイダーの研究の前提である。つまり，ハイダーは，社会科学の専門知識をもたない一般の人びとは，人間関係において示す鋭い心理的洞察や，他者の行動を理解しようとするときに用いている日常言語を，さまざまな事態のなかから探り出し公式化することによって，**常識心理学**の体系化を行っているという。ハイダーのこのような行為の素朴な分析や現象的記述は，因果関係の認知の基礎的分析を中心としているという点で，近年の帰属過程研究の先駆となっている。

　トピックス㉞に示す実験は，因果関係の知覚に関する現象学的アプローチを示すものである。この実験を通じて，ハイダーは，一般の人びとは人間が含まれていない単なる幾何学図形の移動の知覚に対してすら因果関係を体験し，しかも人間の行動が事象の原因であると思わせるような用語で記述する傾向のあることを，明らかにしている。ハイダーは「人は行動には原因があると知覚し，その原因を行為者か環境のどちらかに求める」との仮定を基本とし，「人は，自分をとりまく一時的で変化しやすい行動や事象を，比較的変化しない安定的な諸条件（固有属性）に**原因帰属**することによって，自分の環境を予測や統制の可能なものにしようと望んでいる」との原理を打ち出している。ここでいう固有属性とは，人間や環境のもつ持続的特性であり，他者の行動や事象の背後にある原因を構成しているものである。たとえば，人間のもつ固有属性として，能力や性格などが考えられている。ある人物の行動がこのような固有属性に帰因されると，その後のさまざまな状況における行動予測が高まることになる。

　さらにハイダーは，目的的行動について，図4-3に示すような行為の構成要素の分析を行っている。ここでは，行為は，行為者側の力と環境側の力の関数であるとしている。そして，行為者側の力は能力的要因と動機的要因に区分さ

トピックス 34

現象の因果的認知

≪ハイダーとジンメルの図形移動の認知実験≫

　図に示すような大きな三角形（T）と小さな三角形（t）と小さな円（c）が，箱形の一部開閉する長方形の周りを動き回る映画を実験参加者に見せた。映画では，「Tが長方形の中にいったん移動し，その後に外へ出て，tと何度か衝突をくり返す。その間にcが長方形の中に移動する。Tも長方形の中に再び移動し，cの後方を移動し，追突をくり返す。cが外に移動し，Tも出て，三つの図形が再び長方形の周囲を動き回る。tとcは場面から消え，Tの衝突により，長方形がバラバラになる」という順序での幾何図形の動きが提示された。
　実験参加者は114名の女子学生で，三つの条件群に分けられた。第1群では，単にフィルムの内容を説明してほしいとの教示が与えられた。第2群と第3群では，図形の移動を人間の行動になぞらえて説明することの教示が与えられた。ただし，第3群ではフィルムが逆順で映写された。その結果，第2群と第3群はもとより，人間の移動になぞらえて説明することを要求されていない第1群の実験参加者もが，図形の移動を「Tがtと争っている」「Tがcを追い回し，cが逃げている」というように，人間の行動として説明することが明らかにされた。さらに，第1群と第2群では，「Tは弱い者いじめである」として，行動の原因をTの属性に帰する，という因果関係の認知が認められたのである。

(Heider & Simmel, 1944)

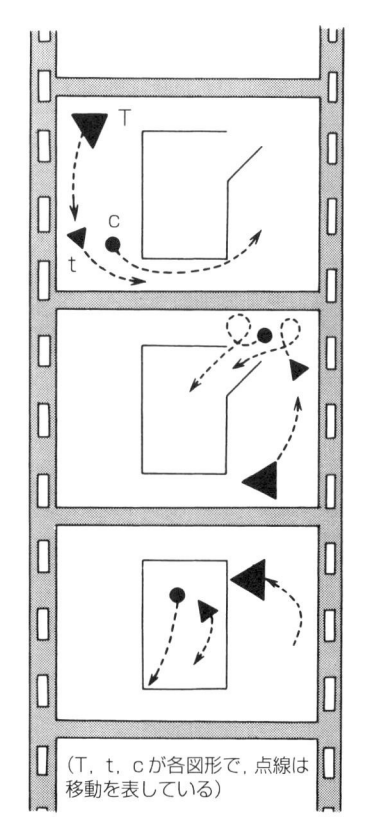

(T, t, cが各図形で，点線は移動を表している)

幾何図形の現象的因果関係認知の実験材料

れ，さらに動機的要因は意図と努力に分類でき，一方，環境側の力は課題困難度と運に分けられるとしている。そして，能力と課題困難度は，日常語の「できる」の概念にまとめられ，両者は安定していることから固有属性と見なされている。

さて，能力が課題困難度を超えていなければ「できる」ということにはならないが，結果 x が生じるためには，人が x を引き起こすことができるだけでは十分でなく，その人が x を引き起こそうとしていること，すなわち動機が伴わなければ生起しないのである。

ところで，その人が自分の目的として x を生じさせようとしていると見なされる場合には，そこには個人的因果関係があるとされる。他方，x が環境側の力によって引き起こされたか，人が x を引き起こしたとしても意図が関与していないと見なされる場合には，それは非個人的因果関係であるとされる。この分類は，行動の結果に対する責任や行為者の属性を推論する際に，きわめて重要な意味をもってくることになる。個人的因果関係が認められないときには，行動とその結果が行為者と結びつけられないのであるから，知覚者は行為者に関する情報をほとんど手に入れることができないのである。

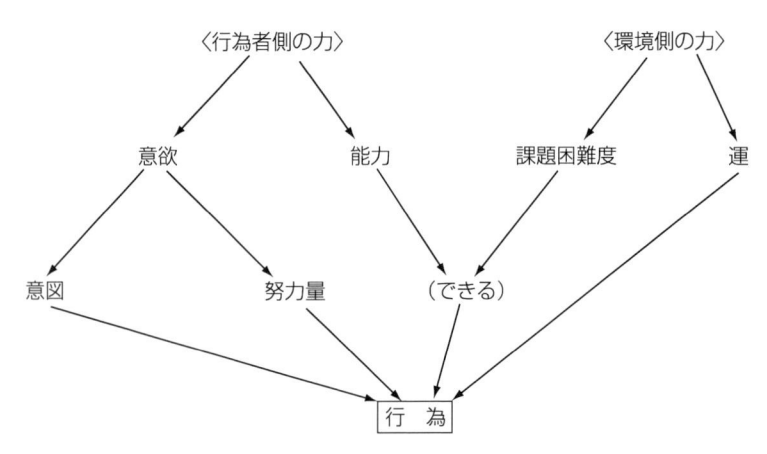

図4-3 ハイダーの行為の構成要素の分析 (Heider, 1958)

2. ジョーンズとデーヴィスの対応推論モデル

　ハイダーのいう個人的因果関係が成立している場面，すなわち意図された行動に研究対象を限定したうえで，ジョーンズとデーヴィス（1965）は，知覚者が他者の行動の認知に基づいて行為者の固有属性を推論していく過程を明らかにしている。彼らは，他者の行動からその人の性格のような固有属性を推断する場合には，行動の意図の確認がなされ，その後に属性が推論されるとする二段階の過程がある，と想定している。そして，確認された意図がその行動をどの程度説明するかという対応度と，推論された属性がその意図をどの程度説明できるかという対応度，そしてこれらの関係からその固有属性が観察された行動をどの程度説明できるかを考えて，それらの対応度を表すために対応（度）の概念を導入している。ジョーンズとデーヴィスは，特にこの対応度の高い事態，すなわち行動の結果から行為者の固有属性を確信をもって推論のできるような事態の諸条件について，研究をすすめている。

　彼らは，すべての行動は，実行されたその行為を含めたその時点で実行可能であると考えられる諸行為のなかから選択されたものである，との立場によっている。したがって，実行された行動から生じた結果は，その時点で選択されなかった行動の結果との関連で意味づけられることになる。

　このような行動の選択的事態では，行為の選択が自由意志に基づいてなされたかどうかがまず問題となろう。外的強制や役割規定などによって，やむなく行動選択をせざるを得ないような場面では，行動の「対応度」が低く，行為者の属性に関する情報を与えないことになる。この点がトピックス㉟に示すジョーンズらの研究によって見事に確認されている。

　行動の選択に際しては，仮定された結果の社会的望ましさも対応度に関連している。行為者の所属する集団のなかの，誰もが望んでいるような結果を生じさせる行動は，誰もがしようとするのであるから，それをしたからといっても，その人の独自性を示しているわけではなく，その人の属性に関連づけることができない。逆に，皆が望まなかったり集団から逸脱していると見なされる

行動を選択した場合には，その人らしさが示されることになり，行動からその人の固有属性が確信をもって推論される。そして，それとともに，その行動の原因は行為者の属性にあるとの判断もなされることになる。

　私たちの行動の多くは，何らかの結果を生じさせることをあらかじめ意図して行われる目的的行動である。私たちが選択可能ないくつかの行動のなかから特定の行動を選び出す場合には，選択する行動によってもたらされる諸結果と，選択しない行動のなかに含まれる諸結果とを比較しているはずである。したがって，これらの諸結果を比較することによって行為者の意図が何にあったかを推論することができる。行動を決定しているのは，選ばれた行動に含まれるが，選ばれなかった諸行動には含まれないような結果であるから，両者に共通しない結果（すなわち，選択された行動に固有な結果の数）が少ないほど，対応度が高くなり，行為者の固有属性を確信的に推論することが可能になる。

　以上のように，私たちはいくつかの過程を経て，他者の行動から属性を推論していくのである。要約すると，観察された行動は，意図されていたか否か，自由意志のもとでなされたか否か，その時点で行為者が選択し得たと見なされる他の行動に照らして固有な結果をどの程度有しているか，どの程度の社会的望ましさをもつ結果を生じさせているか，といった判断が下され，そのうえで，行為者の属性と結びつけられる。こうして，他者の行動はその人に関する情報を一義的に与えているのではなく，私たちの帰属の諸過程により多様な意味づけがなされることになるのである。

3．ケリーの ANOVA モデル

　帰属過程に関する包括的なモデルは，ケリー（1967）によって提出され，そこでは私たちが行動の原因を帰属する際の諸条件の広範な検討がなされている。このモデルは，心理統計でよく用いられる分散分析になぞらえて，**ANOVA モデル**と呼ばれている。このモデルによると，観察された事象の因果関係を探り当てるとき，私たちは，原因と結果との関連を逐一検討し，ある事象の原因はその事象の生じるときに存在し，その事象が生じないときには存

トピックス 35

就職面接によって人は見分けられるか

≪ジョーンズらの役割演技と性格推定実験≫

　就職のための面接場面で示される志願者の言語反応から，パーソナリティ属性を探り当てるという状況で，ジョーンズらは，役割と一致する行動が属性の推論のための情報価の低いことを実証している。宇宙飛行士は内向的なパーソナリティを必要とするのに対して，潜水艦乗組員は外向的なパーソナリティが望ましいという前提で，実験参加者に面接場面のテープを聞かせた。このテープは4種類あり，各々の仕事に適したパーソナリティを印象づけるようにふるまう志願者と，それに反するようにふるまう志願者のものであった。実験参加者は，これら四つのテープのうちのどれか一つを聞き，この面接を受けている志願者がどのような人物であるかを評定した。

　その結果は，上図に示すように，言語行動が役割の必要条件と一致していた場合，つまり，宇宙飛行士の志願者では内向的な印象を，潜水艦乗組員では外向的な印象を与えるべく演技した人物に対しては，パーソナリティ属性の特徴が不確

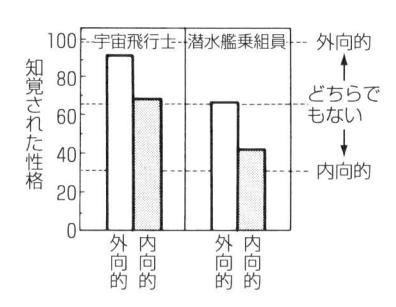

パーソナリティ評価

かな中性的評定がなされた。一方，役割に反する属性を印象づけようと演技した志願者の評価は，それぞれが述べた方向の属性評定がなされていた。この報告は，役割と一致するような演技が言語行動の表出の自由を制限してしまうので，そういう場面での行動が，行為者の固有属性から生じたものであるか否かの判断をあいまいなものとしてしまい，結果として，行動と属性の対応度を低下させてしまうことを示唆するものである。

(Jones & Davis, 1965)

対応度の決定因

非共通結果の数（固有な結果）	結果の仮定された望ましさ	
	高	低
大	ありふれたあいまいさ	関心を引くあいまいさ
小	ありふれた明瞭さ	高い対応

在しないような要因であると考える。すなわち，原因は事象の発生につれて共変する諸要因のなかに見いだせるとした。私たちはこのような共変の原理を適用することで，現象の合理的理解をしていくとされている。ケリーは，他者の行動に対する帰属と自己の内的感情状態に対する帰属を説明するために，この共変の原理を導入している。

　ケリーはこのモデルで，事象の原因となる三つの次元を想定している。どのような原因帰属がなされるのであれ，そこには，自己および他者を含む知覚者としての人，行為や反応が直接向けられる対象としての実体，いついかなる状況でという時／様態，の三つの次元が存在するとして，トピックス㊱で示されるような三次元の立方体モデルを構成した。この立方体に遂一共変の原理を適用することで原因の帰属を行う，というのがケリーの考えである。

　たとえば，「ある映画を見て，私は感動した」という事象をめぐる因果関係を分析するという場合，この事象の原因を決定するには三つの基準，すなわち弁別性・一貫性・一致性が検討されなければならない。私がこの映画に感動し，他の映画には異なる反応を示し（弁別性），いついかなる状況でこの映画を見ても感動したし（一貫性），他の人びとも皆この映画に感動した（一致性）とすれば，この事象の原因はこの映画のすぐれた特徴にあるのだ，という判断がなされる。同様に，一貫性の基準のみが満たされ他の基準を欠く場合には，この事象の原因は，私の映画好きというように個人的属性にあるとされる。また，弁別性のみが満たされた場合には，この事象の原因は，その映画を見たとき恋人と一緒だったというような状況に帰属されることになる。

　以上のような分析は，トピックス㊱で示すように，反応の対象となる実体が他者であるような場合にも，もちろん適用される。いずれにしろ，ケリーのモデルは，他の知覚者による反応の情報や，他の状況（時間と空間を超えて）における情報を一事象の原因帰属過程に導入したことが特徴であり，これによりその適用範囲を拡張しているといえよう。

トピックス 36

他者の行動の原因を何であると考えるか

≪ケリーの帰属の立方体モデル≫

　シェーバーは，他者の行動からパーソナリティ属性を探り当てるケリーのモデルを次のように説明している。

　「私がある一人の学生と帰属理論の話をすると，いつも最後は口論になってしまう」という事実を仮定してみよう。問題は，口論になってしまう原因が，私にあるのか，その学生にあるのか，それとも話題にあるのか，ということである。図に記載されているDとAは，それぞれ特定の話題に関して，一人の教師と一人の学生の間に対立があるか否かを示すものであり，Dは対立を，Aは一致を表している。知覚の対象である実体の次元についてみると，知覚者である私は，他の学生1，2とは帰属理論を話題にしても対立することがないのであるから，その学生に対して弁別的に反応していることになる。次いで，時／様態の次元に沿って共変の原理を適用し，私の反応が帰属理論を話題にするという特別の状況のゆえになされたのかどうかを吟味する。しかしながら，私はこの学生と帰属理論に関すること以外では話をすることがないので，直接この次元に関するデータを手に入れることができない。そこで，他の話題に関して，この学生が同僚の教師との間で対立しているかどうかを資料として間接的に推論するならば，彼は他の話題に関しても一貫して対立していることがわかる。したがって，私との対立が状況のせいであるとする可能性は除外できる。最後に知覚者である人の次元からみると，同僚たちとも対立する傾向があるのだから，この学生との対立は私との関係で独自に生じているのではなく，他の同僚と共有される現象であるから一致性が存在する。共変原理の適用がなされ，弁別性・一貫性・一致性の三つの基準が満たされたとき，知覚の対象である実体への反応の帰属がなされる。ここでは，私とこの学生が帰属理論について話をすると口論になってしまう原因は，この学生の「偏屈な属性」にある，と確信をもって推断することができるわけである。

(Shaver, 1975)

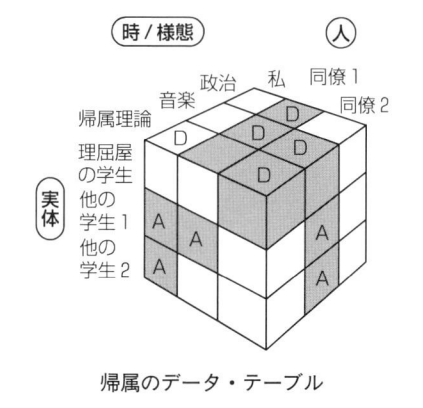

帰属のデータ・テーブル

§ 3 社会的比較

1. 自己概念

　大勢の顔写真のなかから，自分の顔を指摘するのは誰にでもできる。最近の研究によれば，すでに1歳半の幼児でも，鏡に写った自分の顔をそれと認めることは可能だという。また，私たちが，質問紙式の性格検査に答えるとき，さまざまな性格や行動傾向のなかから，自分自身に当てはまるものを選び出すこともさほど困難なことではない。つまり私たちは，身体属性のような外的な面であれ，性格のような内的な面であれ，「自分自身をかなりよく知っている」のである。それゆえ，上記のようなことができるのだといえる。

　しかし，なぜ「自分自身を知る」ことができるのであろうか。自分の顔の場合，鏡（あるいは滑らかな水面やガラス窓など）に映し出された自分の顔を対象視することにより，自分自身の顔がわかる。それでは，心理的な面はどのようにしてわかるのであろう。身体的な面同様に，内面的特性についてもやはり「鏡」を必要とするであろうか。この場合，鏡にあたるものは何であろうか。実は「鏡」の役割を果たすのは，自分自身の周囲にいる他者である。つまり，他者が自分に対して示す行動や態度が自分自身の内面的特性を映し出す「鏡」となって，それを利用することにより，あるいはまた，他者の眼には自分がどう映っているかを想像することにより，私たちは自分自身の姿を対象視し「知る」ことが可能となるのである。たとえば，楽しそうに談笑している一座のなかに自分が入ると，彼らが何となく気づまりな様子を見せるなら，他人の眼に写っているであろう「一座を白けさせる自分」を想像し，「自分は固苦しい性格の持ち主らしい」ことを察する，ということになろう。

　人間関係の認知の一方の起点である自分自身に対する認知は，こうして形作られていくといえよう。このように，私たちが自分自身を対象視して，自分に対してもつ認知内容を，一般に**自己概念**と呼ぶ。すなわち，自己概念は他者との相互作用を通じて形成されるといえる。これを早くから指摘したのは，クー

トピックス　37

何が「客観的事実」か？

≪高田のリアリティ判断の研究≫

　自己概念が不明確である場合と同様に，自分を取り囲む状況や環境がどのようなものであるかわからないという場合も，きわめて心地悪いもので，不安や不快を呼びやすいことはうなづける。それだからこそ，進学・就職の季節に新しい環境に入ろうとしている人たちの心理を形容するのに，「期待と不安」というきまり文句が使われるのであろう。このような場合，私たちは自分および周囲の世界を明確にしようと試みるが，そのために物理的・客観的手段を用いえないとき，私たちは社会的比較を行うとされる。

　ところで，理論的にはこのように考えられる物理的・社会的リアリティの区別も，実際に自己評価を行っている当人には，必ずしもはっきりと区分されて認知されているわけではなさそうである。高田は，さまざまな自己あるいは自己の周囲の状況についての陳述を大学生に示し，それらが，①その妥当性を，客観的・物理的手段により確認しうる（物理的リアリティに依存する），②しえない（社会的リアリティに依存する），③どちらともいえない，のいずれに該当するものかの判断を求めた。その結果，必ずしも理論に沿った認知をしていない者がかなりいることがわかった。特にそれは，本来は物理的リアリティに依存しうるが現実的には困難なものや，社会的リアリティに依存するが広範囲にわたる合意が存在するものに著しい（表を参照）。

(高田，1981b)

物理的・社会的リアリティーの判断

陳述の例	判　断		
	物理的	？	社会的
自己の属性に関するもの			
（物）自分は100mを13秒で走れる	81.1	6.5	12.4
（社）自分は美人である	28.7	25.3	46.0
状況の認知に関するもの			
（物）北海道の面積は四国より広い	86.3	5.0	8.7
（物）このキノコは毒キノコである	62.5	13.0	24.5
（社）ベートーベンは偉大な音楽家である	40.5	24.7	34.8
（社）米-イラン戦争は必至である	21.4	29.5	49.1

（数値は，それぞれの項目に対してなされた平均判断率）

リーやミードなどの社会学者であるが，そのような観点は心理学にも大きな影響を及ぼしている。次にそのうちの一つ自己評価と社会的比較について取り上げ，さらに深く考察してみよう。

2．自分と他人の比較

「自分自身がわからない」状態を考えてみよう。そのような状態は不安や苦痛に満ちた不安定な状態であり，不適応を引き起こすことにもなりかねない。たとえば，青年期は自分の存在を問い直すことから，一時的に自己概念が不明確になり，自分自身がわからない状態になりやすいが，この時期の心理状態を考えると，このような状態が心理的に不安定な状態であるということが容易に想像される。私たちは常に，「自分とは何か」の答えの手がかりとなる自分の現状や能力を明らかにしておくこと，つまり明確な**自己評価**ができることを念じている，と考えることができる。このような明確な自己評価への欲求を前提として，それから生じるさまざまな現象についての理論的考察を行ったのが，フェスティンガー（1954）の**社会的比較過程**の考え方である。

私たちはどのようにして明確な自己評価を得るのであろうか。何か客観的・物理的な基準があり，それに則して自己評価ができるのなら，話は簡単である。「自分の体重は 55 kg である」ことは，体重計により疑問の余地なく確かめられる。しかし，そのようなことは常に可能だとはいえない。たとえば，「自分はやせている」「自分は内気だ」「自分はテニスが上手である」という自己評価の場合，「やせている」「内気」「上手」ということの絶対的基準があるわけではない。それは，他人と自分とを比較してはじめて意味をもってくる相対的なものである。社会的比較は，このように物理的・客観的基準を用いることができない場合に，自己評価のためになされる自己と他者との比較である。そして，このような自分と他人を比較して得られる，つまり社会的な手段によって得られる自己評価の確かさについての主観的確信が，**社会的リアリティ**（社会的真実性）である。これに対し，物理的な手段により得られるそれは，物理的リアリティ（物理的真実性）である（トピックス㊲参照）。

トピックス 38

できる人を見て自己評価を下げ
できない人を見て自己評価を上げる

≪モースとガーゲンの自己概念の社会的比較実験≫

①自己概念は他者との比較・対照により影響を受ける，②自己概念が首尾一貫しておらず不安定な者に特に影響が著しい，ということを示したのが，モースとガーゲンによる実験である。

実験参加者は，男子大学生であるが，自己概念が安定している者と不安定な者とがある。用意された諸特性のうちから自分に当てはまるものをいくつか選ばせ，さらに，その選択された特性が相互にどれぐらい両立可能かを判断させる。自分は互いに矛盾する特性をもっていると判断した者が自己概念の不安定な者，そうでない者が自己概念の安定している者と考えるのである。彼らはそれぞれ一人ずつ実験室へ呼ばれ，一連の質問項目からなる自己評定用質問紙に記入することが求められる。その前半をやり終えたとき，もう一人の実験参加者（実験参加者を装ったサクラ）が登場する。実験条件によりサクラは2通りにふるまう。一つは「高潔氏」であって，きちんとした服装，てきぱきとした行動，携帯した難しそうな本など，いかにも優秀な人物という印象を与えるようなサクラである。もう一つは「下劣氏」で，すべてが「高潔氏」の逆であり，実験参加者よりも劣っているという印象を与える。実験参加者はこのいずれかのサクラと同席して，質問用紙の後半に答えることになる。

サクラと同席し自分と彼らとを比較することにより，実験参加者の自己概念は影響を受ける，と考えられる。つまり，質問紙の前半と後半とでは自己評価が変わってくるはずである。「高潔氏」と比較すれば自己評定は低下し，「下劣氏」と比較すれば上昇する，といえる。結果は図のように，実際そのとおりになったのである。しかも，サクラとの比較により自己概念が影響を受けるその程度は，自己概念がそもそも不安定である者において，いっそう著しかったのであった。

(Morse & Gergen, 1970)

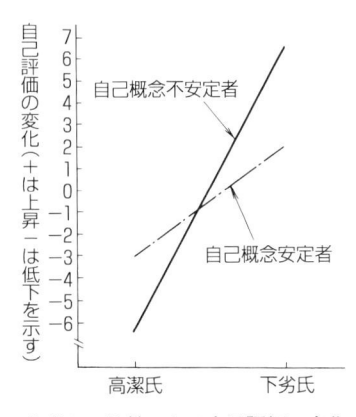

他者との比較による自己評価の変化

物理的存在としての自分の身体の諸側面，たとえば，顔の形・背の高さなども，もちろん自己概念の無視しえない基礎的部分であろう。しかし，それ以上に重要なのは，その物理的事実のもつ意味や能力や性格のような内面的諸特性である。そして，それらについての自己評価は，本来的に社会的リアリティに依存しており，自分と他者との比較によってその妥当性が得られるものなのである。このようにみてくると，自己概念のかなりの部分は社会的比較によって形成されるということができ，自己評価における社会的リアリティの重要性を知ることができよう。特に，明確な自己概念が形成されていない不安定な状況において，それは著しいものである。そのことは，トピックス㊳に掲げたモースとガーゲン（1970）による実験に端的に示されている。

3．自分と他人の類似性

フェスティンガーは，さらに，社会的比較の考え方のなかで，私たちが社会的比較をする他者は，自分とかけ離れた人よりも自分に類似している人のほうが自己評価のためには有用であるとし，それゆえ比較の対象として選ばれやすいとしている。換言すれば，自分と似たような他者と自分とを比較したときに，初めて安定した自己評価が得られる，というのである。自分の周囲に自分の現状と似た状況にある他者が多くいればいるほど，自分のその現状についての確信が増す，つまり社会的リアリティが高まるので，自己評価は安定するというのである。たとえば，テニスを趣味としている人が自分のテニスの能力の自己評価をする場合，自分とあまりかけ離れていない他者との比較を必要とする。プロ選手やラケットも十分に振れない幼児と比較しても，自分のテニスの技量の程度を正確に知ることはできないからである。このように比較対象となる類似した他者が自分の周囲に多く存在するほど自己評価は安定したものとなり，ひいては日常生活における行為の安定性・適応性にまで及ぶことを示しているのが，ムーサとローチ（1973）の米国女子高校生を対象にした調査（トピックス㊴）である。恵まれた資質をもっていて，自分は大多数の者よりも優れていると自認している者よりも，自分は平均的だという自己評価をしている

トピックス 39

美人は不適応？

≪ムーサとローチの類似者の存在と適応の研究≫

　ムーサとローチは，青年期における外見・容姿と自己概念との関係について，調査を行っている。調査対象となったのは米国中西部の男女高校2年生である。彼らが調査した事項のなかで，ここで興味がもたれるのは，高校生たちが行った自分の容姿についての評定と，適応の程度に関する指標との二つである。前者は，外見・容姿について，自分たちのクラスのなかの大多数の者が占める位置と，自分自身の占める位置とを評定するものである。また後者は，自己信頼感・自己尊重感・自由の感覚・集団所属感・引っ込み思案の傾向・神経質的徴候の諸側面に関する自己評定である。

　外見・容姿の自己評定について，自分を他者より上とみているか，同等とみているか，下とみているかにより，生徒を3分割する。また，適応の程度に関しても，上・中・下の三つの段階に分ける。その結果，これら二つの指標の関係について，女子生徒から得たものは表のようになった。表から明らかなように，自分の容姿・外見は他者と同等と自己評価している者に，適応の程度の高い者が多い。なお，男子生徒にはこのような傾向はなく，ただ容姿の自己評価の低い者には適応の悪い者が多くみられたのみであった。

(Musa & Roach, 1973)

容姿の自己評価と適応の関係

適応の程度	容姿・外見の自己評定		
	他者より高 (N=23)	同程度 (N=36)	他者より低 (N=34)
高	30.4%	47.2%	20.8%
中	30.4%	30.6%	16.7%
低	39.1%	22.2%	62.5%

者，つまり，自分と同じような者は他にもたくさんいると考えている者のほうに，適応した生活をしている者が最も多いことが示されている。ここで興味深いのは，同じく調査された男子生徒には，そのような傾向がみられないことである。これは，ここでの比較の対象である容貌・容姿が男子にとってはさほど重要な意味をもたないことを示唆する。逆にいえば，青年期の女性の自己概念には容姿がかなり重要な役割を果たしているといえよう。

　能力の比較の場合，フェスティンガーはさらに**向上性の動因**（欲求）の存在を提唱している。西欧文化においては，成績や能力は高いほうがよいとする価値規範があるので，人は絶えず他者をしのごうという欲求をもっている，というのが向上性の動因である。ただし，あまりしのぎ過ぎて大多数の者からかけ離れた状態になるのは，前述の事情から都合が悪いので，他者よりほんのわずかに優れている状態を人はめざす，というのである。ところが，すべての人がそのような状態に落ち着くことは本来あり得ないので，その結果，能力の比較に際しては絶えざる競争が伴われる，とフェスティンガーは仮定するのである。私たち日本人の行動にとっても，この仮定は，全面的に適合するとはいえないまでも，示唆するところは多いと思われる。

4．社会的比較と対人恐怖

　小川（1974）によれば，**対人恐怖**に悩む人の訴えは，「集団に溶け込めない」「多勢の人に圧倒される」「くつろいで人と付き合えない」「他人が気になる」「自分が気になる」「自分に満足できない」「気分がすぐれない」などに集約できるという。対人場面で自分自身を過剰に問題視し，他者に対して過大に気づかいやこだわりを示すのが対人恐怖の特徴であるが，その原因の一つは，「自分」とか「個」を打ち出せず，いわばカメレオン的に集団や他者のなかに溶け込んでしまおうとする態度がひそんでいるためである，ということが従来から指摘されている。つまり，彼らは対人関係のなかでの自己を的確に把握していないということもできよう。

　彼らの行う社会的比較に，何か特徴的なものはみられないであろうか。高田

トピックス 40

対人恐怖者は人との比較を怖がる

≪高田と林の対人恐怖と社会的比較≫

　高田と林は，社会的比較がどのような状況の下で発生しやすいかを吟味するための実験事態を考案し，一連の検討を行っている。それは次のようなものである。4〜6人の実験参加者が，各々ブースの中で，20問の音楽適性検査に答える。回答は押ボタンスイッチで行うが，各回ごとにもう一つのボタン（情報請求ボタン）を押すと，パネル上の小ランプの点灯により，他の3〜5人の回答を知ることができる。もし自分の回答の正否を評価するための客観的手段が存在しないなら，実験参加者の不明確さは大きいために，自分の判断と他者の判断とを比較して明確な自己評価を得るべく，情報請求ボタンを押すことが多いはずである。

　一般の大学生を対象に実験を行った場合，そのとおり確認された。全20問を5問ずつのブロックに分け，各ブロックごとのボタン押し，すなわち社会的比較行動の生起率をみたのが図であるが，最初から最後まで，ほぼ80％前後の割合で社会的比較が生じている。ところが，別の実験で，対人恐怖傾向を強くもつ学生のみを実験参加者とした場合には，試行の初めにおいて比較の生起が顕著に少なく，それが抑制されていることがうかがわれる（図にみられるように全体としてはかなりの比較がみられる）。また彼らは，問題を困難に，検査場面を苦痛に感じていることも判明した。

　　　　　　　　（高田・林, 1975；高田, 1981a）

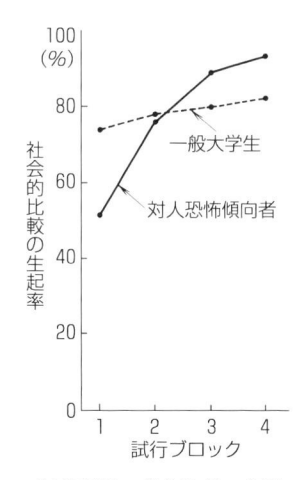

試行経過に伴う比較の変動

と林（1975）はそれを実験的に検討している（トピックス㊵）。その結果にみられるとおり，彼らには比較を求める傾向とそれを避ける傾向との葛藤が認められる。対人恐怖者には，「人前に出ることを極力避け……内向的で内省的で人嫌いに見える」が，反面，「実は，内心ではやはり……相手たちとの結びつきを求めている」，という「矛盾した人嫌い」という症状がみられるが（高橋，1982），実験の結果もそれに一致している。また，たいていの人は，他者との比較を行うことにより，自分の現状なり判断なりへの確信が増すのであるが，彼らは逆に，比較すればするほど確信の程度は下り，また比較に伴いかなりの苦痛を体験することが示されている。本来，一個の認識行動主体として他者とは峻別されるべき自己を，「カメレオンのように」他者に溶け込ませ合一させようとするという，基本的な矛盾がこのような結果を生むと考えることができる。

　以上のように，自分と他人を比較することは，人間関係の認知にとってすこぶる重要であり，かつそれは日常の社会生活の営みや対人関係の枠組みのなかで，普遍的に行われていることなのである。

5章　感情と人間関係

§1　対人好悪の感情

　私たちは，好きな人のためならばどんな苦労もいとわない。愛する人のためには，自分を犠牲にしてまでもその人のために援助し尽そうとする。そして，たとえ全身疲れ果てたとしても，その人に尽せたことに喜びを感じるほどである。恋人のために戦い，愛するわが子のために働くことは，むしろ生きがいともいえよう。他方，これが嫌いな人となると，話はまったく違ってくる。「見るのも口をきくのもいや」ということになる。そんな人からものを頼まれようものなら，ますます嫌悪感は増し，決してその人を助けてやろうなどとは思わなく，むしろ失敗でもすれば内心ほくそ笑みたくなる人が多いであろう。
　このようにみてくると，私たちの人間関係にとって，いかに相手の人に対する感情的側面が重要であるか，また感情的関係がその後の相互の対人的行動を決定づけていくかがわかる。ここでは，人間関係における感情的側面についてみていくことにする。対人的な感情には好き嫌いのほかに，優越感や劣等感，尊敬や恐怖などいろいろな感情があるが，大別すると，ポジティブな感情とネガティブな感情，つまり相手の人に対する好意的な感情（好き）と嫌悪的な感情（嫌い）に分けられるとされている。

1．好意をもつようになる条件や状況

　私たちはどんな人に好意をもつようになるのであろうか。また，どのような状況のとき，相手の人に好意を感じるのであろうか。「好きは好き，嫌いは嫌い。好きに理由はない」と言うかもしれないが，近年の社会心理学は人が人を

好きになる条件や状況についての研究が，**対人魅力**，対人好悪，好意性の研究といった名称で盛んに行われているのである。その成果をここでみていくことにする。

(1) 近接性と好意性

私たちは近くにいる人が好きになる。もちろん，遠く地球の裏側に住んでいる人は知るよしもなく好きになれないが，同じマンションやアパートに住んでいても，離れた部屋の人よりも近くの部屋の人のほうが，最初に親しくなるという。教室の席順などでも，はじめは，すぐ近くの人と仲良くなっていく。フェステンガーら (1950) は，大学の学生用アパートに入居してきた新入生を対象に，友人形成がどのように行われるかを調査した。その結果，初期の友人形成には**物理的近接性**が非常に大きな役割を果たしていて，より近い人，つまり通常は隣りの人とまずは親しくなる，としている。ただ，これは物理的に何メートル以内の人が友人になるというのではなく，隣りの人，一軒（一人）おいて隣りの人，というふうに間に入る人の数によるといえよう。また，時間がたち，付き合いが進むと，物理的な近さよりも社会的な態度や意見の一致した人と仲良くなっていくことも，社会心理学の実験や調査で実証されている。

(2) 好意のもてる人の性格

街や TV で，恋人や婚約者に「相手のどんなところにひかれたのですか」とか，「どんな点が好きですか」などとインタビューがなされている。そんなとき，最近は男女ともたいてい，「やさしいから」とか「思いやりがあるから」などと答えている。

私たちがある人を好きになる理由，好きになった理由を考えると，まず相手の人の性格が浮んでくる。「あの人は真面目だから好き，気さくだから好き，意地悪だから嫌い，ウソつきだから嫌い」と言う。

アンダーソン (1968) は，一般にどのような性格の人が好まれているか，嫌われているかについて研究している。その結果をまとめたのがトピックス㊶である。この表を見ると，誠実な人・分別のある人・信頼できる人が好まれ，うそつき・利己的な人・下品な人が嫌われているのがわかる。私たち日本人がみ

トピックス 41

好かれる性格ベスト・テン

《アンダーソンの性格好意度研究》

アンダーソンは，100人の大学生に555の性格を表す言葉のリストを見せ，そのような性格をもっている人をどのくらい好きか，あるいは好きでないかを聞いた。各性格について0〜6点までの好きな程度を答えさせた。結果，555の性格が好きな順序にランクづけられた。そのうちのベスト・テンとワースト・テンは表のとおりである。

さて，このなかには同一のカテゴリーに入る性格もかなりあるので，30位までを検討しカテゴリー分類すると，アメリカの大学生に好まれる性格は次の五つのタイプであることがわかる。誠実で真面目な人，分別のある知的な人，信頼できる頼もしい人，親切で思いやりのある人，気さくでユーモアのある人などがそれである。

また嫌われている性格としては，うそつきで信用できない人，下品で粗雑な人，利己的で欲深な人，意地悪で残虐な人，うぬぼれの強い人，不親切な人などとなる。

好まれた性格	好まれていない性格
1. 誠実な人	うそつき
2. 正直な人	いかさま師
3. 理解のある人	下品な人
4. 忠実な人	残虐な人
5. 実直な人	正直でない人
6. 信用できる人	信用できない人
7. 知的な人	不快な人
8. 頼りになる人	意地悪な人
9. 心の広い人	卑劣な人
10. 思慮深い人	だます人

(Anderson, 1968)

ても，ごく常識的な結果である。これらはアメリカ人でなくでも好まれるだろうと思うと同時に，このような好かれる性格についての日米の文化差を調べてみると，アメリカ人は正直な人をより好み，日本人は優しい人をより好むという傾向がみられる。

(3) 外見的魅力と好意性

顔やスタイルのいい人，いわゆるルックス（外見）のいい人や身体的な魅力のある人は，人から好意をもたれる。特に恋愛の初期は相手の身体的美しさに魅了され，好意を抱いてデートをしようと決める。

ウォルスターら (1966) をはじめ，アメリカの社会心理学者たちは，このような身体的魅力の要因について実験を行い，どんな相手の人とデートしたいと思うかを質問している。その結果，あらかじめ実験者側が定めた**身体的魅力**の程度と，好意あるいはもう一度その人に会いたいという，いわば好意の指標との間には，強い相関が見いだされることがわかった。なかでも，男子が女子に魅力を感じるのは，まず第一に身体的魅力による，という結果が得られている。

それでは，美人はいつも好意をもたれるのかというとそうではなく，美人と一緒にいると男性の感情は高ぶるらしく，好き嫌いの度合いが激しいようである。身体的魅力をもった女性が笑顔をみせるとその魅力にとりつかれるが，逆に冷たい素振りをみせると，その身体的魅力が災いして他の人よりも強い嫌悪感をもたれるという。

(4) 類似性と好意性

私たちは趣味が一致すると意気投合する。絵画や音楽や映画に対する意見の一致，プロ野球のひいきチームの一致，好きな歌手や好きな選手の一致，また政治的考え方や経済に対する考え方の一致など，どんな側面でも互いに一致すると気持のいいものである。特に，出身郷土や出身校など自分にとって重要なことや大事なことで一致すると，なおさらである。

意見や態度が一致すると，互いに相手の人に好意をもつようになる。それも多くの点で一致すると，その人に対する好意もまた一段と強くなる。バーンと

トピックス 42

似ている人が好きになる――類は友を呼ぶ

≪バーンとネルソンの類似性-好意度実験≫

「似たもの夫婦」とか「類は友を呼ぶ」などといわれるように、意見や態度が似ている者同士は、互いに相手に好意をもつ。このような態度の類似性と相手に対する好意度との関係については、多くの実験や調査が行われている。

特にバーンはこの問題にシステマティックに取り組み、態度の類似性と好意の度合いとの関係が、類似点と非類似点の比率によるのか、その数量によるのか、関係は直線的に表されるのかなどを、次のような実験により検討している。

あらかじめ、子どもの教育や福祉問題、SF 小説など社会的な問題について態度測定をする。実験参加者は、実験室に着くと数人一緒に部屋に通され、「これから人間関係について、限られた情報からどれだけ正確な対人判断ができるかという実験を行う」と告げられる。各実験参加者はある人の態度測定の結果を手渡され、それをよく検討して、その人の適応性や道徳性を判断するように言われる。加えて、その人にどのくらい好意がもてるかを問われる。

さて、そのとき各実験参加者に手渡されるある人の態度測定の結果は、実は実験者が類似性の程度や類似点の数量などを統制して作成したものである。これにより、類似性の高い人への好意度が調査できることになる。

バーンは、結果は類似度が増せば増すほど相手の人への好意度は高くなり、それは正の直線的な関係にあることを図のように証明している。また、好意度は類似点の数量ではなく、類似と非類似の比率によって決まることも明らかにしている。

(Byrne & Nelson, 1965)

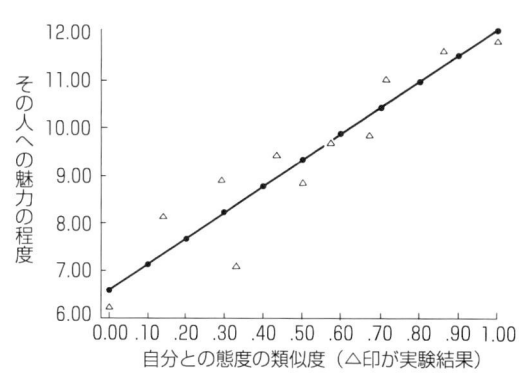

相手の人と自分の態度との類似性とその人への魅力の程度との関係

ネルソン（1965）は，トピックス㊷のような実験をして，**態度の類似性**の度合いが高いと好意を生むことを証明している。これを逆に考えてみると，意見が合わないと，単なる考え方の不一致に終わらず，互いに感情的に険悪になることを意味している。実際，ＴＶなどで，スポーツ・バーで酒を飲みながらサッカーの応援をしていて，敵同士のサポーター間でなぐり合いになりケガ人が出た，などというニュースが時々流れている。

　それでは，どうして意見が一致すると意気投合しお互いに好意をもち，一致しないと険悪になり相互に嫌悪するようになるのであろうか。つまり，意見や態度が同じであることはどんな心理的・行動的効果をもつのであろうか，考えてみよう。

　たとえば，テニスが好きな人がいる。そこにもう一人のテニス好きがいたとする。テニスは一人ではできないので，誰か相手が必要である。テニス好きの人と一緒なら，嫌いな人に無理して付き合ってもらうことなく，いつでも一緒にテニスができることになる。交換理論的にいうと，コストが低くてすむことになる。また，テニスは素晴しいスポーツであると思っている自分の意見に異議をはさまず，積極的に賛成してくれ，お互いにテニスがいかに素晴しいスポーツであるかを話すことになる。認知的バランス理論上からも，この関係は良いバランス状態となり相手への好意を生みやすくなる。また，自分の考えが支持を受け賛成されるので，自らに満足感をもち自尊心が高められる。お互いの行動面で一致がみられ，さらに話が進み，共通の話題も増えれば，相手の行動の予測が容易になり，相手に対する不安感は消え，安心して付き合えるようになる。このような理由で，私たちは同じ意見や態度の人とよく付き合うことになり，互いに好意をもつようになるのである。

⑸　**自尊感情の高揚と好意性**

　私たちは相手の人から認められ高く評価されると，その人に好意をもつようになる。私たちはほめられることによって，自らの自尊心が満足させられる。また，そのように自分を高く評価してくれる人とは，その後の付き合いもスムースにいくと期待しやすい。このように，私たちにプラスに働くと考えられ

トピックス 43

ほめられるとその人を好きになる

≪アロンソンとリンダーの好意の互恵性実験≫

よほどのヘソ曲がりでない限り，人からほめられると悪い気持ちはしない。人から認められ評価され好まれることは，私たちにとって大きな報酬（社会的報酬）となる。そのように私たちを評価し認めてくれるような人に，私たちは好意を寄せることになる。これを**好意の互恵性**あるいは返報性という。

このような好意の互恵性についてはいくつかの実証的な研究があるが，アロンソンとリンダーは，この関係は単純でなく，評価の獲得や喪失とも関連するとして，次のような実験を行っている。

実験のアシスタントを頼まれた女子学生は，その実験を通して，逆に自分自身に対する他の学生の評価を，7回も耳にしてしまうことになる。その評価の内容は，最初はなぜかあまり評判がよくなく，話下手だし知的ではない，などと言われているのを聞いてしまう。しかし，面と向かって言われているわけではないので，怒ることもできず，アシスタントをやめるわけにもいかない。ところが回が4回5回と進んでくると，自分に対する評価がだんだん違ってきて，むしろ好意的になり，最後はずい分ほめられているのを聞くことになる。このような状況に置かれた場合，その人はこの学生に好意をもつかどうかが調査された。

アロンソンとリンダーは，このような実験状況をつくり，評価のプラス・マイナスとその人に対する好意度との関係を調査した。実験の条件は，上記したものを加えて次の四つである。

①最初ほめて次第にけなす場合
　（＋＋→－－）
②最初から終わりまでけなす場合
　（－－→－－）
③最初から終わりまでほめる場合
　（＋＋→＋＋）
④最初けなして次第にほめる場合
　（－－→＋＋）

その結果，図にみるように，後半の評価が好意度に強く影響する。最初からほめ続けられるよりも，途中からほめられるほうが好意度が高くなる。また逆に，けなし続けられるよりも，最初ほめられていて後でけなされるほうがより嫌いになることがわかった。新たに評価を獲得したときの感激も大きいが，また評価を失ったときのショックも大きいのである。

(Aronson & Linder, 1965)

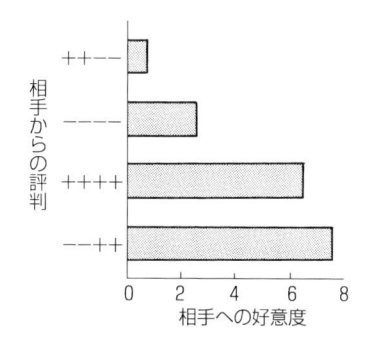

相手からの評価とその人への好意度の関係

る人には，交換理論上から好意をもつことが考えられる。また，バランス理論上も，私たちが自分を極度に低く評価していない限り，自尊心を満足させてくれるような人には好意をもつようになると，推測される。

アロンソンとリンダー（1965）は，トピックス㊸のような実験を行いこの評価と好意の関係を実験的に証明している。そして，高い評価を受けている人に好意を抱くようになり，低い評価を受けている人を嫌いになる，という傾向を見いだしている。

(6) 情緒の高揚と恋愛感情

一目惚れの興奮もジェットコースターの興奮も，心臓がドキドキしたり，息がつまってきたりなど，だいたい同じような身体的・生理的反応をする。そのために，そのときの情緒の内容が何であるかは，そのとき私たちがどのような状況に置かれていると認知しているかによって決められるものである。シャクター（1964）は，後述の情緒の古典的理論ジェームス-ランゲ説を再評価するような，情緒の認知・生理説を提唱している。

この理論によると，偶然の出来事によって，そこにいる人に恋愛感情を感じるようになることも十分考えられるのである。スリル満点で心臓がドキドキしていたり，運動しすぎて息をハアハアさせたりしているときに，偶然そこに異性が居合わせると，私たちは「その人がいることによってドキドキしたりハアハアしたりしているのだ」と思い込み（**錯誤帰属**），「自分はその人を好きに違いない，好きなのだ」と思い，愛情を感じる，というのである。もちろん，このようなことは事態があいまいなときにのみ起こることであるが，このシャクターの考えに沿って何人かの心理学者が実際に実験を行いこれを実証している。トピックス㊹はその一つの例であり，実験結果はシャクターの仮説を支持している。

2．好悪の感情と対人行動

本節の最初に述べたように，私たちが相手の人に対してもっている感情（**対人感情**）によって，相互作用における対人行動は，まったく異なった様相を示

トピックス 44

吊橋の上で恋におちる

≪ダットンとアロンの興奮-好意度実験≫

　カナダのキャピラノ川の上流の峡谷にかかる吊橋が，この実験のフィールドである。その吊橋は，高くて狭く，歩けば揺れて落ちそうになるスリル満点の危なげな橋である。

　この橋を渡って来た男性に，女子学生が橋の上でインタビューをする。「実は，私は心理学専攻の学生で，景色のよさが創造的創作にどう効果をもつか調べているので，協力してくれませんか」。そして，いくつかの質問と絵を見て，物語をつくってもらう。最後に，「もしこの実験の詳細を知りたければ，時間があるときに説明するので，ここに電話をしてください」と電話番号を渡す。さて何人の人が彼女の所に電話をしてきたであろうか。これがダットンとアロンの実験である。

　スリル満点の揺れている吊橋を渡っていると，誰しも生理的に興奮する。そのとき，魅力ある女性が現われて，しばらく話をし，電話してくれという。その話の間も，吊橋は揺れており，心はドキドキし，息づかいも荒い。しかし，インタビューを受けている男性は，このドキドキや息がつまるのは，自分が今，魅力的な女性と話しているからだ，自分はこの女性にひかれているからだと思い込んだとしたら，その女性に好意をもつようになる，とダットンらは説明している。

　実際，半数の男性が電話をかけてきたのである。吊橋ではなく強固な低い橋を渡った男性のうちで電話をかけてきた人はわずか12.5％であった。さらに，インタビュアーが男性の場合には，さらに低くなった。このことから，ダットンは，吊橋を渡ったときの生理的興奮が女性とのインタビューにより，その人への好意と受け取られたとしている。この実験はシャクターの情緒の認知-生理仮説の検証として行われ，結果は仮説を支持する方向となっている。

(Dutton & Aron, 1974)

橋を渡った後のインタビュアーに対する行動

インタビュアーの性別	橋の種類	人数	電話番号を受け取った人	電話してきた人
女性	固定橋	22	16	2
	吊橋	23	18	9
男性	固定橋	22	6	1
	吊橋	23	7	2

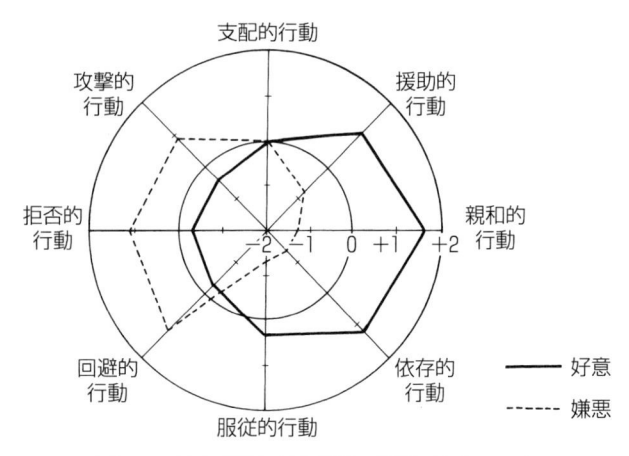

図 5-1　対人感情と対人行動の関係 (齊藤, 1990)

すことになる。好意をもっている人に対する行動と嫌悪感をもっている人に対する行動とでは，人はまるで別人のような対応をする。それでは，**対人感情**によってどのように異なった対人行動をとろうとするのであろうか。齊藤(1990)は，代表的対人感情の八つ（好意・嫌悪・恐怖・軽蔑・尊敬・慈愛・優越・劣等）を取り上げ，そのような感情を相手にもっている場合のとられやすい対人行動を調査した。その結果，各対人感情によってとられやすい対人行動は，非常に異なっていることが明らかにされた。たとえば，図5-1に示されるように，私たちは好意をもっている人に対しては親和的・援助的行動を進んでとろうとするし，また依存的・服従的行動もとりやすい。他方，嫌悪の感情をもっている人に対しては，親和的・援助的・依存的行動はなされず，逆に攻撃的・拒否的・回避的行動が引き起こされやすいことがわかる。

§2　情緒と対人関係

1．情緒と行動の関係

　私たちは，長い人生においていろいろな人に会い，いろいろな出来事に出合う。そのたびに，泣いたり，笑ったり，怒ったり，感動したりして，成長して

トピックス 45

対人関係において感じる情緒

≪齊藤の対人行動と情緒の研究≫

　私たちは日ごろ，いろいろな対人行動や相互作用などを通して人間関係を発展させているが，そのような人間関係のなかで，私たちはどのような感情や情緒を感じているのであろうか。齊藤は，相手から受けた対人行動とそのとき感じる情緒について，大学生を実験参加者として，調査を行っている。結果は表に示されているが，この表から私たちが感じる情緒は，その人に対して私たちがポジティブな感情をもっているか，それともネガティブな感情をもっているかにより，まったく異なってくることがわかる。

(齊藤，1990)

ある人から次のような行動を受けたとき私たちが感じる情緒や感情

	その人に好意をもっている場合	その人に嫌悪感をもっている場合
親和的行動	喜び　好意	けむたい　気味悪い
依存的行動	喜び　○誇り	けむたい　気味悪い
服従的行動	喜び	けむたい　●軽蔑
回避的行動	寂しさ　悲しみ	心がなごむ　気楽さ　喜び
拒否的行動	●くやしさ　寂しさ　わびしさ	怒り　反感　憎しみ
攻撃的行動	●失望　●怒り　○悲しみ	怒り　反感
支配的行動	●不満　●くやしさ　○尊敬	反感　怒り　○屈辱感
援助的行動	感謝　喜び　好意	気味悪い

（●男子のみ　○女子のみ）

〈問〉写真 A〜F はどのような情緒を表していると思うか（回答はトピックス㊽）

A　　　B　　　C　　　D　　　E　　　F

(Ekman, 1973)

きている。人生とは喜怒哀楽のつづられたものだといえるかもしれない。

さて，このような喜怒哀楽，つまり情緒の経験はどのようにして起こるのであろうか。また，どのように行動と関連してくるのであろうか。心理学における情緒研究の主要な理論を紹介しながら，人間関係と情緒について考えていくことにする。

(1) 「泣くから悲しい」という説

アメリカ心理学の創始者といわれているジェームスは，私たちの情緒と行動の関係について，きわめて逆説的な説明をして注目を集めた。私たちは，常識的には，情緒と行動の関係を「悲しくなったから泣いた。怖くなったから逃げた」という順序で説明する。つまり，ある悲惨な状況に置かれて悲しみという情緒を感じ，それによって泣くという行動が生じた，と考えている。しかし，ジェームスはそうではなく，悲惨な状況に置かれると涙が出たり声がふるえたりするなど身体的反応が起こり，その反応が中枢神経に伝達され，そこでこのような反応は悲しみの反応だと理解され，悲しみを感じる，というのである。これが有名な「泣くから悲しい」という情緒の末梢起源説といわれる**ジェームス−ランゲ説**である。

このジェームス−ランゲ説は，発表当初から多くの批判を受けた。**キャノン−バート説**はその代表である（Cannon, 1927；1931）。彼らは，外からの刺激は間脳に伝えられ，そこから一方は中枢神経へ向かい，情緒を感じさせ，他方は身体的反応を生起させる，という情緒の中枢神経説を主張し，ジェームス−ランゲ説に反論した。そして，この考え方のほうが大方に受け入れられ主流となったのである。以後，情緒の研究は，中枢神経のどの部分と情緒反応が関連しているかなどの，脳生理的研究が中心に行われてきている。

近年，脳の研究は，脳波やfMRI（機能的磁気共鳴断層撮影）などの計測装置が発展し，脳と心理と行動の関係が，より詳細に精確に研究できるようになってきており，注目を集めている。人間関係の心理の研究にもこれらの技術が応用されてきており，**生理社会心理学**として多くの成果を生み始めている。

トピックス 46

女性の恋愛は実利的？

《リーの恋愛類型》

　リーは，恋愛をいくつかのパターン（類型）に分け，理論的に整理した。まず，恋愛に関する小説や記録から，恋愛を表す4000以上の記述を収集し，これらの記述を心理学や社会学，哲学の専門家が分類した。分類の結果，基本となる3類型と，これらのうち2類型の混合型となる3類型が設定され，色相環になぞらえて円環状に各類型が配置された理論（恋愛の色彩理論）が提出された。この6類型とは，恋愛をゲームとしてとらえる「ルダス」（遊びの愛），恋愛を出世や権力などを手に入れる手段と見なす「プラグマ」（実利的な愛），友情に似た穏やかな恋愛である「ストーゲイ」（友愛的な愛），相手の幸せだけを考え献身的に尽くす「アガペ」（愛他的な愛），ロマンティックな行動を好み，相手の外見の美しさを重視する「エロス」（美への愛），強い独占欲を示す「マニア」（狂気的な愛）の六つである。

　アメリカや日本では，下図に示したリーの理論の6類型のそれぞれに当てはまる程度を測定する尺度が作成され，実証研究が展開されている。リーの恋愛類型を測定する尺度を用いた研究結果をみると，女性は男性に比べて，恋愛において相手の条件を詳しく検討するプラグマ的な態度が強いなどの結果がみられるが，文化や年齢相によって恋愛のパターンが異なっている可能性も指摘されている。

(Lee, 1977；松井, 1993)

表　リーの恋愛類型論における各類型の特徴と代表的な測定項目

名称	日本語版測定尺度（1993）の代表項目
ルダス（遊びの愛）	彼(女)が私に頼りすぎるときには，私は少し身を引きたくなる。 彼(女)に期待をもたせたり，彼(女)が夢中にならないように気をつけている。
プラグマ（実利的な愛）	恋人を選ぶとき，その人との付き合いは，私の格（レベル）を下げないかと考える。 私は恋人を選ぶ前に，自分の人生を慎重に計画しようとする。
ストーゲイ（友愛的な愛）	私たちの友情がいつ愛に変わったのか，はっきりとはいえない。 私たちの友情は，時間をかけて次第に愛へと変わった。 彼(女)との交際が終わっても，友人でいたいと思う。
アガペ（愛他的な愛）	彼(女)が苦しむくらいなら，私自身が苦しんだほうがましだ。 私自身の幸福よりも，彼(女)の幸福が優先しないと，私は幸福になれない。
エロス（美への愛）	彼(女)と私は会うとすぐお互いにひかれあった。 彼(女)と私はお互いに，本当に理解し合っている。 彼(女)といると甘く優しい雰囲気になる。
マニア（狂気的な愛）	彼(女)は私だけのものであってほしい。 彼(女)が私以外の異性と楽しそうにしていると，気になって仕方がない。

図　リーの恋愛類型論
(Lee, 1977をもとに作成)

(2) 情緒認知説

アーノルドやプルチックは，私たちが日常社会生活で感じる情緒について，いわば常識的な線に沿った考え方，つまり認知が情緒を決定するという立場に立ってこの問題を検討している。

それによると，私たちがある状況をどのように評価するか，どのような状況であると認知するかにより，感じられる情緒は決められ，それに伴い行動がなされる，というのである。アーノルド（1960）は，事態の知覚と評価が情緒を決定するということに力点をおき，表5-1のような**情緒評価説**を唱え，プルチック（1980）は，情緒とそれに伴う行動を適応機制としてとらえ，**情緒心理的進化説**を唱えている。

一方，社会心理学者のシャクターらは，前述のようにジェームス-ランゲ説を再検討し，**情緒の認知-生理説**を唱えている。それによると，情緒を感じるときは，どんな情緒でも，心臓がドキドキしたり息がつまったりする。そこで，その情緒が恋なのかスリルなのかそれだけでは決まらず，本人がそのとき置かれた状況をどのようにみるかによって，それがどんな情緒であるかが決ま

表5-1 情緒と行動の関係の諸仮説

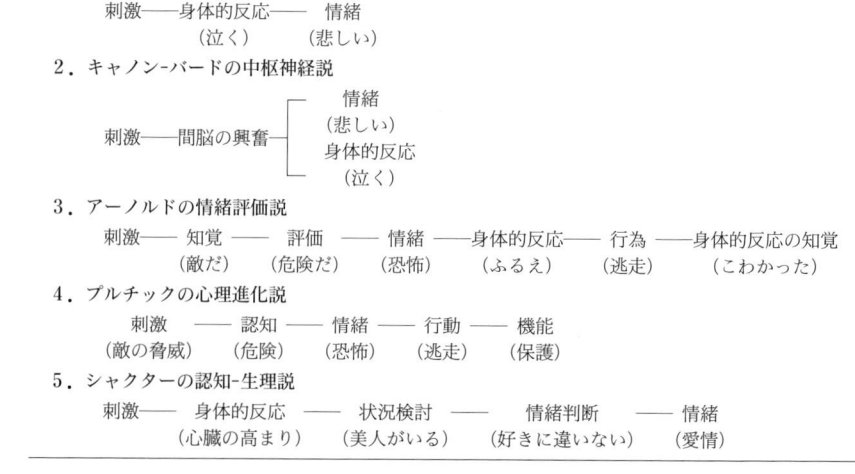

1. ジェームス-ランゲの末梢神経説
   刺激――身体的反応――情緒
         （泣く）   （悲しい）

2. キャノン-バードの中枢神経説
   刺激――間脳の興奮┬情緒
                    │（悲しい）
                    └身体的反応
                     （泣く）

3. アーノルドの情緒評価説
   刺激――知覚――評価――情緒――身体的反応――行為――身体的反応の知覚
         （敵だ）（危険だ）（恐怖）（ふるえ）（逃走）（こわかった）

4. プルチックの心理進化説
   刺激――認知――情緒――行動――機能
   （敵の脅威）（危険）（恐怖）（逃走）（保護）

5. シャクターの認知-生理説
   刺激――身体的反応――状況検討――情緒判断――情緒
         （心臓の高まり）（美人がいる）（好きに違いない）（愛情）

トピックス 47

友人がいる人は健康！

《ソーシャル・サポートの効果》

　友人に助けてもらうことは多い。愚痴を聞いてくれたり，相談にのってくれたり，有益な情報をもたらしてくれたりする。こうした対人関係から得られる支援は，ソーシャル・サポートと呼ばれる。ソーシャル・サポートは，心理的なストレスを低減し，健康を促進する効果をもつといわれている。親しい友人がいなかったりすると，こうしたソーシャル・サポートを得にくい。このため，ストレスが解消できず，健康を損ないかねない。では，ソーシャル・サポートはどのように健康状態を促進するのであろうか。

　これには，2通りの考え方がある。一つは，ソーシャル・サポートが直接的に健康状態を促進しており，ソーシャル・サポートをたくさん受けている人は，どのようなストレス状況下でも，ソーシャル・サポートを受けていない人よりも良い健康状態を保つことができるという考え方であり，直接効果と呼ばれる（図1）。もう一つは，ソーシャル・サポートが，ストレスによる健康状態の悪化を食い止める緩衝材のような働きをしており，ストレスの程度が低いときには，ソーシャル・サポートと健康状態は無関係であるが，ストレスの程度が高いときにはソーシャル・サポートをたくさん受けている人は，ソーシャル・サポートを受けていない人より，よい健康状態を保つことができるという考え方である。これはソーシャル・サポートのストレス緩衝効果と呼ばれる（図2）。ただし，ストレスが非常に強い場合には，ソーシャル・サポート，すなわち友人からの支援だけではストレスの悪影響を食い止められないことがわかっている。

(浦，1992)

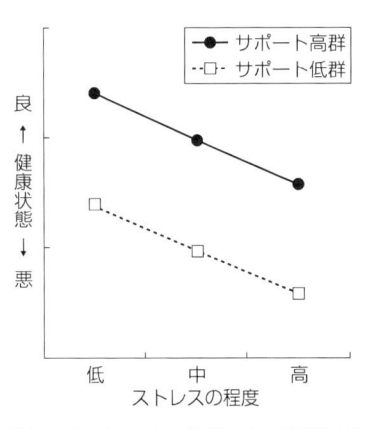

図1　ソーシャル・サポートの直接効果 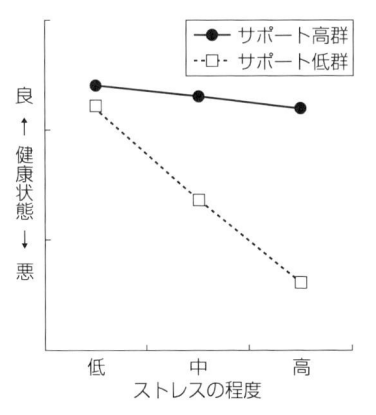　　図2　ソーシャル・サポートの緩衝効果

るとしている。そして，その実証として，ダットンとアロンはトピックス㊹のような実験を行った。

2．表情からの情緒の判断

　人間関係における情緒を考える場合，前述したように，私たちがどのようにして情緒を感じるか，情緒と行動との関係はどうかという問題と同時に，もう一方には，私たちは相手の人の情緒をどのように認知するか，また判断するかという**表情判断**の問題がある。相手の人が怒っていると判断するのか，喜んでいるのかによって，対人相互作用の展開の仕方はまったく異なってくるが，そのような認知はどのようになされるのであろうか。このような研究は，対人認知の非言語的コミュニケーションの一分野として進められている。この種の研究のなかには，身体全体の姿勢やしぐさから情緒を判断する研究もあるが，感情が最も顕著に表れる顔面表情の研究が中心となっている。

　エクマンはダーウィンの表情の進化説を踏襲し，人の表情は世界共通であると考え，世界各地で調査研究をし，そのことを実証している（トピックス㊽）。また，情緒の分類についてエクマンは，従来の表情における情緒分類の研究を検討した結果，基本情緒は幸福・嫌悪・驚き・悲しみ・怒り・恐れの六つに分類できる，という独自のカテゴリー分類をしている。

　さて，表情は，私たちの感情や情緒の表出であると同時に，意図的にせよ無意図的にせよ私たちの感情や情緒を相手に伝えることになる。このような点から考えると，表情は言葉を介さない対人的コミュニケーション手段である。**非言語的コミュニケーション（NVC）**の研究が盛んになるにしたがい，この点が注目を集めるようになってきている。

　「何も言わなくても，目を見つめ合えばわかる」といわれる。それでは，どのような目の動き，口の動きがどんな感情を表わしているのであろうか。これがNVCの研究テーマである。

　ところで，感情表現は明確にコミュニケーション手段であるとするのは，**感情の社会構築理論**である。アベリル（1983）らの感情の社会的構築理論によれ

トピックス 48

表情は世界の共通語

≪エクマンの顔表情の比較文化的研究≫

「目は口ほどにものを言う」といわれるほど，感情は表情，特に顔の表情に表れる。それゆえ，相手の顔面表情からその人の気持ちも推察できる。

エクマンは，このような顔の表情と表出される情緒との関係は，文化を越えて人類に共通するものがあると考え，日本を含む五つの文化に属する学生を対象に，30枚の顔写真を見せ，それぞれの表している情緒を質問した（トピックス㊺参照）。

その結果，エクマンが予想したように，顔面表情の表す情緒は文化を越えてほぼ正確に判断されていることから，表情表出と表情判断は世界的に共通である，つまり進化上，獲得されたものであることが発見された。

結果は，表に示されているように，一，二の例外を除いて，エクマンが各情緒別に分類した写真を，各文化の学生たちはその分類通りの情緒であると答えたのである。

(Ekman, 1973)

五つの文化における上記の表情写真と情緒判断の一致度

写真の記号	A	B	C	D	E	F
エクマンの情緒分類	幸福	嫌悪	驚き	悲しみ	怒り	恐れ
アメリカ	97	92	95	84	67	85
ブラジル	95	97	87	59	90	67
チ リ	95	92	93	88	94	68
アルゼンチン	98	92	95	78	90	54
日 本	100	90	100	62	90	66

（数値は％）

ば，泣くこと，怒ることなどは感情の表出ではあるが，それらは泣くことにより，あるいは怒ることにより，自分の心理状態を相手に伝達し，自分の気持ちを理解させようとしているのだという。そして，それにより同情や共感，あるいは怖れを相手に生じさせるのである。それは，これらの感情も相手に生じさせることにより，結果的に相手が譲り，自分の主張が通ることになることを見通し，それを見込んでの感情表出であるというのである。

6章　態度と人間関係

　サッカーの熱狂的なサポーターにジャパンチームの悪口や否定的意見を言ったりしたら，相手はいい気分にはならないであろう。その人はサッカーに対してほとんど動かしがたい明確な態度をもっているからである。また，私たちは，自分が好きな映画を恋人と一緒に見たいと思ったとき，恋人を無理矢理引っ張っていくよりも，その映画の素晴しさを話し，喜んでその映画を見に行くように，なんとかして恋人の態度を変化させようと試みるであろう。
　ここでいう態度とは，"態度が悪い"などというときのマナーとしての態度ではなく，社会的事象に対する社会的態度である。
　私たちは周囲のさまざまな事象や集団，あるいは人に対して，ある一定の態度をもっていて，日常生活における多くの社会的行動は，この態度に基づいて生起しているということができよう。そこで，ここでは，そのような態度がいかなる特性をもち，どのようにして形成され，どうしたら変化するのかについてみていくことにする。

§1　態度の特性

　態度に関する研究を展望したオールポート（1935）は，「態度は経験によって体制化された反応の準備状態である」とした。
　クレッチら（1962）は，広汎な実証データをもとに，**態度の構造**を明らかにし，次のように概要を述べている。

　①**態度の対象**　対象は，個人の心理的世界に存在しさえすれば，何でもよい。

言い換えれば，ある個人が特定の態度をとるかどうかは，その人の心理的世界に対象が存在するか否か，に依存している。

②**態度の成分**　(i)**認知的成分**は対象に関するスキーマ（認知的枠組み）や知識，評価的信念からなり，望ましいか望ましくないか，良いか悪いかなどである。(ii)**感情的成分**は対象に対する情緒に関連しており，快か不快か，好きか嫌いか，として感じられるものである。(iii)**行為的成分**は態度と結びつくすべての行動的準備体制を含むものであり，ポジティブな対象には援助したり報酬を与えたり支持するのに対し，ネガティブな対象は害したり罰したり破壊しようとする傾向である。

③**各成分の特性**　態度の3成分はいずれも次の二つの特性をもつ。(i)態度には方向だけでなく，好意とか非好意の程度，すなわち誘意度がある。(ii)態度の各成分を構成する要素ないしは領域の数と多様性，すなわち複合度には違いがみられる。

④**態度体系の一貫的特性**　態度の3成分間で方向性および誘意度については，一貫性が実証的データにより支持されている。

⑤**態度の相互関連性**　さまざまな態度は相互関連性をもつ。

⑥**態度群の協和的特性**　態度はいくつかの群を構成しており，それぞれの群で内的な調和がみられるが，その程度は群によって異なる。

いろいろな事象に対して私たちのとる態度には，このような特性が存在し，また私たちはそのことをよく知っているので，相手の人の態度の一部の情報を手がかりとして相手が何を好み，どのような信念体系のもとに行動するかを予測できる。そして，そのことが人間関係をより円滑にしているのである。

§2　態度の形成

これまで態度の特性や構造について言及してきたが，それでは，こうした態度はどのようにして形成されるのであろうか。

トピックス 49

態度測定と変数の対応関係

≪ローゼンバークとホヴランドの態度の三成分説≫

　態度にはさまざまな定義が試みられているが，それらはいずれも，個人の内部に存在が仮定された仮説構成体であり，直接に観察したり研究することができない。それでは，私たちは日ごろどのようにしてある人の態度を知るのかというと，日常の人間関係のなかで，その人の表す表情やしぐさなどのいわゆる非言語的コミュニケーションを手がかりとしたり，言葉による表明をもとにその人の態度を推測しているのである。

　こうした観点から，ローゼンバークとホヴランドは，態度の諸側面を測定可能な変数と不能な媒介過程とに分け，わかりやすく図式化した。彼らは図のように，測定可能な独立変数と従属変数を示し，それらと態度の3成分との対応関係を明らかにしている。

　しかし，態度の各成分に対応すると見なされる図中の各従属変数は，厳密に考えるならば，ローゼンバークらが主張するようには一義的に対応しているとはいえない。なぜならば，他者への態度の表明そのものが，社会的な意味をもち，歪められたものとなる可能性があるからである。つまり，相手との人間関係を考えて，本当の気持ちや意見を言わないこともあるからである。しかし，このような限定つきであるとしても，それを考慮判断することで，他人の態度を推測することができる。今日の態度研究は，こうした条件を理論に組み入れながら進められている。

(Rosenberg & Hovland, 1960)

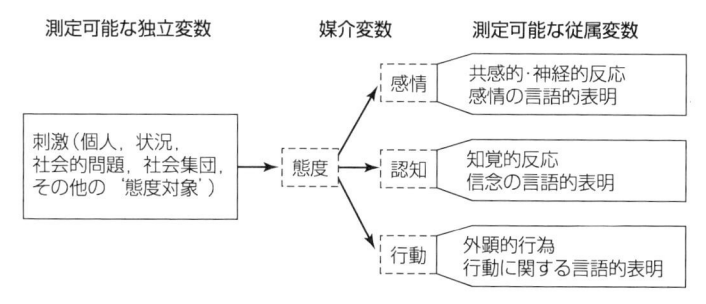

態度と測定可能な変数の図式的概念

測定可能な独立変数	媒介変数	測定可能な従属変数
刺激（個人，状況，社会的問題，社会集団，その他の'態度対象'）	態度	感情 → 共感的・神経的反応／感情の言語的表明 認知 → 知覚的反応／信念の言語的表明 行動 → 外顕的行為／行動に関する言語的表明

人間は他者とともに生活する社会的動物である。このため，個人の行動に随伴する報酬や罰の多くは，他者との何らかの関係によって与えられている。また，きわめて多種多様な社会的態度のすべてを単独での経験によって形成することはなく，他者の意見や行動を模倣することが不可欠である。このような事情から，個人の態度の大部分は他者との人間関係のなかで形成されることになるのである。

クレッチらは，**態度の形成**に及ぼすさまざまな要因についても触れており，それらを以下の四つにまとめている。

① **欲求充足の過程** 欲求を充足する対象や手段には好意的な態度を形成し，逆に目標の達成を阻止する対象や手段には非好意的な態度を形成する。このようにして形成された態度は，次第に道具的な価値をもつようになり，さまざまな別の目標の達成にまで拡張され，別種の欲求が同一の態度を持続させるようになる。

② **提示された情報** 個人の欲求充足だけでなく，提示された情報によっても，態度は形成される。特に情報が決定的な役割を果たすのは，それまで知識も関心もなかった対象においてである。それ以外では，既存の態度と協和するように働き，認知的成分を補強する。情報のこの特性は，偏見や迷信に導く可能性があるとしても，複雑な社会の一員として多くの問題に対処していくには欠くことができない。

③ **集団への所属** いずれの集団からも逸脱した状態にある者は，不特定の他者に長く対抗することができない。したがって，人はいずれかの集団に依拠し，情報の源泉や報酬を得て態度を形成する。このため集団成員の態度は，集団の信念・価値・規範を反映するようになる。

④ **個人の性格** 複数の集団に所属する成員に特定の集団が態度の斉一性を生み出す一方で，集団の平均からはずれた多様性が存在することも看過できない。この個人差の主たる原因は性格の違いに基づくと考えられる。

トピックス 50

後催眠暗示による感情と認知の変化

≪ローゼンバークの一貫性理論の実証≫

　ローゼンバークは，態度内のダイナミックスに関心を抱き，態度の3成分間には互いに方向を一致させようとする力が働くことを明らかにしようと実験を行っている。

　方法は次のようであった。実験参加者は全員エール大学の学生で，深い催眠の可能な11人が実験群に割り当てられた。対照群には，少なくとも催眠可能な者11人が選ばれた。手続きとして，まずすべての実験参加者を対象として，七つの社会問題，①労働者のストライキ権，②都市計画，③ソ連に対する合衆国の和解，④連邦総合保険の実施，⑤ロサンゼルスでの生活，⑥白人居住区への黒人の移住，⑦合衆国とカナダの合併，への感情的反応と，関心度が測定された。次いで，両群の各6人が1週間後に，残りの各5人が2週間後に実験に参加した。実験の初めに，関心度が1位か2位のいずれかの問題について1回目の認知構造の調査がなされた。ここで実験群では催眠状態に誘導され，採用された問題領域で感情の変化をもたらす暗示が与えられる。30分後，再び感情と認知構造が測定された。他方，対照群は，1回目の調査のあと眠るように伝えられ，30分後に2度目の測定がなされた。催眠時の暗示は，実験参加者によって問題に違いがみられるが，いずれも次の例と同種であり，感情だけが操作されるように配慮された。

　「あなたは目覚めたとき，白人居住区への黒人の移住にたいへん好意的になっています。単に白人居住区への黒人の移住を考えただけで，幸福でうきうきした気分になります。あなたは暗示されたということは思い出せないけれども，目覚めたあと感情に強い影響を受けています。ただ思い出すための信号が与えられたときにだけ，あなたは思い出すことができ……，それであなたの感情はもとの通常の状態に戻るでしょう」

　結果は，表に示されているように，催眠中暗示を受けた実験では，感情が暗示方向へ有意に大きく変化しているが，それだけでなく，感情の変化と一貫するように認知の変化が生じている。

　ローゼンバークは，このような実験を通して，態度のダイナミックスを明らかにし，相手の感情や認知の一方を変化させることで全体を変化できることを指摘したのである。

(Rosenberg, 1960)

実験群と対照群の変化の比較

指標	群間差（マン・ホイットニィz）	P	差の方向
感情の変化の得点	3.30	$<.001$	実＞対
認知の変化の得点	2.62	$<.01$	実＞対

個々の態度がクレッチらがあげたような要因によって形成されてくると，態度は次第に体制化され，前述のような構造的特性をもつようになるのである。

§3 態度の変化

ここまで，態度の特性や形成の要因を取り上げ，相手の態度を知ることで人間関係を円滑にすすめられることに言及してきた。しかし私たちの日常の対人行動をふりかえると，さらに積極的に相手の態度を自分の望む方向に変化させようと試みることも多い。そこでここでは，人はなぜ他者の態度を変化させようとするのか，また，**態度の変化**はどのような要因や条件のもとに生じるのか，について考えることにしよう。

1．他者の態度を変化させる試み

他者の態度を特定の方向に変化させようと意図的に働きかける説得の要因として，ここでは，①個人の認知的体制における緊張，②他者による支持や協力の期待，③広告・宣伝の三つを取り上げ，簡単に触れたい。

(1) 個人の認知的体制における緊張

人が自分自身の認知的な世界のなかで一貫性を保とうとする傾向のあることは，前述したハイダーのバランス理論などでよく知られている。この認知のなかには当然他者も含められ，この他者や他の対象との間で，態度のバランスを維持しようとする働きがある。そのため，インバランスとなったとき，人は自分自身の態度を変えようとすることもあるが，他者の態度をも変化しようと試みることもある（トピックス㊼参照）。

(2) 他者による支持や協力の期待

フェスティンガー（1950）は，インフォーマルな社会的コミュニケーションの生起する条件として，自分の信念の正しさの支持を獲得しようとする場合と，自分の利益を得るために集団の目標達成を促進しようとする場合をあげている。これらの他者による支持や協力を得ることを目的とするコミュニケー

トピックス 51

準処集団と態度の維持

≪シーゲルの路地ハウス学生のフィールド・サーベイ≫

シーゲルらは，現実にその集団に所属しているかいないかに関係なく，その集団の成員であることを熱望するような集団，つまりその人の準処集団が，その人の価値観や態度に強い影響を及ぼすと考えた。そしてこれを明らかにするため，1年間にわたるフィールド・サーベイを行っている。

方法は以下のとおりである。大規模な私立総合大学に在学し，大きな1年生用寄宿舎に入居している女子大学生が，実験の対象とされた。彼女らは，2年生になると，全員が3年生以上の希望者とともに抽選によって新しい宿舎を割り当てられるが，いくつかある宿舎のうち「路地ハウス」という宿舎が最も人気があり，90％以上の学生が希望した。この路地ハウスの入居者は一般に他の宿舎の入居者に比べて権威主義的であることから，この集団に所属したり準処するならば権威主義的態度に影響を受ける，と考えられた。

実験参加者は，1年の学年末の抽選時にこの路地ハウスを準処集団とした学生で，2年の学年末の状態により，次のA，B，Cの群に分けられた。

A群：第2学年の間路地ハウスに割り当てられ，なおかつ学年末にも路地ハウスから転出しようとしなかった学生。

B群：第2学年の間路地ハウスに割り当てられず，それ以外の宿舎で生活したあとで，再び路地ハウスを引き当てようと思って抽選に参加した学生。

C群：第2学年の間路地ハウスに入居できず，それ以外の宿舎で生活したが，引き続き路地ハウス以外の宿舎にとどまることを選んだ学生。

A，B，C各群の学生に，1年の学年末と2年の学年末に権威主義的傾向の調査を行った結果は，次のとおりである。全般的にみると，各群の実験参加者とも，2年時の末には権威主義的傾向の低下を示したが，その程度はA群＜B群＜C群となった。この結果は，A群の場合，所属集団と準処集団のいずれもが路地ハウスであることから，権威主義的傾向を維持するのに最大の効果をもたらしたためである，と考えられた。また，B群は準処集団の影響によるものであり，C群では，所属集団が路地ハウスと異なるだけでなく，準処集団も所属集団へと変えられたため最も低下した，と解釈された。

(Siegel & Siegel, 1957)

ションは，態度変化への働きかけとして考えることができる。

(3) 広告・宣伝

広告とか宣伝と呼ばれるものは，まさに他者の態度を変化しようとする意図をもった行動である。言語・文字・絵画・音楽などのシンボルを通じて，人びとの態度を変え行動に影響を与えようとするコミュニケーション過程である。この広告・宣伝の受け手は，対面的状況にある個人や集団だけではなく，より広汎な不特定多数をも対象としている。

2．態度変化の要因

他者の態度を変化させようとする働きかけの原因が何であるにせよ，それらは相手の態度が変化して初めて意味をもつといえよう。それでは，どのようなとき私たちは態度を変化させるのであろうか。ここでは，態度変化の要因について，①情報の源泉と情報の構成，②情緒の喚起，③役割演技，および④報酬（トピックス㊹）との関係などの問題をみていくことにしよう。

(1) 情報の構成

受け手の態度変化を目的とするコミュニケーションの内容が，唱導方向だけの一面的なものと，反対方向の内容をもいくらか含んだ両面的なものとでは，いずれが効果的であろうか。

ホヴランドら（1949）は，第二次大戦中に，「日本との戦争は長びくであろう」という**説得的コミュニケーション**を兵士に与えることで，この問題を検討した。その際，一面的コミュニケーションは，日本の利点を強調する多くの事実だけから構成されており，両面的コミュニケーションでは，日本の弱点をあげた反対の論議についての考察と論駁を含むものであった。実験結果は一義的ではなく，その人の初期の態度が唱導方向と反対の場合には両面的コミュニケーションのほうが効果があり，最初から唱導方向と同一の場合には一面的のほうが効果的であった。さらに，教育水準にしたがって分割してみると，教育程度の高い場合には初期の態度に関係なく，両面的コミュニケーションのほうが有効であった。他方，水準が低い場合には，一面的コミュニケーションのほ

トピックス 52

態度の不均衡とコミュニケーションの発生

≪ニューカムのA・B・Xモデル≫

　ニューカムは，人（A），その人と関係のある他者（B），両者が共通に関心をもつ対象（X）の，3者関係における態度の均衡と不均衡の問題を取り上げている。A・B・Xが相互に依存的な関係となりシステムを形成するとき，他者Bは，対象Xについて，Aの態度支持者になったり，反対者になったり，あるいは情報提供者となったりする。これら3者の関係を正負の符号のパターンで示すと，表のように8通りの事態となる。

　もしAがBを低く評価しネガティブな感情を抱いているならば，Aは，Xに対するBの意見や態度がどのようなものであったとしても，問題にしないであろう。すなわち，表の下段の場合には，AXの符号はBXが正負のいずれであっても影響を受けず，A・B・Xシステムには均衡も不均衡も生じないノンバランス状態となる。これに対し，上段のように，AがBにポジティブな感情を抱いているときは，対象Xに対する評価が異なると，システムはインバランスとなり，心理的な葛藤や緊張が生じる。こうした葛藤や緊張は，AがBに対してポジティブな魅力を感じれば感じるほど，また対象Xに対する不一致が大きければ大きいほど，大きなものとなる。これを解消するには，①対象に対する自分の意見や態度をBに一致させる，②Bに対する態度をネガティブなものへ変える，③Bに働きかけ，意見や態度を自分の方向に変えさせる，といった方略が考えられる。

　上のように認知的体制における緊張を解消しようとする力は，自身の態度を変化させる可能性をもつだけでなく，他者の態度を変化させるためのコミュニケーションを生じることにもなる。

(Newcomb, 1968)

A・B・Xモデルの均衡と不均衡

AB関係	符号のパターン*		均衡状態
ポジティブ	＋＋＋	＋－－	バランス
	＋＋－	＋－＋	インバランス
ネガティブ	－＋－	－－＋	ノンバランス
	－＋＋	－－－	ノンバランス

(*AB, AX, BXの順)

うが有効であり，特に唱導方向と同一の立場にあった者において，効果がいっそう顕著なことが明らかとなった。

⑵ 態度変化の二つのルート

車の購入を検討しているときに，性能や価格，他社の同ランクの車との比較情報などをよく検討してから購入を決める場合と，「車のテレビCMに起用されているタレントが好きだから」とか，「セールスマンの人柄が良いから」といった，車とは直接関係しない理由で購入を決める場合とがある。両者は，「車を購入する」という同じ決定に結びつくが，そのプロセスはまったく異なっている。

このプロセスの違いを説明するために，ペッティとカシオッポは，説得的メッセージを受けたときに生じる思考に焦点を当てて，態度変容に中心ルートと周辺ルートの二つのプロセスがあるとするモデルを提出している。そのプロセスについてはトピックス(55)で説明している。

⑶ 情緒の喚起

説得の際に，「忠告に従わなければ重大な危機に陥るであろう」というように，恐怖感をもたせるなどの情緒的に働きかける方法がとられることがある。

ジャニスとフェッシュバック（1953）は，歯の衛生に関するコミュニケーションを用いて，恐怖の効果を実験的に検討した。その結果，強い訴えは不安を強く喚起するけれども，態度の変化は小さい，というものであった。これに対し，バーコウィッツとコッティンガム（1960）が安全運転の実施を題材として実験したところ，逆に，恐怖の程度が強いほどコミュニケーションの内容が受容される，という結果が得られた。

この二つの実験にみられる予盾は，恐怖の効果の決定因として別の要因が存在することをうかがわせる。こうした要因の一つとして，ジャニスとフェッシュバックは，実験参加者のもつ先有傾向としての不安レベルを指摘している。たとえば，慢性的に不安の高い者は，強い訴えではコミュニケーションの拒否を招く。したがって，採用される実験参加者のなかに高不安者が多ければ，強い恐怖は効果が出ない，という結果を生じることになる。

トピックス 53

話し手の信憑性と態度変化

≪ホヴランドのコミュニケーションによる説得実験≫

　私たちは，人から話を聞くとき，その話し手つまり情報源となる人に対して，高低の信憑性をもっている。この信憑性は，正確な知識をどの程度もっているかという専門度と，どれほど正しく伝えようとする意図をもっているかという信頼度の2側面から成り立っている。そして，こうした評価が高いほど，その人の話の内容の方向への私たちの態度変化は，大きなものとなることが予想される。

　ホヴランドとワイスは，同一のコミュニケーションが高低の2種の信憑性をもつ情報源によって提示された場合，態度変化の効果がどのように異なるかについて，いくつかの話題を用いて実験的に検討した。結果は，予想したように，全体として高い信憑性の条件のほうが，唱導方向に意見を変化した者の出現率が高かった。

　しかしながら，コミュニケーションの提示から4週間後に再び調査したところ，高い信憑性の群では態度変化が減少し，逆に低い群では態度変化が直後よりも増大して，両群の差がなくなったのである（図参照）。前者は忘却効果，後者はスリーパー効果と呼ばれている。

　ホヴランドらはこの結果を次の理由によると考えた。両群とも，コミュニケーションの内容はほぼ同じ割合で学習され忘却される。一方，威光に関しては，話を聞いた直後では，信頼できる伝え手がポジティブな効果を生じ，信頼できない伝え手がネガティブな影響を与えていた。しかし，時間とともに，情報の源泉が想起されないようになったことによる，というのである。

(Hovland & Weiss, 1951)

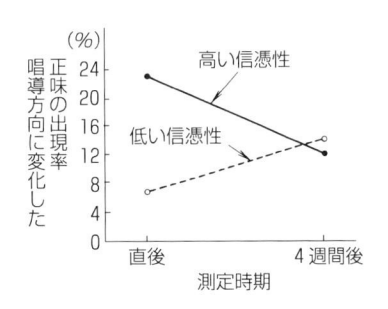

情報源の信憑性と意見変化の時間的変動

上述のように，情緒喚起の効果については，一義的にはいえず，話題や個人差など他の要因との関係で決定されるといえよう。

(4) 役割演技

これまであげた要因は，受動的にメッセージを聞く事態に関するものであった。これに対し，あまり素行の良くなかった生徒があるとき風紀委員に選ばれ，風紀委員としてふるまうことで良識ある人に変わるといった例のように，新しい役割を演じることによっても態度変化が生じる，と考えられる。ジャニスとキング（1954）は，3年後の映画館の数，合衆国で利用できる全食肉量，風邪の治療法発見に要する年数を題材として，態度に及ぼす**役割演技**の効果を検討した。

3人1組で参加した実験参加者は，「口頭発表能力のテスト開発」という設定のもとに，三つの題材のどれか一つが割り当てられ，彼らの以前の回答よりも低い評価を唱導する概要が渡された。次いで，これをもとに，交替で形式張らず話すように要請され，残りの二つの話題では傍聴した。こうして3人とも演技がすむと，それぞれのできばえと話題への意見を答えた。実験結果をみると，演技したときのほうが唱導方向により多く変化していた。このジャニスらの研究は，役割演技が単に説得を聞くよりも効果的であることを示唆するものである。

3．説得への抵抗

態度変化に関する研究の大部分が，唱導方向への変化をもたらす要因を解明しようとするのに対し，逆に，説得への抵抗力を増したり，反対方向に変化させる要因に注目した研究がある。ここでは，これらのうち，接種理論とリアクタンス理論を取り上げてみよう。

(1) 接種理論

これは，医学の予防接種にヒントを得たもので，免疫をつくることで強い反対論議への抵抗力を増す効果を扱ったものである。

マクガイアとパパゴジス（1961）は，「誰でもできるだけ毎食後，歯を磨く

トピックス 54

報酬と態度変化

《フェスティンガーとカールスミスの強制承諾の不協和実験》

　私たちは，ある一定の報酬のもとに自分の考えとは反対の意見を表明するように仕事を頼まれることがある。このようなとき，大きな報酬を受けると，それだけ大きく態度を変えるのであろうか。

　フェスティンガーとカールスミスは，報酬が態度変化に及ぼす効果を，巧みな実験によって検討した。実験参加者は，単調で退屈な課題に1時間も従事したのち，次の実験参加者に「おもしろい実験」だと告げるように要請された。その際の報酬として，1ドル支払われる条件と20ドル支払われる条件があり，実験に対し好意的に態度を変化させる程度が比較された。**認知的不協和理論**に従えば，「課題がまったく退屈でつまらない」という認知と，「他の人に面白いと話してしまった」という認知は，不協和である。しかし，このとき行為を正当化する理由（ここでは高額のお金のため）があれば，不協和は小さいので，態度の変化は行われなくてすむ。しかし，このような理由がないと，やっている内容への好意的な態度変化（楽しい仕事と認知する）によって不協和をなくそうとする，としている。さて，結果は，報酬の少ないほうが，不協和低減の方法として態度変化が生じ，仮説が支持されたのである。

　これと同様の知見は，ブレームとコーエンによっても得られている。彼らは，実験参加者に，自己の態度に反して学生の暴動に対する警察の行動を支持する論文を書くように依頼した。その際の報酬は50セント，1ドル，5ドル，10ドルであったが，報酬が少ないほど態度の変化が大きい，というものであった。

　上述の二つの研究は，報酬と態度変化の関係に一定の知見をもたらしたが，この結果に異論を唱える研究者もいる。

　ローゼンバークは，実験者による評価への懸念という要因から，不協和理論を批判する。すなわち，実験参加者は，わずかな時間論文を書くことで多額の報酬を約束されるとき，別の隠された目的があるのではないかと疑惑を抱き，実験者にネガティブな感情をもつようになるので，高報酬によって受けた実際の影響を表に出さないのであろう，とローゼンバークは考えた。そこで彼は，ブレームらの実験を追試するにあたって，実験者と態度測定の状況の分離を厳格に実施するとともに，高額の報酬を本当に受け取れるのかという疑惑に対処するため，実際に支払った。結果は，彼の予想通り，ブレームらとは逆に，報酬が多いほど態度変化が大きい，というものであった。彼はこの原因として，少ない報酬の約束では，誘導方向に沿って良い論文を書くよう十分に動機づけられず，そのため実験参加者自身を説得するに足る論文が書けないことによる，とした。これに対し，高額の報酬が実際に支払われた場合は，即興的に論文を書く際に自我関与し，自分の論議の説得的な価値に注意を払い，長所を発見し記憶するためである，と考えた。

(Festinger & Carlsmith, 1959)

べきである」など，一般的に自明の理と考えられる4項目を用い，上述の免疫効果を検討した。

彼らはまず，各項目を支持する文を読んだり自ら書くなどの支持防御条件と，反論やそれに対する論争を読んだり自ら論述するなどの論争防御条件と，これらの操作のない対照条件を設けた。このようにして2日後に自明の理に強い攻撃を加えたところ，論争防御条件に強い抵抗力がみられたのである。

このマクガイアらの研究は，態度においても免疫効果の存在することを示唆しているのである。

(2) リアクタンス理論

人は説得を受けるとき，それにより自分の自由を奪われたり自由が脅かされると思うと，相手のほうに飛んでいたブーメランが再び自分のほうに帰ってくるように，心理的に反発したくなる傾向がある。

このような事情から，ハモックとブレーム（1966）は，選択の自由が剥奪されたとき，心理的リアクタンスにより制約されたものへの魅力が増すと考え，7〜11歳の児童を対象として実験を試みている。

各実験参加者は個別に参加し，お手伝いのお礼として二つの菓子のどちらでも選べると伝える実験条件と，選択権のない対照条件に交互に割り当てられた。そして，お手伝いの報酬としての九つの菓子に，好みの順位をつけると，実験参加者は隣りの部屋に行く。すると，待機していた助手は，選択権の有無に関係なく，3位と4位の菓子を見せ，「このお菓子をあげよう」と3位のほうを紙袋に入れて元の部屋に帰した。その後で，記録に誤りがあったという名目で再び好みを評価させてみると，選択の自由を奪われた実験条件では，4位の菓子の魅力が増す傾向にあった。

上述の研究は，説得では，相手の自由意志を尊重し，自ら変化するように働きかけるほうが得策であることを示唆しているといえよう。

トピックス 55

好きなタレントの CM で車を買う人

《ペッティとカシオッポの精緻化見込みモデル》

　ペティとカシオッポは，説得的メッセージを受けたときに生じる態度変容のプロセスを説明するモデルを提出している。このモデルでは，メッセージの受け手が，内容をどの程度詳細に検討するか，すなわち「精緻化」の程度に応じて，態度変容に2種類のルートがあるとされている。メッセージの内容をよく検討（精緻化）した結果生じる態度変容のプロセスは，中心的ルートと呼ばれ，変容した態度は持続的であるとされる。一方，メッセージの内容をよく検討せず，CMやセールスマンなど，直接的には関係のない要因によって生じる態度変容のプロセスは，周辺的ルートと呼ばれ，短絡的な態度変容をもたらす。

　受け手の動機づけが強く，理解能力が高く，メッセージの論拠が強いときは，中心的ルートにより検討されることが多い。

（Petty & Cacioppo, 1986）

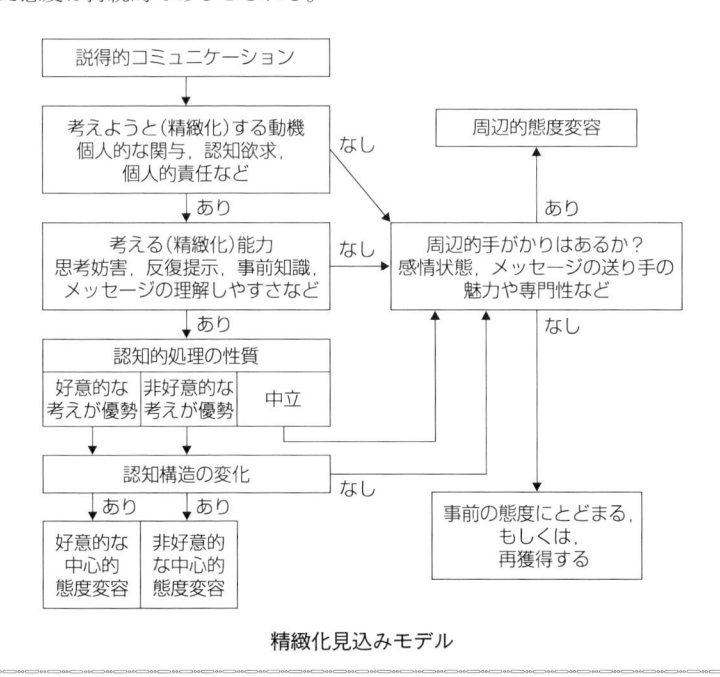

```
                    説得的コミュニケーション
                            ↓
                  考えようと(精緻化)する動機
                  個人的な関与，認知欲求，       なし
                    個人的責任など         ────────→   周辺的態度変容
                            ↓あり                          ↑あり
                  考える(精緻化)能力         なし    周辺的手がかりはあるか？
                  思考妨害，反復提示，事前知識， ───→  感情状態，メッセージの送り手の
                  メッセージの理解しやすさなど         魅力や専門性など
                            ↓あり                          ↓なし
                      認知的処理の性質
                  ┌────────┬────────┬────┐
                  │好意的な │非好意的な│ 中立 │
                  │考えが優勢│考えが優勢│    │
                  └────────┴────────┴────┘
                            ↓
                      認知構造の変化      なし    事前の態度にとどまる，
                                        ────→    もしくは，
                       ↓あり   ↓あり                再獲得する
                  ┌──────┬──────┐
                  │好意的な│非好意的│
                  │中心的  │な中心的│
                  │態度変容│態度変容│
                  └──────┴──────┘
```

精緻化見込みモデル

トピックス 56

印象を良くするための心理作戦

≪ジョーンズの自己呈示方略≫

　大学生が就職活動の時期になると，それまでの茶髪を黒に染め直すために美容室に行く。このように，意図的に自分の印象を操作する行為は，自己呈示と呼ばれる。自己呈示の最大の目的は，自分にとって望ましい結果を得ることである。就職活動の例では，採用内定を獲得することが最大の目的であり，そのために就職活動にふさわしいとされる髪型や服装で外見を整え，有能な社員になりうる自分を印象づけようとしているといえる。

　このような自己呈示行動は，日常生活のなかで多くみられる。ジョーンズとピットマンは，他者に自分のことをどのように印象づけたいのかということに焦点を当てて，自己呈示を，「取り入り」「威嚇」「自己宣伝」「示範」「哀願」の五つに分類している。「取り入り」は，相手に好感をもってもらうことを目標とした自己呈示である。好きな異性の前で意図的に男らしく（あるいは，女らしく）ふるまったり，お世辞を言ったり，相手に同調したりといった行動が当てはまる。「威嚇」は，取り入りとは反対に，相手に恐怖を喚起させることを目標とした自己呈示である。たとえば，不良集団のリーダーなどが「自分は危険な人間である」というイメージをつくりあげ，恐怖を与える行動が当てはまる。こうした自己呈示によって相手を自分の思い通りにコントロールしようとしているのである。このほかには，能力があると他者に思われることを目標とした「自己宣伝」や，道徳的であることを印象づけようとする「示範」，他者からの援助を引き出すために自分が弱い存在であることを印象づけようとする「哀願」といった自己呈示がある。　　（Jones & Pittman, 1982）

自己呈示の種類別にみた操作したい印象内容と典型的な行動

	求める評価	失敗した場合の評価	相手に喚起される感情	典型的な行為
取り入り	好感がもてる	追従者 卑屈な	好意	自己描写，意見同調 親切な行為，お世辞
自己宣伝	能力ある	自惚れな 不誠実	尊敬	パフォーマンスの主張 パフォーマンスの説明
示　範	価値ある 立派な	偽善者 信心ぶった	罪悪感 恥	自己否定，援助 献身的努力
威　嚇	危険な	うるさい 無能な	恐怖	脅し 怒り
哀　願	かわいそう 不幸な	なまけ者 要求者	養育・介護	自己非難 援助の懇願

第III部
人間関係における欲求と行動

7章　社会的欲求と行動の分類

　私たちは毎日さまざまな行動を行っている。勉強をし，仕事をし，スポーツをし，恋をし，旅行をし，昼寝をし，酒を飲み，団らんするなど，各人それぞれ毎日自分のスケジュールを組み，多種多様な行動を行っている。

　そこで，そのような行動を行わせている心理的要因は何か，という問いがなされよう。心理学では，このような行動を起こさせるものとして，通常，欲求や動機や動因などといった内的な力を考えている。勉強をしたいという欲求があり，それによって本を読んでいる，休息したいという欲求があり，それによって昼寝をしている，という説明をしている。

　しかし，実際には，勉強したくないのに勉強したり，酒を飲みたくないのに飲んだりしている人も，少なくないのである。行動しているからといって，その人が本当にそのことをやりたいと欲して行っているというのは単純で，背景にはより複雑な心理があるといえよう。

§1　欲求と行動のいろいろな関係

　それでは，私たちはどのような理由によってある一つの行動をとっているのであろうか。ハイダー（1958）の分析を参考に考えると，おおよそ次のように分類されよう。

　(1)　欲求本来の行動。
　(2)　他の欲求の手段としての行動。
　　①外的事象への欲求のための媒介的行動。

トピックス 57

私たちのもっている欲求の一覧表

≪マレーの欲求分類表≫

マレーは，フロイトとマクドゥガルの欲求理論を背景に欲求圧力理論を構成し，それをもとに実際に調査・面接・実験などを行い，次のような欲求の一覧表を作成している。

(Murray, 1938)

マレーの欲求分類表

Ⅰ 臓器発生的欲求

A．欠乏から摂取に導く欲求
1．吸気欲求
2．水欲求
3．食物欲求
4．官性欲求

B．膨張から排泄に導く欲求
 分泌：5．性的欲求　6．授乳欲求
 排泄：7．吸気欲求　8．排尿排便欲求

C．傷害から回避に導く欲求
9．毒性回避欲求
10．暑熱・寒冷回避欲求
11．傷害回避欲求

Ⅱ 心理発生的欲求

A．主として無生物に関係した欲求
　1．獲得欲求　2．保存欲求　3．秩序欲求　4．保持欲求
　5．構成欲求

B．野心や権力に関係した欲求
　6．優越欲求　7．達成(成就)欲求　8．承認欲求　9．顕示欲求

C．地位防衛に関係した欲求
　10．不可侵欲求　11．屈辱回避欲求　12．防衛欲求　13．中和欲求

D．力の行使に関係した欲求
　14．支配欲求　15．服従欲求　16．同化欲求　17．自律欲求
　18．対立欲求　19．攻撃欲求　20．屈従欲求

E．禁止に関係した欲求
　21．非難回避欲求

F．愛情に関係した欲求
　22．親和欲求　23．排除(拒否)欲求　24．養護欲求　25．求護(依存)欲求

G．質問応答に関係した欲求
　26．認知欲求　27．証明欲求

②対人的欲求のための媒介的行動。

③社会的規範のための媒介的行動。

(1)は，山登りがしたいから山に登っている，心理学の勉強がしたくて本書を読んでいるというように，欲求と行動が直接結びついているときで，本人はそのことがしたくてしている場合である。(2)はいずれの場合も，欲求と行動が間接的に結びついている場合である。①は今現在の仕事はつまらなかったりつらいことで，本当のことを言うとあまりやりたくないが，これをやることにより本来の目標が達成できるという場合で，たとえばスポーツ選手のハード・トレーニングや，単位が欲しくて本書を読んでいるなどがこれに当たろう。

また，自分としてはやりたくないが，友人から頼まれたり上司から命令されたりして，その人たちとの人間関係的な欲求から行動する場合が②である。さらに，頼まれなくても，愛する恋人や可愛いわが子のために，身を粉にして働くこともある。また，社会的規範上そうすべきであるという規範遵守や義務感から行動する③の場合もある。

特に日本は，タテマエとホンネの違いが大きい社会といわれている。そこで，日本人の欲求や行動を理解しようとするときは，単にどのような行動が行われているかだけでなく，その行動を起こしている本来の欲求や隠されている欲求は何かということを，十分考慮に入れなければならないのである。

§2　さまざまな欲求とマレーの欲求-圧力仮説

私たちにはどのような欲求があるのだろうか。マレー（1938）は，大学生の行動と心理を，長期間にわたり徹底的に，観察，インタビュー，実験，テストを行い，私たちを動かしている内的な力，つまり欲求を調査・研究した。その結果，私たちの欲求を，トピックス(57)のように臓器発生的欲求と心理発生的欲求とに大別し，さらにそれらを38の欲求に分けている。マレーは，人の行動はこの内的力による欲求と外的力としての圧力によって決定されるとし，

トピックス 58

母親への依存欲求は生得的であるか

≪ハーロウのサルの代理母親実験≫

　ハーロウは，乳児が母親に依存するのは生得的欲求なのか，母親が乳児に乳をあげ生理的欲求を満たすことを通して学習される，社会的に獲得される欲求なのかを調べるため，アカゲザルを使って実験を行った。

　生まれたばかりの子ザルを，母親から離して，1匹ずつ実験用の保育室に入れて育てる。おりの中には写真のような針金でできた代理の母親が二つ置いてある。一方は針金，他方はそれに毛布を巻いてある。実験条件によりどちらか一方の胸にミルクびんを差し，そこからミルクが飲めるようにしておく。

　子ザルは，お腹が空くと，ミルクびんの差してある母親のほうに行って，ミルクを飲む。そこで，もし空腹やかわきなどの生理的欲求を満たすことを通して母親への依存欲求が獲得されるとするならば，針金製の母親からミルクを飲む子ザルは針金製の母親を依存欲求の対象とし，毛布製の母親からミルクを飲む子ザルは毛布製の母親を依存の対象とすることになる。

　さて，どちらの代理母親に依存しているかサルに聞くわけにはいかないので，いくつかの行動を調べることでそれを推測している。そのうちの一つは，子ザルがどちらの母親と日常一緒に過ごしているかをチェックした。その結果，どちらの母親からミルクを飲んでいても，子ザルは毛布製の母親にくっついたり登ったりして過ごす時間が圧倒的に多いことが示され，毛布製の母親が気に入られていることがわかった。

　また，熊のオモチャを使用して子ザルを恐怖状況におとしいれたところ，どちらの母親からミルクを飲んでいるかにかかわらず，怖くなった子ザルは毛布製の母親のところに行ってしがみつき，やすらぎを得ている様子である。

　このような結果から，ハーロウは，母親への依存欲求は，生理的欲求の充足とは独立に肌のふれあいが重要な要因であり，この傾向は生まれながらもっているものであるとした。　　(Harlow, 1966)

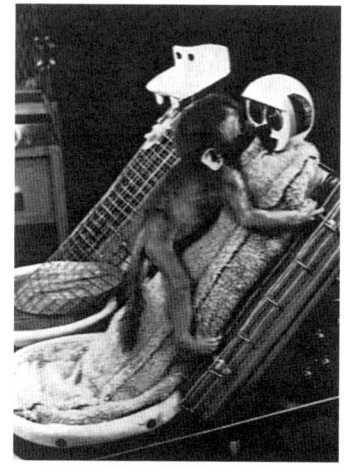

アカゲザルを使った代理母親の実験状況

欲求-圧力仮説を提唱している。圧力というのは，外的な状況や環境の力である。たとえば，大学に入りたいという欲求をもったとき，入学試験の難しさはそこに立ちはだかる一つのマイナスの圧力となる。他方，高校の進学相談や受験情報はプラスの圧力となろう。このように，ある欲求をもって行動しようとすると，自分を取り巻く環境がそれに対してプラスにもマイナスにも作用をしてくる。これが圧力である。マレーは，私たちの行動はこのような欲求と圧力の相互作用であり，私たちの生活はこの相互作用の連続である，としている。そこで，ある人がどのような欲求をもち，どのような圧力下に置かれているかが，その人の人となりであり，つまりはその人の人生であり，性格（パーソナリティ）である，というのである。

§3 社会的欲求は生得的か獲得的か

食欲や休息欲求などの**生理的欲求**が，生まれながらに私たち人間にそなわっている生得的な欲求であることを，疑う人はいないであろう。

他方，依存欲求や支配欲求などの**社会的欲求**も，生まれながらもっている欲求であろうか。それとも，生まれてから学習などによって体得してきた欲求であろうか。この点は人間の欲求について考える際の，大きな論点の一つになっている。

社会心理学の祖といわれるマクドゥガル（1908）は，社会的行動は基本的には本能によって説明できるとする**本能説**を唱えた。この考え方は本能論といわれ，1910年代の心理学を風びした。当時の心理学者は人間にどのような本能があるかを研究することに集中していた。マクドゥガル自身があげた本能は，表7-1の如くである。しかし，行動主義心理学の台頭とともに，社会的欲求は発達過程において獲得されたものだとする**学習説**が強まり，1920年以後はこの考え方が主流となってきている。しかしこの学習説に対して，1950年頃から，社会的欲求の基本的な部分は生まれながらもっているのではないか，という生得説が再評価され始めている。内発的動機論やエソロジー（比較行動学）

| トピックス 59 |

自己実現をめざして欲求の階層を登る

《マスローの欲求発達階層説》

マスローは、私たちの欲求は一つの階層を形成しているとし、欲求の発達階層説を唱えた。そして、より基本的なより低い階層の欲求が満たされていないと、その欲求が最も優勢な欲求として私たちを支配するので、日常の行動は主にこの欲求を満たすべく行動することになる、としている。しかし、その欲求がある程度満たされると、その欲求は潜在化し、一つ上の階層の欲求が優勢となり、今度はその欲求を満たすべく行動を行う。そして、その欲求がある程度満たされると、さらに次の階層の欲求が顕在化する。このように、ちょうど階段を登るように下の欲求が満たされると順次、上の欲求階層へと欲求が発展していくという。つまり、人間は、現在の欲求が満たされるとそれで満足というわけではなく、次から次へと新しいより高次の欲求が生じ、それに基づいて行動するという無限の可能性をもっている、というのである。

さて、マスローの欲求階層を具体的にみていくと、まず満たされなければならないのは生理的欲求である。「衣食ならずんば礼節なし」で、**生理的欲求**が満たされていないと人はただ「パンのみに生きる」という。さてパンがある程度いきわたると、人は、危険を冒してまでパンを求めようとせず、身の安全を求めようとする。この生理的欲求と安全欲求はいわば身体的な欲求で、最も基本的・生物的な欲求である。これらが満たされて初めて社会的欲求が生じてくる。

社会的欲求としてはまず所属欲求や愛情欲求が現れてくる。自分を暖かく迎えてくれる集団や人が恋しくなる。いわば心理的な安全を求める欲求といえる。この欲求が満たされると、他の人から認められたい・高く評価されたい・尊敬されたいという、承認や自尊の欲求である。このために、高い地位についたり、名誉を欲しいと思ったりする。

さて、以上のすべての欲求が満たされると、最後に生じるのが**自己実現欲求**である。ここでは自分自身をより向上させたい、創造性を高めたい充実した豊かな生活をしたいという、真・善・美を追求する欲求に基づいて行動するという。マスローは、この自己実現欲求は限りなく無限に向上し、人はこの自己実現欲求によって行動するのが最も人間的であるとしている。マスローの心理学が**人間性の心理学**とか人間主義の心理学と呼ばれる理由は、このためである。

(Maslow, 1943)

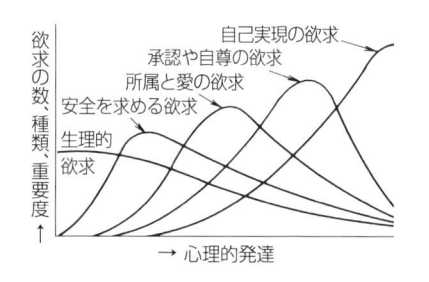

欲求の強さと心理的発達

表 7-1　本能の分類と各本能に伴なう情緒（McDougall, 1908）

本　　能	情　　緒
1. 逃避の本能	恐怖
2. 闘争の本能	怒り
3. 拒否の本能	嫌悪
4. 母性・父性の本能	慈愛
5. 求護の本能	無力感
6. 性の本能	性愛
7. 好奇の本能	好奇心
8. 自己卑下の本能	服従感・劣等感・消極的自己感情
9. 自己肯定の本能	優越感・誇示・積極的自己感情
10. 群居の本能	孤独感
11. 食物の本能	食欲（空腹感）
12. 獲得の本能	所有感
13. 構成の本能	創造・創作・生産力の感情
14. 笑いの本能	楽しみ・愉快・気楽・くつろぎ

においては，独創的な実験や観察などから多くの実証的根拠が集められ，さらに最近の**進化心理学**の進歩から装いを新たに生得説が提起されている（トピックス㊽）。

また，1960年代のころから，行動主義の人たちが主張した，欠乏したものが欲求となって現れ，それが満たされるという欲求のバランス説の機械的な考え方に反対して，人間性の心理学が芽生え始めた。そのような考えの代表的研究者の一人であるマスロー（1943）は，**欲求発達段階説**（トピックス㊾）を唱え，人間の欲求はより高い成長をめざすとし，欲求の向上性を主張している。

トピックス 60

失敗や減点を恐れる人の心理

《ヒギンズの自己制御フォーカス》

テストで90点をとった場合に,「90点もとった」と獲得した点数に注意が向く人と,「10点足りなかった」と減点のほうに注意が向く人とがいる。それは,同じ点数でも,人により注意を向け焦点を合わせている(フォーカスしている)点が異なるからである。前者は,進歩や達成に関心が向けられるという意味から「促進フォーカス」,後者は失敗の防止に関心が向けられるという意味から「抑止フォーカス」と呼ばれる。

促進フォーカスの場合は,「テストで高得点をとりたい」という理想の状態を思い描いて勉強に励むが,抑止フォーカスの場合は,「テストで高得点をとらなければならない」という義務感や,「悪い成績をとることは避けたい」という失敗の回避を念頭に勉強をする。記述式のテストの場合,促進フォーカスでは,覚えていることをできるだけたくさん答案用紙に書き込み高得点の獲得をめざすが,抑止フォーカスでは,間違ったことを書いて減点されることを恐れ,慎重に答案を作成する。

なぜこのような違いが生じるのかについて,ヒギンズは,自己制御に2通りの方向性があるからだと指摘している。自己制御とは,ある目標を立て,目標とする状態と現在の自分の状態とのギャップを解消しようとすることであるが,その一つの方法として,「自分はこうありたい」という願望(理想自己)が強く,成功や達成などポジティブな状態の獲得に関心を向け,成功の獲得のために積極的に挑戦するタイプと,「自分はこうあるべき」という義務感(当為自己)が強く,失敗や平穏な状態の喪失といったネガティブな状態の回避に関心を向け,失敗やミスを冒さないように慎重に動くタイプとがあるとされている。前者が促進フォーカスで,後者が抑止フォーカスであり,こうした制御の焦点の違いにより,自分の行動(テストの点数)に対する評価に違いが生じるのである。どちらのフォーカスをもっているかによって,目標を達成したときや達成できなかったときに生じる心理状態も,表に示すように異なる。

(Higgins, 1996)

制御フォーカス別にみた制御の成功/失敗時のとらえ方と心理状態

制御フォーカス	制御の成功		制御の失敗	
促進	ポジティブな結果の存在		ポジティブな結果の不在	
	幸福	満足	悲しみ	落胆
抑止	ネガティブな結果の不在		ネガティブな結果の存在	
	平静	リラックス	緊張	心配

トピックス 61

対人距離は心理距離

《プロクセミックス（近接学）》

　他者と接するときに，相手からどの程度離れた位置に身を置くかという対人距離のとり方や，電車の中や教室といった特定の空間において自分の位置を決める座席行動は，空間行動と呼ばれる。空間行動は，その空間の中に存在する他の人との関係性に合わせて行われている。また，私たちは，空間行動よって自分の欲求や感情を調節したり，伝達したりしていることが知られている。このように，個人の空間認知や空間利用などの空間行動をもとに，対人関係や社会的関係を研究する学問領域は，プロクセミックス（近接学）と呼ばれている。

　プロクセミックスの提唱者であるホールは，人が他の人とかかわるときに，相手との関係性（恋人や友人といった関係の種類）や相互作用の内容に応じて，どの程度の距離をとっているかを観察し，対人距離を四つに分類している。第一の密接距離は，相手と密着した状態の距離であり，恋人同士や母親と赤ちゃんのような非常に親密な間柄における距離である。第二の個体距離は，個人的な会話に適した距離であり，友人など比較的親しい間柄における距離である。第三の社会距離は，会議など個人的ではない会話に適した距離であり，仕事上の関係における距離である。第四の公衆距離は，講義や講演，演説などの距離であり，この距離では個人的なかかわりは意識されにくい。

　表からわかるように，私たちは相手との親しさの程度や関係性に応じて，最適な距離を使い分けている。ただし，ホールの研究は北米の人びとの観察に基づく結果である。日本人では距離の分類はほぼ類似しているが，各段階の距離が若干長くなるといった対人距離の文化差も明らかにされている。

（Hall, 1966；西出, 1985）

対人距離の分類（Hall, 1966）

名　称		距　離	特　徴
①密接距離	近接相	15 cm 以下	愛撫・格闘・慰め・保護の距離。
	遠方相	15～45 cm	手を握ったり，身体に触れたりできる距離。親密な間柄の距離。
②個体距離	近接相	45～75 cm	手足を伸ばせば相手に接触できる距離。
	遠方相	75～120 cm	個人的な関心を議論できる距離。
③社会距離	近接相	120～210 cm	フォーマルな会話，個人的でない用件の会話が行われる距離。
	遠方相	210～360 cm	互いに遮蔽できる距離。
④公衆距離	近接相	360～750 cm	相手に脅された場合，すぐに逃げられる距離。
	遠方相	750 cm 以上	講演や演説に使われる距離。

8章　対人的行動

　私たちの日ごろの生活を顧みると、誰かと協力したり、交渉したり、抗争したり、意気投合したりなど、対人的な相互作用場面が実に多い。私たちは、前述したような欲求に基づいて行動するとき、実際には、自分の家族や友人や同僚や見知らぬ人に対して、いろんな対人折衝や相互作用などの対人的行動を行うことになる。このような社会的状況におけるさまざまな対人的行動について、ここではみていくことにする。まず、対人的行動の全体を把握するために、対人行動の種類と分類、それにそれらの間の関係について考えてみる。

　フォア（1961）は**対人行動の構造**の研究と呼ばれるこの分野の研究を要約し、対人的行動は結局、比較的独立した基本的な二つの行動系例になるとしている。その一つは、相手を自分の思い通りにコントロールするような行動と、逆に相手の思うがまま言う通りになる行動で、**支配と服従**の行動系列である。もう一つは、相手に接近し親しくなろうとする行動と、逆に拒否し遠ざかろうとする行動で、**親和と拒否**の行動系列（感情的要素が強いので好意と嫌悪の系列ともいわれている）である。この二つは、複雑で多岐にわたる対人行動を理解するうえでの基本的次元である、とされている。

　フリードマンら（1951）も、対人行動や対人反応特性を理解する基本的次元は上記と同様の次元であるとし、さらに二つの関係の各々を二極とする直線を直交させ、交点を原点とする座標をつくり、各対人的行動を原点を中心とする円周上に位置づけ、対人行動の円型モデルを図8-1のように提唱している。この図から各対人行動間の関係や位置が理解できよう。

　以下、各節において、これまでの心理学の研究において得られたこれらの対人的行動の一つひとつの特性を具体的にみていくことにする。

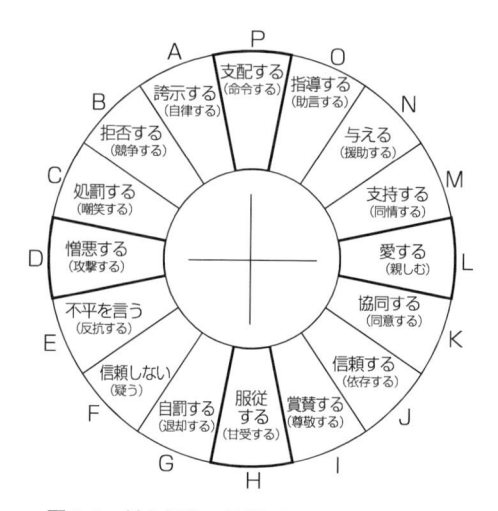

図 8-1　対人行動の分類（Freedman ら, 1951）

§1　援助行動と攻撃行動

1．援助行動

　他者に向けてなされる行動のなかで，困っている人に手を差し伸べる行動を援助と呼んでいる。援助行動には，友人を助けたり子どもの面倒をみたりする日常生活のなかでの援助行動のほか，赤い羽根募金や，被災地へのカンパ活動，病院や障害者施設でのボランティア活動などの，社会生活のなかでの相互扶助的な援助的行動もある。しかし，一見同じようにみえる援助行動であっても，福祉施設への多額な寄付金が選挙人に対するアピールを意図した政治家の売名行為であったり，先進国の行う低開発国への経済援助の背後に現地資源の利権が絡んでいるような場合には，自己の利益のために他者を援助するということで，**利己的援助**と呼ばれよう。これに対して，自己への見返りや利益をあてにせず自発的に他者を助けるような場合を，**向社会的援助**行動と呼んでいる。向社会的援助は，また愛他的援助と賠償的援助に分けられる。愛他的援助とは，自己の利益をまったくあてにしないで，他者に利益をもたらすことだけ

トピックス 62

援助行動の心理学的研究の出発点

《キティ・ジェノヴェーゼ殺害事件》

1964年3月13日の午前3時20分，ニューヨーク郊外のキュー・ガーデンにある共同住宅前の路上で，キティ・ジェノヴェーゼという若い女性が刺殺された。バーでの仕事を終え帰宅した彼女は，駐車場を出て，家へ入る途上で，ウィンストン・モズレーという男に襲われた。「ナイフで刺された！ 助けて，助けて！」という彼女の悲鳴で，近所の家々に明かりがつき窓が開かれたので，犯人は逃げた。

後にわかったのであるが，このとき，38人がこの事件を各自のアパートの窓から目撃していた。しかしながら，しばらくすると窓は閉められて，明かりは消された。もとの静けさに戻ると，犯人は再び彼女に襲いかかった。彼女の叫び声で再び明かりがともると，犯人は逃げた。彼女がやっとの思いで，アパートの入口へ這ってたどりつくと，犯人は，再々度，階段に倒れている彼女にナイフを突き刺し，絶命させてしまう。この間，誰一人として彼女を救おうとしなかったし，警察に通報する者すらいなかった。警察への目撃者からの第一報が入ったのは彼女の死後であった。この目撃者は，屋上から事件の様子を眺めて，近所の老人の家へ駆けこんで電話するよう依頼している。しかも，彼は，老人へ電話連絡を依頼する以前に，法律顧問である友人に電話して相談をしていた。後に質問を受けた彼は，「事件に巻き込まれたくなかっただけ」と答えている。この事件が『ニューヨーク・タイムズ』紙に掲載されると，近所の人びとの傍観ぶりが人びとの関心を引いた。

38人もの目撃者がいながら，なぜ誰一人として彼女を助けようとしなかったのか。都会生活のなかでは，こうした事件がしばしば生じている。他者が明確に救助を要求しているこのような事態で，私たちが手を差し伸べないのはどのような理由によるのか。こうした援助行動に関する科学的研究は，この事件が一つの契機となって開始されたのである。

を目的として，自発的に行われる援助行動である。自分の身の危険を省みずに燃えさかる火の中に飛び込んで罹災者を助けるというような犠牲的行為や，乏しい生活費のなかから歳末助け合いの寄付に応じるなどの行為は，いずれも自分の利益を間接的にせよ求めようとするものではないので，愛他的援助に含まれる。一方，賠償的援助には，以前に受けた好意のお返しという形で生じる互恵的援助と，以前に行った失敗や他者に与えた損害を償うために起こる補償的援助とがある。

(1) 援助行動の実験

このような援助行動に関する心理学的研究は，実は，トピックス⑫に示すような，緊急事態で人びとがなぜ傍観しているのか，という行動過程の科学的分析に端を発している。ダーリーとラタネ（1968）は，キティ・ジェノヴェーゼ事件に対する大方の共通した説明が，「都市で生活する人びとは他者に対して無関心で冷淡で隔絶しているからだ」という論調に批判的に着目し，一連の研究を手がけた。実験は，ニューヨークの街路で通行人に簡単な願いごとをするというもので，時間や道をたずねたり，小銭を恵んでくれるよう頼む，といった内容のものであった。その結果，ニューヨークの人びとは，必ずしも困っている人びとに対して冷淡や無関心でなく，正当な理由が示されれば見知らぬ他者に金銭を与えることすらある，ということが明らかにされた。たとえば，「恐れ入りますが，10セントをいただけないでしようか。お金を使い果たしてしまったので」という実験者の要請に，38％の人がコインを与え，「財布を落としてしまったので，10セントをいただけないでしょうか」という要請には，72％の人が援助の手を差し伸べていることが明らかにされた。ジェノヴェーゼ事件での徹底した傍観ぶりと上述の実験結果による援助性の矛盾は，事態の相違によるとして，ラタネらは実験場面で緊急事態をつくりだし，援助行動の過程を分析している。トピックス⑬がこの実験例である。この実験結果は，緊急事態に居合わせる人の数が多いほど援助行動が生じにくいことを示している。すなわち，目撃者の多くは援助の責任を共有することで，責任が分散（**責任拡散**）され，結果として援助行動を見合わせてしまう，という事実を明

トピックス 63

誰かが助けてやるだろう

≪ダーリーとラタネの責任分散実験≫

　ダーリーとラタネは，緊急事態の援助を規定する要因として，パーソナリティ特性が重要であるか，参加者の数が重要であるかを吟味している。実験は，「ニューヨークという大都会での大学生活になじめず，学業にも悩んでいる学生の相談にのってほしい」という名目で，ニューヨーク大学の学生が集められ，実験参加者となった。実験参加者は，それぞれ性格検査などの個人的特性について調査を受けてから，実験に入った。

　実験は1人，2人，5人の三つのグループに分けられた。それぞれの実験参加者は，匿名性を保持するという理由で，1人ずつ別々の部屋に入り，インターホーンを通して話し合うことになっている。1人が話しているときには，他の人びとのマイクは作動せず，一度に2分間，話ができるようになっていた。さて，実験中，相談者が，突然ノドを詰まらせ，発作が生じたような話ぶりで，助けを求める。実際には，この相談者はサクラであり発作を演じているのであるが，このときに実験参加者がどのような対応をするかを知ることが，実験の目的である。

　結果は，図で示すように，実験参加者1人と相談者だけの2人条件では，85%の人が1分以内に発作に対する対応を示し，2，3分以内にすべての実験参加者が実験者に事態の緊急性を告げている。他方，実験参加者5人と相談者との6人条件では，すぐに対応した実験参加者は3分の1に満たず，数分後でさえ38%の人は何らの対応も示さないことが明らかにされた。さらに，これらの援助行動とあらかじめ調査した実験参加者の個人特性との間には，あまり関連性のないことが確認された。

　以上の結果から，この実験は，緊急事態に対する援助行動は，参加者の個人的特性に依拠しているというよりも，その場に他の参加者が何人いるかということに関連しており，参加者が多くなればなるほど，事態介入への責任が分散してしまうことを明らかにしているといえよう。

(Darley & Latané, 1968)

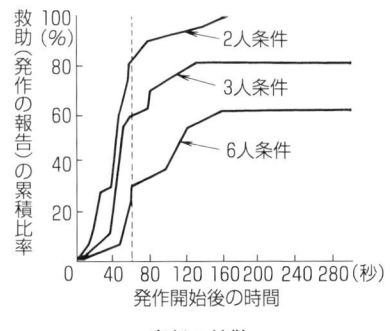

責任の拡散

らかにしたのである。さらに，このような事態の解釈として，何もしないでいる他の目撃者がそのときとるべき行動のモデルとしての役割を演じるため，その結果，事態が緊急を要するものと認知されにくいことや，また，多数の目撃者の前では，もし事態に介入して援助を行って失敗した場合の恥を危惧することなどが，援助行動を抑制していると考えられている。

(2) 援助行動の理論

　ダーリーとラタネは，一連の実験的研究に加え，緊急事態での援助行動の理論的分析を行い，5段階の行動過程を含む援助の一般的モデルを示している。目撃者が実際に緊急事態に介入し援助の手を差し伸べるためには，①何が起こったかということに気づくこと，②それが緊急事態であると思うこと，③自分が援助する責任を負っていると考えること，④どのような介入の仕方が適切であるかを決めること，そして最後に⑤介入が実行される，という五つのプロセスをたどる。これらのそれぞれの段階で援助行動の促進と抑制が規定されているが，ラタネらの責任の分散に関する研究は，第3段階に焦点づけられたものである。

　このような緊急事態を含め，私たちが他者をなぜ援助するのかということの理論的説明は，他にもいくつかの立場からなされている。その一つは，グールドナー（1960）の主張する**互恵性の原理**である。人が他者を助けるのは，もしも困っている人を助ければ，将来，助けてあげた人がお返しとして自分を助けてくれることもあろう。逆に，困っている人を助けなければ，人でなしと認知され，自分が困っているときに誰も助けてくれないかもしれない。このように，社会規範として，私たちは持ちつ持たれつの互恵性を保持することで社会的安定を維持しており，この規範が援助行動を生じさせている，というのである。社会的学習理論からの説明もある。援助を与えたことで報酬を受けたり，緊急事態を見て見ぬふりをしたことで罰せられた他者を観察することによって，援助行動が学習される，というのがこの立場である。しつけや教育場面のなかで，私たちは，他者の世話をすることや困っている人を助けることが，人としての責任であるとの社会的責任規範が内面化されたとき，賞や罰の存在し

ない事態でも，他者に対する援助の責任を果たすことが喜びとなり，すすんで他者に手を差し伸べる，というのである。

　人が他者を助けるのは，援助行動によって生じるコストよりも，報酬のほうが相対的に大きいと認知される場合なのだ，との主張もある。この立場は，社会的交換理論から派生したものである。たとえば，責任の分散が生じるのは，援助しなかったことに対する非難が，自分ばかりでなく他人に対しても向けられるという，非難（コスト）の分散が生じるからである。さらに，危険を伴う援助行動に介入できなかった人びとは，「事態は緊急を要する状況でなかった」とか，「被害者はしかるべくして災難にめぐりあわせた」というような正当化をすることで，コストを最小にしようとしていることなどが分析されている。

　また，チャルディーニら（1987）は，援助行動が行われるのは，苦しむ人を見たときの自分の不快感を解消するためであるという**援助不快解消説**を提唱し，向社会的行動も実は，基本的には利己的であるとしている。

2．攻撃行動

　今日，私たちはさまざまな攻撃性にさらされて生きている。世界的には核兵器によって全人類を絶滅に追い込むほどの攻撃能力を保有している国がいくつもあり，また，世界各地でさまざまな戦闘や抗争が勃発している。日常生活においても，犯罪や暴力の発生はいっこうに減っていない。このような状況のなかで，攻撃に関する諸研究がクローズ・アップされてきている。攻撃とは何か，なぜ人は他者を攻撃するのであろうか，攻撃行動を抑制させるような条件にはどのようなものがあるのか，などが研究されている。

(1) 攻撃行動の分類

　攻撃行動と呼べる行為にはさまざまなものがあり，明確に定義することは容易ではないが，バス（1961）は攻撃行動の分類を行い，三つの次元を明らかにしている。一つは攻撃の手段に関する次元で，ことばや文章などの言語的手段を用いて，他者を非難し心理的・社会的に傷つける場合と，武器や腕力を用いる身体的手段によって，相手の身体や所有物に危害を加える場合がある。第二

の次元は，攻撃の能動性に関する次元で，攻撃が自発的・積極的になされる場合と，拒否や妨害などのように，どちらかといえば受動的・消極的な形がとられる場合とがあり，これらが区別されている。最後の次元は，攻撃の対象に関するものであり，攻撃が相手に直接に向けられる場合と，誰か代理の人物に攻撃させたり悪いうわさを流すというような，間接的に相手を攻撃するという場合とが考えられている。それぞれの次元が組み合わされて2×2×2の8タイプの攻撃行動が区別されている。

攻撃のもつ機能に着目した分類もある。バーコウィツ（1962）は，他者に危害を加え，苦痛を味わわせること自体が目的としてなされる敵意的攻撃と，他の目的を成し遂げる手段として相手を傷つけるというような道具的攻撃を区別している。社会的規範に対応した分類によれば，攻撃行動は必ずしも反社会的行動ではなく，規範に適合している順社会的な攻撃行動もあるし，正当防衛のように危害を加えたことが許されるような攻撃行動もある。このように多様な攻撃行動をどのように概括するかということに関しては，研究者間で必ずしも見解が一致していないのであるが，多くの社会心理学者は行為者の意図や動機に着目した定義づけを行っている。したがって，攻撃行動は，他者を傷つける行為ばかりでなく，傷つけようと意図していると認められるような行為をも含んでいる，ということになる。

(2) **攻撃本能説**

攻撃行動がなぜ生じるのか，すなわち攻撃の起因に関するいくつかの理論が提出されている。攻撃性は人間のもつ生得的な本能であるとする**攻撃本能説**の立場は，比較行動学・精神分析学に依拠している。ロレンツ（1966）は，攻撃行動が外敵に抗し，捕食するための手段として役立つことで個体保存に寄与し，種内での相互攻撃は，強い子孫を残すことで種保存と進化に不可欠のものである，と主張する。こうした攻撃性は生得的なものであり，特定の刺激（解発刺激）にさらされれば自動的に攻撃行動が生起するが，同様に特定の反応によって攻撃を抑制する本能もあわせもっているという。人間も含めて強力な武器を持たない動物には，この抑制装置がついていないために，攻撃行動は残忍

なまでにエスカレートすることになり，同種内の異集団への攻撃がくり返される。人類の戦争と殺戮の歴史も核兵器による危機的状況も，人間の攻撃性と呼ばれる本能に根ざしているのだ，というのが比較行動学者の見解なのである。また，進化心理学的にも，人がこれほど社会的に否定されながらも強い攻撃欲を持っていることは，それが人の心理において進化上，つまり淘汰上，有利な心理メカニズムであったことをうかがわせている。

精神分析学者フロイトもまた，攻撃性が本能に根ざすという立場に立つ。フロイトは，人間には生と死の二つの衝動があり，両者の力動的葛藤のなかで行動が規定される，という。死の衝動から派生する攻撃は，快を求め不快を回避しようとする行動が阻止されたときの反応，と考えられている。人間社会はさまざまな規範によって欲求の自由な充足が妨げられているのであるから，攻撃衝動は蓄積され，攻撃行動への準備がなされる，ということになる。

(3) フラストレーション攻撃説

フロイトの構想を欲求不満と攻撃とのかかわりのなかで理論化したのが，ダラードら（1939）の**フラストレーション攻撃仮説**である。攻撃行動は，欲求が満たされないフラストレーション状態を前提としており，フラストレーションによって引き起こされた攻撃動因によって発生する，との主張である。フロイトと異なるのは，攻撃の発生が生得的なものでなく，欲求を阻止した者に対する攻撃が欲求不満を低減するという条件づけの過程を想定している点である。このダラードらの主張は，その理論の簡潔さゆえにまた多くの賛否が議論されている。フラストレーションが常に攻撃を生じさせるわけではないこと，逆に攻撃はフラストレーション以外の他の多くの要因からも生じうることも，指摘されている。

(4) 攻撃手がかり説

バーコウィツの**攻撃手がかり理論**は，ダラードらの仮説に対する批判を受けて修正された広範なモデルである。このモデルは，図 8-2 に示すように，フラストレーションは他者からの攻撃や攻撃習慣といった他の要因とともに攻撃の準備状態をつくりだすだけであって，攻撃行動が実際に生じるためには，環境

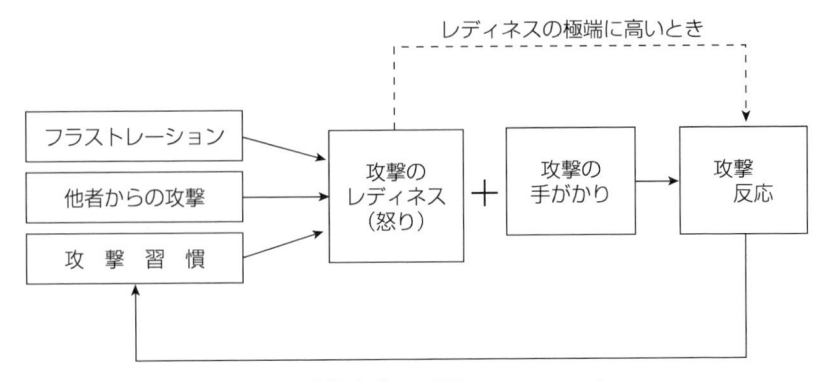

```
          ┌─ レディネスの極端に高いとき ─┐
          ↓                              ↓
┌─────────────┐
│ フラストレーション │──┐
└─────────────┘  │   ┌─────────┐   ┌─────────┐   ┌─────┐
┌─────────────┐  │   │  攻撃の  │   │  攻撃の  │   │ 攻撃 │
│ 他者からの攻撃 │──┼──→│ レディネス│ ＋ │ 手がかり │──→│ 反応 │
└─────────────┘  │   │  (怒り)  │   │         │   │     │
┌─────────────┐  │   └─────────┘   └─────────┘   └─────┘
│  攻 撃 習 慣  │──┘
└─────────────┘
       ↑_____|
```

図8-2　攻撃手がかり理論（Shaffer, 1979）

内に攻撃行動を引き出すのに適当と思われる手がかりが存在しなければならない，とするものである。攻撃の手がかりとは，攻撃を連想させるものであり，映画やテレビの攻撃場面とかピストルや凶器など何らかの形で攻撃と結びついたものを意味する。トピックス㉔のバーコウィツとギーン（1966）の研究は，実験室場面でこのモデルの妥当性を検討したものである。

(5) 攻撃学習説

　攻撃行動を，学習理論の立場から説明するのが**攻撃学習説**である。多くの社会的行動と同様に，攻撃行動も報酬や罰によって左右される。攻撃行動によって欲しい物を手に入れることができたり男らしいとほめられたりした子どもは，攻撃行動を叱られたり罰せられたりした子どもよりも，攻撃傾向を強めるようになる。このような直接的な強化による学習とは異なり，他者の行動やその結果を観察することによって，新しい行動を学習する過程もある。他者の行動を観察しそれを手本として新しい行動を獲得していくプロセスを，**観察学習**あるいは**モデリング**による学習と呼んでいる。通常は，手本となるモデルと自分を同一視し，モデルの行動を模倣するという形で学習がなされる。大人が人形に攻撃を加えている場面を観察した子どもたちが，どのような反応を示すかを実証しているのが，トピックス㉕に示すバンデュラ（1965）の実験である。こうした観察学習がマス・メディアを通して伝えられるさまざまな暴力場面で

トピックス 64

攻撃手がかり理論の実証

≪バーコウィツとギーンの映画と電気ショック実験≫

バーコウィツとギーンは，映画の場面を刺激として用い，怒りの感情が攻撃行動にどのような影響を及ぼすかを検討している。

2人1組で実験が進められるが，一方はサクラである。実験は課題解決場面で相互に解決結果の好ましさを評価するというものであった。まず，実験参加者が課題解決を行い，サクラである相手が結果の好ましくなさに応じて電気ショックを実験参加者に与えた。実際には，半分の実験参加者には結果が好ましくなかったとして7回，残りの半分には好ましかったとして1回の電気ショックが与えられた。前者は「怒りの条件群」であり，後者は「非怒りの条件群」である。それぞれの条件群の半数の実験参加者は，相手の名前が「カーク・アンダーソン」，残りの半数の実験参加者は「ボブ・アンダーソン」であると紹介される。四つの条件群に分けられたそれぞれの半数の実験参加者は，カーク・ダグラス主演の『チャンピオン』という映画フィルムの格闘場面を，残りの半数はトラック競技の場面を，それぞれ7分間見せられる。映画を見た後に，今度は，実験参加者が，相手の課題解決を評価し，電気ショックを1～7回のどれかで与えた。ここでは，実験参加者が相手の結果を好ましくないと評価すればするほど数多くの電気ショックを相手に与えるであろうし，実験参加者がどの程度怒っているかに応じて，結果の好ましさが決められる，との仮定がなされている。

表に示されるように，「怒りの条件群」は「非怒りの条件群」に比してより多くの電気ショックを与えており，「怒りの条件群」のなかでも，トラック競技場面を見た実験参加者よりも格闘場面を見た実験参加者がより多くのショックを与えていることがわかった。さらに注目すべきことは，「怒りの条件群」で格闘場面の映画を見た実験参加者のなかで，相手の名が「カーク」と紹介された群では，格闘場面で攻撃者を演じているカーク・ダグラスと相手の「カーク」という名が結びつけられ，最も多い電気ショックが与えられていることである。

バーコウィツは，このように怒りの状態，すなわち攻撃の準備状況のなかに攻撃と結びつくような手がかりが存在するときには，攻撃行動が誘発されやすい，という理論を実証している。

(Berkowitz & Geen, 1966)

与えられた電気ショックの平均回数

サクラの名前	格闘場面のフィルム		競争場面のフィルム	
	怒り	非怒り	怒り	非怒り
カーク	6.09	1.73	4.18	1.54
ボブ	4.55	1.45	4.00	1.64

も成立しうるとしたら，テレビの攻撃シーンの氾濫は厳に慎まなければならないはずである。しかし一方では，むしろ暴力シーンやプロレス番組が攻撃傾向を解消する助けになっているという精神分析からの浄化説もあり，今後の研究を待たねばならないであろう。

§2 達成行動と親和行動

1. 達成欲求とその測定

「やる気」という言葉が日常生活のなかでよく用いられる。**達成欲求**とはまさにその「やる気」であるが，マレー（1938）によれば，「難しいことを成し遂げること。自然物・人間・思想に精通し，それらを処理し組織化すること。これをできるだけ速やかにできるだけ独力でやること。障害を克服し高い標準に達すること。自己を超克すること。他人と競争し他人をしのぐこと。才能をうまく使って自尊心を高めること」に関する欲求であるとされる。達成欲求に関して組織的な研究を開始したのはマクレランドやアトキンソンである。彼らによって開発された達成欲求の代表的な測定法は，絵画統覚検査（**TAT**）に類似した図版3～6枚を1枚ずつ実験参加者に見せ，それぞれについてその絵から連想される空想物語をつくらせることに始まる。ただし，その物語には，①絵の中の人物は誰で，何をしているところか（現在の状況），②その状況の以前には何が起こったか（過去の状況），③その人物は何を考え，何を望んでいるのか（登場人物の期待・感情），④その状況の後に何が起こるか（将来の状況）の4点が含まれていなければならない。その空想物語のなかに実験参加者の達成欲求が投影されると考えて，①卓越した基準を立ててそれに挑もうとする（たとえば，優れた成績をあげたい，ピアノがうまくなりたい，など），②独自のやり方でやりとげようとする（新発明をしたい，皆とは違ったやり方で問題を解決しよう，など），③長い期間にわたってやりとげようとしている（大学者になることを夢見て地道に勉強する，など）の3点が，内容として含まれているかを分析することによって，測定しようとするのである。これらの

| トピックス　65 |

人の攻撃行動を見ると自分も攻撃的になってしまうか？

≪バンデュラの攻撃の観察学習実験≫

　バンデュラは，下の写真のような大人の攻撃的な行動を実際に見せるか，あるいはビデオ・テープにより見せるかして，観察により，子どもたちが攻撃行動をどのように学習していくかを検討している。一群の子どもたちは，大人の女性が空気でふくらませたビニール製の人形を殴ったり蹴ったりした後で，ジュースとキャンディをほうびとしてもらう，という場面が見せられた。別の一群の子どもたちには同じ攻撃行動をすると罰せられる場面が見せられ，さらに，もう一つの群にはほうびも罰も与えられない場面が見せられた。実際の行動やビデオを見た後，子どもたちは，玩具やビニール製の人形のある部屋に入り，自由に遊ぶ。部屋の中での子どもたちの行動は外部から観察され，攻撃行動がどの程度生じたかが記録された（図参照）。

　その結果，表に示すように，罰せられた場面を見せられた子どもの攻撃行動が最も少なく，次いで罰もほうびもない場面を見せられた群，ほうびをもらう場面を見せられた群の順で攻撃行動が多くなっていった。このように，モデルの攻撃行動が強化されている場面を観察するほうが，単にモデルの攻撃行動を観察する場合よりも，モデルの影響が大きい。それは，観察者（子どもたち）にとって代理強化として作用しているからであろう。

　この実験に続き，バンデュラは，これらの条件のそれぞれの場面で，子どもたちに観察した行動を模倣するように直接教示を与えた。その結果，モデルがどのような強化を受けていたかにかかわりなく，すべての子どもたちに高い攻撃行動が生じたことを実証している。自発的な反応では，代理強化が攻撃行動への模倣に影響を与えているが，模倣を指示する場面では，単に観察するだけで十分攻撃行動の学習が成立しうるのである。

(Bandura, 1965)

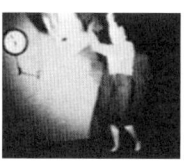

観察学習による攻撃行動の生起の場合

	観察されるモデルの受けた報酬		
	報酬	罰	無
自発的行動	高	低	中
模倣教示	高	高	高

モデル（大人）の攻撃行動（上）を
観察した後の子どもの攻撃行動（下）

3基準のなかに，達成欲求というものが具体的には何を意味しているかが端的に現れているといえよう。

2．達成欲求と行動

　測定法からもある程度予想がつくように，一般に達成欲求の強い人は，弱い人よりも，困難に挑戦し速やかに学習し，結果として優れた成績を示すことが考えられる。しかしながら，事態はそう簡単ではなさそうである。たとえば，米空軍の士官候補生に実験課題（符号変換テスト）を行わせたフレンチ（1955）の研究によると，達成欲求がことに刺激される状況下（このテストの結果は将来の出世にも関係する，と教示する）では，確かに達成欲求の強い者のほうが高成績をあげるが，緊張のない状況下（単なる一知能検査なので気楽にやるように，と教示）では，強い者と弱い者との間に差はなく，さらに外的な報酬で動機づけられるような状況下（成績が上位であった者は早く帰ってよい，と教示）では，逆に達成欲求の弱い者の成績のほうがよかったのである。

　またアトキンソンとリトウィン（1960）は，課題達成場面で作用している欲求は，達成欲求だけではなく**失敗回避欲求**もあると考えている。これは，失敗という結果に不安をもち，それを避けたいとする欲求である。彼は，男子大学生を対象に，達成欲求が強く失敗回避欲求の弱い者と，反対に達成欲求が弱く失敗回避欲求の強い者との2群の実験参加者を選び出し，彼らの行動を実験的に検討している（トピックス㊻）。この研究の結果から示唆されるように，達成欲求が強く同時に失敗回避欲求の弱い人は，ただやみくもに困難な課題に立ち向うというわけではない。彼らの行動はたいへん現実的である。成功すれば満足は大きいがその確率がきわめて乏しい困難な課題や，成功する確率は非常に高いがそれにより得られる満足はごく小さい課題には魅力を感じない。成功確率がフィフティフィフティで，挑戦するに足る中程度の困難さをもつ課題を選ぶ者が多いのである。一方，達成欲求が弱くかつ失敗回避欲求の強い者には，確実に成功し失敗を避けうることが保証される極度にやさしい課題を選ぶか，あるいは誰が行っても成功する見込みが少ないので，たとえ失敗したとし

トピックス 66

達成欲求と失敗回避欲求

≪アトキンソンとリトウィンの輪投げ実験≫

　アトキンソンとリトウィンは達成欲求と失敗回避欲求の関連について実験を行っている。この実験では，失敗回避欲求は，テスト不安についての質問紙によって測定されている。これは，テストを受けるに際しての緊張・不安をどれぐらい感じるかを測定しようとするもので，失敗に対する高い不安が反映される，と考えられる。

　実験参加者は，直径約 5 cm・高さ約 30 cm の木の棒に直径約 35 cm の輪を投げ入れる，輪投げゲームを行った。一人につき 10 回輪投げを行うが，各回毎に的からどれぐらい離れた所から投げるかは，的から 1 フィート（約 30 cm）から 15 フィート（約 4 m 60 cm）の範囲内で，各自の自由にまかされた。

　達成欲求が強く失敗回避欲求の弱い者（高達成欲求-低失敗回避欲求群）と，その逆の者（低達成欲求-高失敗回避欲求群）との2群の実験参加者が，平均してどれぐらいの位置から輪投げをしたかを示したのが図である。これからわかるように，的に非常に近いやさしい位置と的から非常に遠いきわめて困難な位置は，低達成欲求-高失敗回避欲求群のほうが多く選択するところである。一方，中程度に困難な位置は，高達成欲求-低失敗回避欲求群によって多く選択されている。なお，アトキンソンらは同じ実験参加者の期末試験における行為も観察している。それによると，高達成欲求-低失敗回避欲求群に属する者は，答案を作成して教室から出て行くまでに長い時間をかけ，問題にねばり強く取り組む傾向を示す者が多かったのである。

(Atkinson & Litwin, 1960)

各距離から輪投げをした率

ても恥ずかしくはない，非常に難しい課題を選択する傾向がみられる，と考えられる。ここでは，非常に困難な問題に挑戦すること自体は，必ずしも高い達成欲求を反映しているわけではないことに留意すべきであろう。

3．達成欲求と社会的要因

　達成欲求が研究されるなかで浮び上ってきた一つの興味深い事実は，性差の問題の存在である。すなわち，前項でみてきたような，達成欲求と行動との間の一定の規則性がみられるのは男性を実験参加者とした場合のみであり，女性を対象とした場合には，明確な結果を得られないことが多かったのである。これは，発達のきわめて早い時期からの養育経験を通じて形成される，伝統的な女性の性役割である従順さや愛情深さなどの特性が，すでにみた達成欲求の意味する方向性とはかなり食い違うゆえである可能性は大いに考えうる。こうしたことから，米国の女性心理学者ホーナー（1972）は，女性における**成功回避欲求**の存在を唱えている（トピックス㊷）。女性が男性と同じような形で成功することは，既存の性役割に抵触しさまざまな望ましくない結果（たとえば結婚にさしつかえるなど）が生じる危険があるため，成功に接近せずに回避する欲求が生まれるが，これが達成欲求に干渉することによって，女性と男性との結果の差異がもたらされる，と彼女は主張するのである。

　ホーナーがいうように，成功を回避しようとする欲求がはたして女性に特有なものかどうかは議論のあるところであるが，この問題に端的に示されるように，達成欲求は，幼時からの生活環境や養育経験を通じて形成される一面をもつものであることは確かであろう。ウインタボトム（1958）は，母親の養育態度と子どもの達成欲求の強さとの関係を，男子小学生を対象にして調査している。それによると，達成欲求の強い子どもの母親は，①「制限的しつけ」（「こうしてはいけない」という制限的方向づけを主としたしつけ）よりも，「要求的しつけ」（「こうしなさい」という要求を主としたしつけ）を早くから多く行い，②子どものしたことを認め高く評価する，などの傾向が見いだされたのである。さらに，ド・シャーム（1976）による実践的研究は，母親だけでなく，

トピックス 67

女性は成功を回避しようとする欲求が高い？

《ホーナーの女性の成功回避欲求説》

　ホーナーは，「1学期の期末試験の結果，医学部の首席に自分がなったことをXは知った」という文章を学生の実験参加者に与え，これに続く物語の完成を求めた。ここで，Xの部分に，女子学生には「アン」という女性の名前，男子学生の場合には「ジョン」という男性名が用いられる。これはTATを用いた達成欲求測定法の一変型といえる。

　成功にまつわる葛藤・成功したゆえに生じる不快な結果・成功したことについての努力や責任の否認・与えられた記述が成功を意味していること自体の否定，などが作られた物語のなかに含まれていた場合，成功回避の欲求を示しているものとして採点された。その結果，成功を回避しようとする傾向の女子の出現率は著しく高く，表に示すごとくであった。さらに，ホーナーは，達成欲求の強い優秀な女子学生や，男性との競争場面に遭遇しやすい男女共学校の女子学生に，成功回避の傾向が強いことも報告している。そして，成功回避欲求は，発達初期の性役割観形成に伴ってつくりだされた女性特有の傾向性ではないか，としている。

　これに対し，女性は男性優位場面（医学部）での成功を恐れているのであって成功そのものを恐れているのではないとか，逆に男性には女性優位場面（たとえば看護学校）での成功は回避されるのではないか，あるいは男性における成功回避傾向の出現率はホーナーの報告よりもずっと高い，などの批判や反証も出され，当時，盛んな議論を呼んでいた。

(Horner, 1972)

成功回避傾向の出現率

	調査総数	成功回避を示した人数	出現率
男性	88	8	9.1%
女性	90	59	65.5%

たとえば教師の子どもの扱い方あるいは訓練の仕方によって,「やる気」を高め, 子どもの行動を自発的に変革させうることを示している（トピックス㊻）。

マクレランド（1961）は, 社会的環境が全体として達成的方向にある場合, そこで育った子どもたちが成人して形成する社会には, 達成欲求を反映した行動が多くみられ, その結果, 経済的繁栄がもたらされるであろう, というスケールの大きい仮説を提唱した。そして, 16世紀半ばから約200年間の, 英国社会の達成欲求水準と経済発展の程度との関係を調べ, この仮説は検証されたとしている。すなわち, 達成欲求を刺激する内容をもった文学作品・劇・流行歌などが多くみられた時代の約50年後には, 産業の非常な成長がみられたのであった。このように, 達成欲求は, 人間の社会的行動に影響を及ぼす一要因としてかなりの意味をもつものと考えられるが, 女性の成功回避欲求の問題にもみられたように, そこにおいて文化的条件の果たす役割は無視できない。その点, わが国における伝統的な文化的風土は, 仕事や勉学において一生懸命やることを称賛するが, 他方でたとえば退職時における代表的挨拶「おかげさまで大過なく過ごすことができまして……」に象徴されるように, 主に欧米で研究されてきた達成欲求の含意するところとは, かなり異質のものを含んでいると考えられる。

4. 親和欲求と行動

親和欲求とは, マレーの言葉を借りれば,「自分の味方になる人（自分に似ていたり, 自分を好いてくれる人）に近寄り, 喜んで協力したり, 好意を交換すること。関心のもたれる対象の愛情を満足させ, それを勝ち取ること。友と離れず忠実であること」である。親和欲求を測定する場合もまた, **TAT** が用いられることが多い。これまでの研究を通して, 親和欲求の強い人は, 友人に電話をかけたり手紙を出したりする回数が多く, 他者に対する同調行動が高いが, 自分に類似していない他者を否定的に評価する傾向がある, などのことが確かめられている。

私たち人間は, 集団社会を形成しており, 程度の差はあれ互いに他者に依存

トピックス 68

「コマ」人間と「指し手」人間

≪ド・シャームの指し手的人間養成実験≫

　ド・シャームは，「他人の意志で引きまわされたり，他人の目的の達成のために使われる人」を「(将棋の) コマ」と呼び，他方「自分の行動の起源を自分自身のなかにもち，自分の目標を追求して行動する人」を「(将棋の) 指し手」と称している（佐伯胖訳による）。そして，子どもたちの「指し手」としての行為を，訓練によって増すことは可能であることを，実践的実験を通じて示している。

　この研究計画は，米国の黒人住民の多い学区において，主に小学校6年と中学1年生を対象に，前後4年間にわたり実施された。先生と生徒の両方に対して行われた訓練の目標は，各自の①自己概念，②達成欲求，③現実的な目標設定，④「指し手」としての行為，のそれぞれを発展させることにおかれる。まず，先生たちが5日間の合宿生活のなかで，TATの自己分析・各種ゲーム・役割演技・集団討論などを通じて，訓練を受ける。次いでこの先生たちが担任するクラスに帰って，子どもたちに対し特別の教育課程を継続的に実施した。それは，たとえば，高い達成欲求を含む物語をつくるようにはげまされる作文コンテストや，自分に合った目標を立てれば本人の努力次第でチームに貢献できるスペリング・ゲームなどの実施である。

　2年間の教室での訓練の結果，「指し手」としての特徴，言い換えれば，子どもたちの「やる気」は，訓練を受けなかった子どもたちに比べて年ごとに高まっていったのであった（左図）。またそれとともに，この学区では普通にみられた「学年が進む毎に学力の遅れがひどくなる」という現象にも，ある程度歯止めがかけられたのであった（右図）。

(de Charms, 1976)

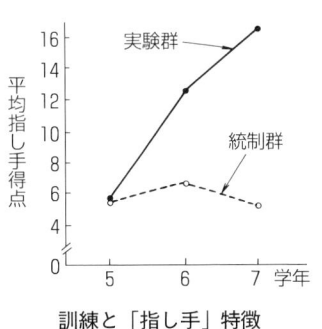

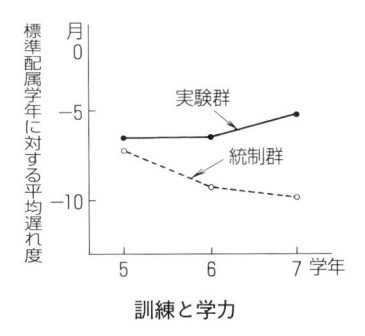

訓練と「指し手」特徴

訓練と学力

して生活しており，親和欲求は多かれ少なかれ誰でももっているといえよう。では，いかなる状況下において親和欲求が刺激され，親和的行動が強くみられるのであろうか。この問題についての研究の先駆けとなったのが，シャクター(1959) による一連の研究である。彼は，囚人や修道士のように他者との接触を断たれ社会的孤立状態を長く経験した人，言い換えれば親和欲求の充足を阻害された人たちの残した手記の類を検討して，そこには多く耐え難いほどの精神的苦痛，なかんずく不安の状態が認められることに着目し，「不安を体験することが親和的行動傾向を強める」との仮説を立てた。この仮説を検証するために，シャクターは以後の親和欲求研究の原型となった実験を行った。この実験は，女子大学生の実験参加者に1人ずつ実験室へ来室を求め，実験参加者には「電気ショックが人体に及ぼす影響についての実験を行う」と告げられる，という状況設定である。このとき，半数の者（高不安条件）にはこの電気ショックは非常に苦痛であると告げられ，残り半数（低不安条件）にはごく軽微なものであるという教示が与えられた。その後，実験の開始までまだ10分間あるのでその間を皆と一緒の大部屋で待ちたいか，それとも個室で一人で待ちたいかをたずねた。その結果，高不安条件では，低不安条件に比べて，皆と一緒に大部屋で待ちたいという希望が多かった。すなわち，親和的行動が顕著であったのである。

　他者と共に過ごすことで不安が直接解消されるゆえに，高不安条件では親和的行動が惹起された，と想像するに難くないが，シャクターはもう一つの注目すべき考え方を提唱したのである。実験参加者は，強い電気ショックを予期することから生じた，今まで経験したことのない感情的体験に直面して，「自分が今経験している心理状態は何か」「その状態ははたして適切か」という不明確さを感じると思われる。そして，その不明確さを解消するために，他人と自分の状態を比較しようとするので親和的行動が引き起こされたというのが，その第二の説明である。これは，すでに2章で詳しくみた，「自分の状態についての不明確さを，自分と他人を比較することによって減らそうとする」という，フェスティンガーの社会的比較の考え方を援用したものである。そして，

トピックス 69

同じ恐怖下の人同士あいあわれむ

《シャクターの恐怖と親和的行動の実験》

フェスティンガーは，社会的比較を行うためには自分と類似した状態にある他者が有用である，としている。したがって，もし高い不安がもたらした親和的行動が，感情・情緒状態の社会的比較を仲立ちにしたものであるならば，一緒に10分間を過ごす他者はどんな人であってもよいということはなく，自分の状態に類似した他者でなければならない，と考えられる。

その点を確かめるため，シャクターは次のような実験を行っている。実験の大筋は本文で紹介したものと基本的に同じである。ただ，実験参加者は高い不安を喚起する教示のみを受ける。そして，一緒に待つ場合の他者が，「これと同じ実験に参加している他の女子学生である」と伝えられる条件（同状態条件）と，「教授に会いにやって来ている他の女子学生である」と伝えられる条件（異状態条件）とに二分される。

結果は表に示すとおりで，異状態条件に比べて同状態条件ではるかに強い親和的行動が現れている。すなわち，社会的比較の過程が，親和的行動を媒介していることが示されている。

(Schachter, 1959)

他者の状態と親和的行動

条件	選択人数			強さ*
	一緒に待ちたい	どちらでもよい	一人で待ちたい	
同状態 ($N=10$)	6	4	0	+1.40
異状態 ($N=10$)	0	10	0	−0.20

＊親和的行動の強さが最大なら+2，最少なら−2

いくつかの実験（たとえばトピックス㊻）は，この説明が妥当なものであることを示している。つまり，親和欲求という，他者と一緒にいようとする欲求の基底には，さらにいくつかの欲求，たとえば社会的比較の欲求が存在している可能性が示唆されるのである。

§3　支配行動と服従行動

人間関係には，勢力ある者とその影響下にある者といった支配と服従の関係がみられる。特に日本の社会においては，中根（1967）が指摘するように，上下関係や親子関係など**タテの人間関係**が重視されており，支配と服従の人間関係は，その分，他の文化に比べて日常社会生活上，重要な人間関係となっているといえよう。

さて，ある人が勢力をもつということは，その人が他の人を動かし影響を与えることができるということであり，その人が支配的行動を行った場合，相手の人がその指示や命令に服従して行動することである。そこで，ここでは，まず，どのようなときに私たちは**社会的勢力**をもち，また相手の人の社会的勢力を認めるかをみていくことにする。というのは，私たちの支配的行動や服従的行動は，このような認知に基づき，両者の欲求がともに充足されるとき関係が成立することになるからである。支配しようとする欲求は，服従的行動をとる者がいてはじめて効果を生じるのである。

1．支配と服従の源泉

私たちがある支配者の勢力の行使を正当と認め服従する類型として，著名な社会学者ウェーバー（1956）は次の三つの型をあげている。それらは，①首長や官吏の命令が合法的なものであるとの信仰に基づく官僚的支配，②神聖な伝統とこれによって権威を与えられた者への信仰による伝統的支配，③奇蹟や予言を行う天賦の資質をもつ者への帰依に基づくカリスマ的支配，である。

ウェーバーは経済や政治に関連し，社会学的に支配と服従の源泉を考察して

トピックス 70

ドイツ強制収容所内の心理

≪フランクルの『夜と霧』より≫

　支配者がいかに残虐な命令を下しうるものであり，服従する者がどれほど冷酷に実行するか，という極限状況を歴史を舞台として明らかにしたのが，ドイツ強制収容所での不幸な出来事であった。

　1933年の緊急命令によって保護拘禁が第三帝国の法体系に取り入れられると，ヒトラーの指揮のもとに，新体制に潜在的な反対運動をしている兆しがあると睨まれた者は，手当り次第に投獄された。こうして，第二次大戦勃発の1939年までに数千人のドイツ人が治療と称して強制収容所に収容されたのである。そして，戦争布告後の2年間に，アウシュヴィツ，ベルゼン，ブッヒェンワルトなどの悪名高い収容所が次々と建設されていった。これらの施設で，アウシュヴィツだけで300万人，総計では600万人以上にも及ぶ，ユダヤ人や戦争捕虜や反ファシストが虐殺されていったのである。

　大戦後，強制収容所の悲惨な実態は多くの人びとによって明らかにされた。精神医学者としてまた心理学者として有名なフランクルも，ユダヤ人であるというだけの理由で家族とともに強制収容所に連行され，奇蹟的に生還した一人であった。彼は『夜と霧』のなかで，強制収容所の実態を明らかにしている。それらの記録によって明らかにされたのは，強制収容所の恐るべき大量虐殺の状況だけでなく，ナチスの命令に服従し収容者を処刑した数千人のドイツ人の大部分が，精神異常者でも性格異常者でもなく，大戦前にはごく普通の市民であったことである。このため，ドイツ強制収容所での悲惨な出来事は，平凡な市民における支配と服従に関する研究の必要性を示唆し，刺激し，鼓舞することになったのである。

(Frankl, 1947)

いる。一方，社会心理学者フレンチとレイヴン（1959）は日常的な人間関係も含めたより広い勢力関係を対象とし，影響を受けるほう，つまり服従的行動を行うほうの心理的側面（欲求や認知）から，勢力を以下の五つに分類している。

①**報酬勢力** その人が自分に報酬をもたらす能力をもっている，と知覚されることに基づく勢力。
②**強制勢力** その人の影響の試みに従わなければ罰を受けるであろう，と判断されることに基づく勢力。
③**正当勢力** その人が価値や役割などによって自分の行動を規制する正当な権利をもっている，と知覚されることによる勢力。
④**準拠勢力** その人に同一視することで態度や価値観などが取り入れられる場合の勢力。
⑤**専門勢力** その人が特殊な知識をもっているとか，ある領域の専門家であり真実を伝えようとしている，と信じられることによる勢力。

さて，現実の対人関係のなかでは，フレンチらの取り上げた勢力の基礎は正当な勢力をもつ者が報酬と罰を駆使するというように，複合して機能することが多い。したがって，個々の源泉が組み合わされて影響を与える試みがなされ

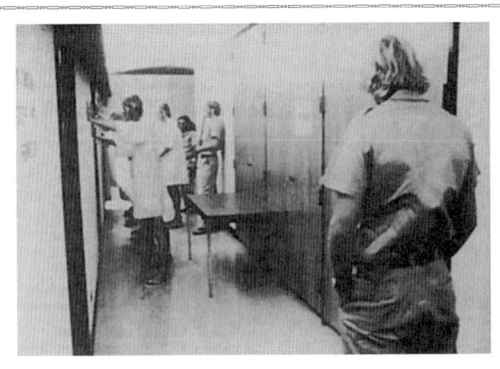

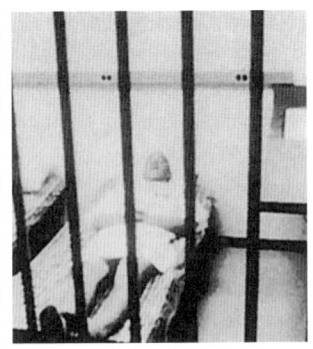

ジンバルドらの模擬監獄実験の風景（Zimbardoら, 1977）

トピックス 71

誰でも囚人になると服従的になる

≪ジンバルドらの模擬監獄実験≫

　ジンバルドらの実験は模擬監獄実験であることを承知で参加を希望した男子学生のなかから、さらに臨床面接やパーソナリティ・テストによって情緒的に安定した21人が実験参加者として選ばれ、全員に1日につき15ドルが支払われた。彼らはランダムに看守役と囚人役に分けられたが、実験前には両群の間にも平均的な学生との間にも何も差のないことが確認されていた。

　実験が開始されると、囚人役の実験参加者は、ある日突然、警官に逮捕され、手錠と目かくしをされて連行され、取り調べを受け、指紋を取られ模擬監獄に送られた。彼らは囚人服に着がえさせられ、番号を与えられて、雑居房に収容された。この房は、窓はなく、また、看守が常時監視できるようにつくられていた。廊下にはシャワーの設備のないトイレがあったが、夜10時以降は使用が禁止され、房内のバケツで用を足さねばならなかった。また、時計などの私物の携帯は許されず、手紙を書くとかタバコを吸うなどの日常的な活動も、そのつど看守の許可を必要とした。このように、何から何まで束縛されており、たまに見るテレビや映画は、囚人に期待される行動に関するものであった。他方、看守役には、制服の他に警棒や手錠や房の鍵などの権威の象徴が与えられた。また、彼らは囚人を番号で呼ぶことなど、16項目の監獄規則が伝達され、法と秩序を維持するように義務づけられていた。

　このような環境のもと、わずか数日を過ごしただけで、20年前後にわたって築かれた自己概念や行動や思考および情緒的反応に障害が生じたので、6日間で実験を打ち切らねばならなかった。

　囚人役では、初めのうちこそ看守の恣意的な支配に反抗する者もいたが、後には、逃げ出したり、いかにして自分だけ無事に過ごすかを考えたり、看守に対して憎悪を募らせるだけの卑屈なロボット人間となる者が多かった。影響は看守役にも見いだされた。実験が始まると間もなく、彼らは権力を行使するようになり、3分の1の者は、専制的な支配者として囚人を無意味な規則に従わせたり、ボール箱をくり返し移動させたり、笑いを禁じたり、互いの悪口を言わせたりして、囚人を卑しめた。もちろん、公正であろうとする者も何人かはいた。2,3人の看守は囚人に対し親しみといくぶんかの好意を示した。しかし、専制的な同僚のきまぐれな命令に抗議したり、囚人のために介入しようとする者は一人もいなかったのである。

　このジンバルドらの研究は、たとえ実験だとわかっていても、権威が組織化されるとき、いかに大きな支配と服従をもたらすかを示唆するものである。

(Zimbardoら, 1977)

ることになるが，いずれにせよ，勢力の基礎が強ければ強いほど，それだけ支配が大きな影響力をもち，相手に服従がもたらされることは疑いない。

さらにフレンチ（1955）は，勢力の関係と意見変化との関係を理論的に推測し，勢力の強い人の意見がより大きな影響力をもつとし，対人関係の勢力関係から，勢力関係のモデルと意見の収束方向を公式化している。

2．権威主義的パーソナリティ

先に，価値や役割によってある人の支配を正当と認め服従する，という正当勢力に触れた。この勢力の背景となる価値は，ある社会や文化のもっている価値観や規範などである。そこで，その価値観を反映したその国民や，その社会の人びとのもっている社会的なパーソナリティが問題となる。ナチスによるユダヤ人虐殺を契機として盛んに行われるようになった，支配的行動に関する研究は，「反ユダヤ主義とは何か」についてだけでなく，「そのようなイデオロギーを産み出す社会的パーソナリティには，どんな特性がみられるか」を明らかにしようとしてきたのである。

アドルノら（1950）は，反ユダヤ主義的態度を分析し，ファシズムの頭文字をとったF尺度と呼ばれるテストを考案した。ついで，これをもとに，ユダヤ人以外の少数者集団への態度と比較したところ，高い相関が得られた。つまり，ファシズム的傾向をもつ高得点者には，自分たちの集団を過度に受容し高く評価するのに対し，ユダヤ人を含めた他の集団を拒否し侮蔑する，という一般的特性が発見されたのである。さらに，彼らは，権威に依存し，弱者には勢力や権力を誇示し，また，外面的な基準によって人を判断する思考の堅さと偏見をもっていることがわかり，さらに抑圧が強く不安や攻撃を投影しやすいことなども指摘された。

このように，反ユダヤ主義は他のさまざまな変数と関係があることから，より一般的な外集団を紋切型に否定し差別する自民族中心主義や，独断的で何にでも黒白をつけたがる教条主義に関するパーソナリティの研究が始まったのである。これらのパーソナリティは，総称して**権威主義的パーソナリティ**と呼ば

れるが，他には，マキァヴェリアニズムや官僚的パーソナリティが有名である。前者は策謀をめぐらすことで知られたルネッサンス時代の政治家マキァヴェリに由来し，後者は，ウェーバーが現代人は官僚制の歯車に組み込まれつつあると警告したことに着目したものである。

　ブルンスヴィク（1950）は，こうしたパーソナリティ形成の原因が幼児期の親子関係にあると考え，インタビューによって得られた内容を検討した。その結果，権威主義的な傾向は，両親のすることはすべて正しいと見なし，彼らの権威に服従し，物質的で表面的な親子関係を経験した者に強いことが明らかとなった。つまり，権威主義的パーソナリティは，支配的で物質的な養育態度をとる両親や彼らを支える文化を通じて，形成されるのである。

3．権威への服従

　社会には，多くの組織が存在し，多かれ少なかれ共同生活のための権威の体系がみられる。私たちは，家庭で養育され，さまざまな集団に所属しながら発達していくなかで，権威に従うべきであるという価値を内面化するのである。こうして内面化された価値による服従の極端な例が，既述のナチスの権威による命令のもとに遂行されたユダヤ人虐殺である。それでは，ごく普通の市民は，戦時下でもなく国家権力の背景もない状況で，ある権威から命令を受けた場合，どこまで服従するのであろうか。

　ミルグラム（1974）は，この問題を明らかにするため，記憶の研究を表向きの目的として地方紙に実験参加者の募集広告を出し，**服従の実験的研究**に着手した。実験手続きの概要は次のようなものである。実験は2人一組で行われ，実験参加者はまず学習に及ぼす罰の効果について説明された。ついで，隣りの部屋に案内された生徒役のサクラは，着席させられ，余計な動きをしないようにひもでしばられ，手首に電極をつけられた。一方，教師役の実験参加者は，これを見た後，元の部屋に戻り，電気ショック送電器の前に座る。この送電器には15～450Vまで，15V幅で30個のスイッチが一直線に横に並べられ，「かすかなショック」から「危険-すごいショック」までにわたる言語的表示が

そえられていた。実験が開始されると，教師役は実験者から，最初は15Vから始めるように言われる。そして，一段ずつ，つまり30V，さらに45Vというように，生徒が答えを誤るたびに罰の水準を上げるように指示された。実験は実験参加者が実験者の命令に服従し，どこまでボルトを上げていくかが調べられた（図8-3）。

このような実験について，自分や他人がどの水準までショックを送るかについて，実験とは別に精神科医や学生らに調査が行われている。実験結果と人びとが予測した結果との間には，著しい差がみられた。その結果，実験の手続きを説明された人たちの調査では，最高水準の450Vショックを送るのは，2％以下の病的な変質者だけであると判断されている。しかし，実際の実験参加者は，40人のうち実に65％の26人が最後まで実験者の指示に従い，最高の450Vまで送り続けたのである。

このミルグラムの研究は，たとえ国家権力の裏付けはなくとも，科学という権威を示されるだけで，ごく普通の市民が罪もない他人の生命を危険にさらす

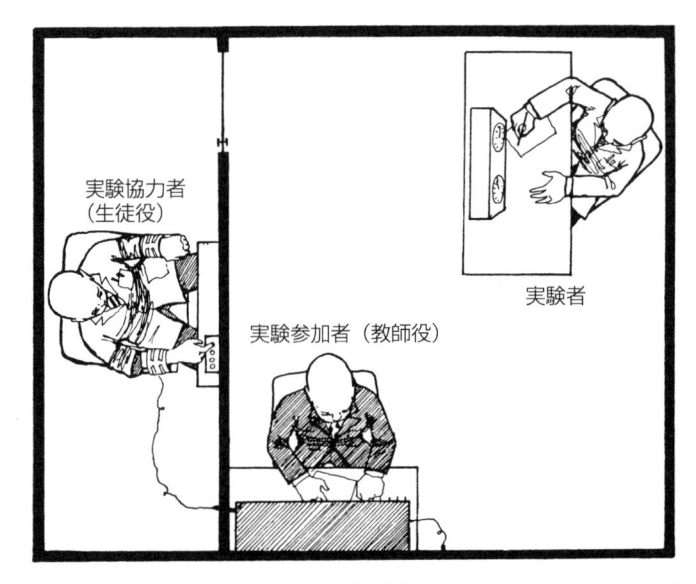

図8-3　ミルグラムの服従実験の実験室状況（Milgram, 1974をもとに作成）

トピックス 72

相手が遠く離れると残酷な行為も平気になる

≪ミルグラムの距離と服従の実験≫

　他者に危害を加えるように上から命令された場合に，被害者との距離が遠くなるほど罪悪感を抱くことが少なく，上の命令に服しやすいであろう。この問題は，ミサイルやロケットではるか彼方から人を殺戮することが可能となった現代世界のテーマである。

　ミルグラムは，本文で紹介した服従実験に変更を加えて，この問題を検討している。実験の表向きの目的は，「記憶に及ぼす罰の効果」であった。教師役の実験参加者は，生徒役の被害者が記憶テストで誤りを犯すたびに，罰としての電気ショックの電圧を次第に高めて与えるように命令された。このとき実験参加者と被害者との距離は，次の4段階で変えられた。

　①**遠隔条件**　被害者は別室にいるので，実験参加者からは見えないし声も聞こえない。答えは解答箱の光によって知らされる。300Vになると，被害者は実験室に響くように壁をたたくが，315Vを越えると答えもなく壁もたたかない。

　②**発声条件**　抗議の声が実験室の壁を通してはっきり聞えてくる点を除いて，遠隔条件と同じである。

　③**近接条件**　被害者は実験参加者と同じ室の2, 3フィート（約60～90 cm）離れた所におり，姿も見えるし声も聞こえる。

　④**接触条件**　被害者が手をショック・プレートにのせていない限り，ショックを受けないようになっている。被害者は，150V水準でやめるように要求し，プレートに手を乗せるのを拒否する。したがって，この条件で実験者の命令に服従し150V以上の罰を与えるには，被害者の体に触れ，力づくでプレートにのせなければならない。

　実験結果は，図のように，被害者との距離が遠くなるほど，上の命令に服従したことを示している。実験参加者は，まるでゲームのボタンでも操作するように，被害者の姿も見ず命令に服従している。遠くからの大規模殺戮可能な兵器の発達した今日，支配と服従の問題は，より切実に私たちに迫ってくるのである。

(Milgram, 1974)

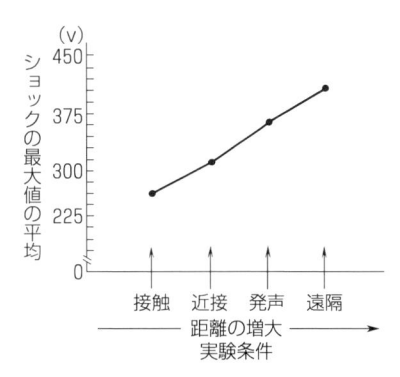

被害者との距離と与えたショック

恐ろしい命令に服従してしまうことを，明らかにしたのである。

4．権威への抵抗

　権威からの命令が服従者の欲求・価値・規範と一致している限り，そこには抵抗の問題を考える余地がない。しかし，権威の命令が，個人の欲求や価値と対立することが少なくない。このとき抵抗の生じる可能性があるが，実際に行動に移すかどうかは，個人の抵抗する力と権威のもつ勢力との力関係に依存している。

　まず，権威のもつ勢力という点からみると，報酬・強制・正当・準拠・専門の各勢力が減少するにつれて，相対的に自分自身の信念に従おうとする力のウェイトが増大することになる。たとえば，報酬が少なければ，自己の信念に反してまで従おうとは考えないだろうし，正当な理由もなしに他人に危害を加える命令に服そうとはしないであろう。このように，支配者のもつ勢力の程度は，もう一方の側からみれば，**権威への抵抗**の条件として見なすことができる。

　それでは，個人の力についてはどうであろうか。ドイッチェとジェラード(1955)は，あらかじめ自分の信念を表明することで，自分の信念に従おうとする規範が顕在化され，その後の他者による圧力に抵抗する力が強まることを実験的に明らかにしている。つまり，人は権威と対立するとき自分自身の信念や価値に注目し，これを遵守しようとすればするほど，抵抗する可能性が高まることになる。さらに，こうした傾向は，ミルグラムの実験でもみられている。権威者の一部や仲間が積極的に抵抗するのを目撃するならば，抵抗者は味方を得ることで勇気づけられ，権威への服従を拒否することがいっそう容易になるのである。

　上述のように，権威への抵抗は，個人の抵抗する力が命令による影響力を上回るときに生じ，さらに味方を得ることでいっそう強固なものとなるといえよう。しかしながらその可能性は，私たちが頭の中で考えるよりはるかに小さいものであろう。なぜなら，権威は，実に多くの勢力の基礎をもち，それらを統

トピックス 73

自己利益の追求が共栄関係をもたらす

《シドウスキーの最小社会状況実験》

　シドウスキーらは，社会的状況と呼ばれるものの本質的特徴をとらえ直そうという試みから，**最小社会状況**と呼ばれる場面を実験的につくりだし，そこでの影響過程を明らかにした。

　実験参加者のすることは，用意された二つのボタンを自由に押すことだけである。どちらのボタンをどのような頻度で押すかは，まったく自由である。実験参加者の一方の手には電気ショックのための電極がつけられ，また目の前には得点表示装置が置かれた。課題は，この得点をなるべく多くすることである。ボタンを押し始めるとともに，実験参加者は得点やショックを受け始める。

　実は，この実験参加者 A が得点とショックのいずれを受けるかは，別室でまったく同じ状態に置かれたもう一人の実験参加者 B が，どちらのボタンを押すかで決まるように仕組まれていた。たとえば，B が右のボタンを押すと，それと同時に A に得点が与えられ，左を押すとショックが与えられたのである。同様にして，B の結果は A の押し方で決まる。ただし，A，B はいずれも，自分一人だけが実験に参加していると考えており，このような事情はおろか，相手がいることすらまったく知らないのである。

　このような状態に置かれた実験参加者は，次第に相手に得点を与えるほうのボタンを押すようになり，5 分ほど経つと，そのボタンだけを押し続けたのである。

　このことは，状況によっては，相互依存の関係にある 2 人が，相手についてまったく考慮せず自分の利益のみを追求することで，結果として協同関係を形作る場合のあることを示している。この場合の協同関係とは，相互の純粋な利益追求から生じる均衡状態を意味している。この結果は，協同行動の基盤について一つの知見を提供するものであろう。

(Sidowski ら, 1956)

制するための組織と地位を保持することが多いからである。ジンバルドらやミルグラムの研究が明らかにしているように，実験的に設定されたほんのわずかの権威の存在によってさえも，罪もない人びとをいじめたり，彼らの生命を危険にさらす命令に服従するようになるのである。

§4 協同的行動と競争的行動

1．協同・競争と混合動機

私たちが他者と相互作用を行うのは，さまざまな欲求や願望を満たすためであるといえる。しかし，相互作用のなかで，互いの目標が調和し，欲求が満たされるとは限らない。利害が対立する場合も当然起こってくる。協同と競争の欲求とそれに基づく行動は，このような事情から生じるのである。

協同的行動とは，共通の目標を達成するために協力して活動することをいう。たとえば，皆で分担して製品を作ろうといった場合である。これに対し**競争的行動**とは，共有できない目標を巡って対抗して活動することをいう。たとえば，同僚同士で一つのポストを争う場合である。つまり，協同的行動は利害が共通するときに起こるのに対し，競争的行動は利害が衝突するときに起こるのである。

しかし，現実の人間関係では，互いの利害が完全に一致したり，完全に対立したりする場合だけではない。利害の一致する部分と対立する部分が同時に存在している場合も少なくない。このような協同的動機と競争的動機をともに含むものを，**混合動機**の事態と呼ぶ。混合動機の事態では，利害が一致する部分に着目して，互いに合意できるやり方を探ることが可能になる。たとえば，新製品を作るときには，皆でいろいろなアイデアを出し合うだろう。このとき，お互いが自分の主張に固執していては，いつまでたっても完成できない。しかし，対立する考えのなかから，新たなアイデアを工夫するならば，よりよい製品を作れるようになるのである。

混合動機の事態における行動選択は，三つの，動機（欲求）-行動系に大別

トピックス 74

囚人のジレンマの構造

≪協同と競争のゲーム実験≫

利害の対立と一致をともに含む状態を端的に表し、それゆえさまざまな実験的検討の素材となっているものに、囚人のジレンマ・ゲームがある。

このゲームの表す状況は、おおよそ次のようなものである。泥棒仲間が2人、拘留され、個別に尋問を受けている。取調べ側はまだまだ余罪があると睨んでいるが、十分な証拠がない。そこで、それぞれの犯人に対して次のような提案を示した。

「余罪を自白するかしないか、道は二つに一つである。もし2人とも黙り通したならば、今の証拠からみて、ともに1年の刑になるだろう。しかし、君が自白して君の相棒が自白しないなら君は情状酌量で3カ月ですむが、相棒は懲戒のため厳罰に処して10年の刑を与える。もちろん、君が黙っていて相棒が自白した場合は、すべてが逆になる。もし2人とも自白したら、相応の刑として3年になる。君の相棒にも、当然これと同じことを言ってある」。

この事情を簡単にまとめたものが、図である。もちろん互いに連絡や相談は許されず、相手がどちらを選ぶ気でいるかなどは一切わからない。この場合、黙秘を選ぶことは、相手との共通利益に立って協力し互いに望ましい結果を得ようとする点で、協同的行動を意味する。一方、自白は相手を犠牲にしても自分の最大利益をめざすことから、競争的行動を意味することになる。

囚人のジレンマ・ゲームの基本形と心理的意味

1. 囚人のジレンマ・ゲームの条件 (利得の大きさ)
   ① T>R>P>S
   ② 2R>S+T
2. 選択肢の意味
   Cは協同解、Dは競争解
3. 利得の意味
   Rは報酬、Pは罰、Tは誘惑、Sはお人よし
4. 人の選択の関係
   R〜R（C〜C）は共栄関係
   T〜S（C〜D）は格差関係
   P〜P（D〜D）は共貧関係

		囚人B	
		黙秘（C）	自白（D）
囚人A	黙秘（C）	A…1年　（R） B…1年　（R）	A…10年　（S） B…3カ月（T）
	自白（D）	A…3カ月（T） B…10年　（S）	A…3年　（P） B…3年　（P）

囚人のジレンマの構造

される。

①協同的行動　互いの利益がなるべく多くなるように行動する。この場合，注目するのは利益の総和であり，相手を犠牲にして自らの利益を図ることはしない。

②競争的行動　相手よりも多くの利益が得られるように行動する。この場合，注目するのは相手との利益の差であり，この差を最大にしようとする。

③自己利益的行動　自分の利益がなるべく多くなるように行動する。この場合注目するのは自分の利益の大きさだけであり，相手の利益には関心がない。

自己利益的行動は一見，競争的行動と同義のように思えるが，そうとは限らない。状況次第で，相手に利益をもたらす場合も，相手を害する場合も起こるのである。シドウスキーらは最小社会状況と呼ばれる事態を工夫し，互いに自己利益的行動を追求することが，結果として安定した協同関係を成立させることを明らかにした（トピックス(73)）。最小とは，２人の間に相互依存関係が存在するにもかかわらず，当人たちは相手の存在さえ知らないという意味である。しかし，日常の人間関係においては，相手の存在を知らないどころか，お互いに何ができ，それがどのような結果をもたらすかを予想でき，また相手も同様の理解をもっていることもわかっている。囚人のジレンマ・ゲームは，こうした混合動機の事態を代表するものとして，多くの実験的研究に用いられている（トピックス(74)）。これらの実験の結果は，協同関係が容易には成立しないことを明らかにしている。私たちが混合動機の事態で協同を選ぶのは，相手も協同すると予想する場合である。つまり，協同的行動をとるには，単に共通利益が存在するだけは不十分であり，互いに信頼できる人間関係が必要となるのである。

２．紛争と規範

たとえば，電車では乗客の多くが座りたいと思う。しかし，座席の数に限り

トピックス 75

対立場面における規範の成立

《シボーとフォーショの拒否権ゲーム実験》

　利害の対立する場面において，それを調停する規範がどのように現れるかを検討するために，シボーとフォーショは次のような実験を行った。

　A，B 2人の実験参加者は，与えられた選択肢から一つを選び，その組み合わせによって得点を決める。ただし，このとき決定される得点は2人の総合得点であり，それをどう分配するかはAにのみ決定権がある。Aは，自分に有利なように多く取ることも，逆に相手にたくさん与えることもできる。また，それをどれくらいにするかも，決められた枠内で自由に決定できる。この結果について，Bは，いっさい口をはさむことはできず，Aの決めたとおりの得点を手にするしかない。その代わり，Bには，2人に共通する選択肢からは選ばないという，いわば第三の選択の可能性が許されている。つまり，相手と一緒に得点を決める場面に参加すること自体を拒否できるのである。この拒否権を発動した場合は，あらかじめ決められた得点が与えられる。この結果は，Bの側に有利ではあるが，得点自体はそれほど多いものではない。

　この状況でより多くの得点を手にするためには，BはAの利己的な分配をやめさせることが必要で，AはBの拒否権行使を思いとどまらせることが必要となる。

　実験の結果，両者の間に話し合いの機会をもたせると，不公平な分配と拒否権行使をともに禁止し，それを破ったら一定の罰則を科す，という規範が制定されることが明らかになった。さらに，互いに大きな勢力をもつ場合ほど，つまりAではより多くの得点を分配でき，Bでは拒否した結果，手にする自分の得点が多い場合に，規範の採用がいっそう強まることが示された。

　規範は，行うべきあるいは謹むべき行動を規定することによって，対人関係に一定の秩序を課す。こうした規範は，互いに大きな勢力を所持するほど，必要になるのである。

(Thibaut & Faucheux, 1965)

がある以上，全員の欲求を満たすことはできない。では，座席をめぐる争いが多発するかというと，そうではない。これは，人びとが先着優先という決まりを守っているからである。シボーとフォーショ（1965）は，規則や規範が利害対立を調整する過程で生まれることを明らかにした（トピックス㊄）。

　私たちは新たな場面で利害対立に直面したとき，先着優先のような規則を毎回一からつくっていくことはしない。なぜなら，多くの場面に適用できる社会規範が存在するからである。たとえば，衡平の原則（トピックス㊅）や互恵性の原則である。互恵性とは，「君が協力するなら私も協力する」という考え方である。これらの規範に訴えることで，単なる個人的利害ではなく，正当性を備えていると主張することができるようになるのである。

3．手続きの公正

　他者と利害が対立する状況で望んだ結果が得られなかったとしても，その事実を取り上げただけでは，誰も取り合ってはくれないだろう。たとえば，入学試験で不合格だったとする。これは関与者の利害が対立する事態で，自分の欲求が実現されなかったことを意味する。にもかかわらず，普通は誰も結果に異を唱えない。それは入試が公正に行われているためである。受験者全員が同じ条件で同じ問題に解答し，その点数順に合格者が決められるという手続きが守られている限り，不合格者は結果を受け入れるしかないと考えるはずである。

　しかしながら，もし試験問題の一部が事前に漏れていたり，正答としたものが実は誤っていたことがわかったとすると，事態はまったく変わってくる。手続きに誤りがなければ，違った結果となった可能性があるからである。このとき，不合格者が結果を承認できないと主張したとすると，今度は他の人たちからも支持されるだろう。

　このようにみるならば，重要なのは，結果の有利，不利という事実そのものよりも，結果を決める手続きがきちんと行われていたかどうかであるといえる。手続きが公正であれば，当事者が異論を唱えることは難しい。しかし，手続きが公正でなかったら，一度決まった結果を覆すことも可能になるのであ

トピックス 76

人間関係における公平さの維持

≪アダムスの衡平理論≫

　アダムスは，人は自分の利益を図るだけではなく，相手との関係の公正さを維持し，確保しようと努めるとする衡平理論を提唱している。衡平（公平）は結果の分配にかかわる原理であり，他者との比較においてどれだけ努力したかに比例して，利益が分配されたときに達成される。これを簡単に示せば次のような式になる。

$$\frac{\text{A の結果}}{\text{A の投入量}} = \frac{\text{B の結果}}{\text{B の投入量}}$$

　A，Bは人を示す。投入量は精神的・肉体的努力，成果に対する貢献度，これまでの技術や経験の蓄積などを含む。また結果は，物質的・金銭的な報酬，地位や権限，他からの尊敬などを含む。ともあれ，この等式が成り立つならば，AとBの間で衡平が保たれるわけである。

　注意すべき点は，衡平と平等の違いである。分配原理としての平等は，投入量の違いを無視し，結果が同じかどうかにのみ注目する。したがって，両者が一致するのは，A，Bの投入量が等しい場合だけである。

　アダムスはさらに進んで，人びとがこの等式を成立させるために積極的に行動し，それが対人間の行動の多くを決定すると主張した。たとえば，自分の手にした結果が多すぎたと思えば，次の機会にはこれまでよりいっそう力を発揮することで，衡平を回復しようとする。逆に少なすぎたと思えば，結果に見合うと考えるところまで手を抜くというのである。

　しかし，現実の生活では，互いの努力や結果をどう評価するかについて，当事者間で見解を一致させるのはなかなか難しい。たとえば，自分と他人の貢献度を比較する場合，人はとかく自分の貢献度を過大に評価しがちであることが，**自己奉仕バイアス**の研究で明らかになっている。

　また，人間関係を支配する原則として，衡平原理をどの程度考慮すべきかは，それぞれ社会の伝統によっても異なるのである。

(Adams, 1965)

る。利害対立を調停する過程では，**手続きの公正**さこそが重要であることを指摘したのが，シボーらの研究である（トピックス㊼）。

手続きの公正さという視点からみると，一見手続きを巡る争いのようにみえても，実際には利害を争っていることが多いことがわかる。この紛争で当事者が公正だと主張する手続きは，自分に有利な結果をもたらす手続きなのである。

§5　フラストレーションとコンフリクト

1．フラストレーション

私たちは日常生活をするなかでさまざまな欲求をもち，行動しているが，いつも思い通りにいくとは限らない。こうした状態が極端になった場合，しばしば気が滅入ったり，いらいらするなどの感情的に非常に混乱した心理状態になることがある。このような状態を**フラストレーション**（欲求不満）状態と呼んでいる。

極度のフラストレーション状態においては，一般的に，非合理的で適応性を欠いた行動・病的で異常な行動・短絡的な行動や自我防衛的行動などがみられやすい（トピックス㊽）。

(1)　フラストレーション反応

フラストレーション状態でみられる行動に関しては，次の三つの代表的な理論がある。

①**フラストレーション-攻撃理論**　ダラードら（1939）によって提唱された。この考え方によれば，攻撃的行動は常にフラストレーションを前提としており，また逆に，フラストレーションがあれば常にそこから攻撃的行動が派生する。そして，その際の攻撃的行動はフラストレーションの直接の原因であると見なされた人や物に対して向けられるが，それが抑制されるとフラストレーションとは直接関係のない対象に置き換えられる，とされている。たとえば

トピックス 77

大切なのは手続きの公正さ

≪シボーらの手続きの公正さの実験≫

　どのような社会でも，さまざまな局面で人びとの利害対立が起こる。このため，古くから利害の対立を調停するための制度や仕組みが用意されてきた。その代表が裁判制度である。裁判では，公正さが最も重要となることはいうまでもない。このため，英語では裁判を administration of justice と表現する。

　心理学においても，手続きの公正さを最初に取り上げたのは，公正な裁判を行うにはどのような裁判手続きが優れているかという問題を扱った，シボーらの実験であった。裁判手続きは，当事者主義と職権主義の二つに大別できる。当事者主義では，判決は裁判官が下すものの，主張や証拠の提示といった訴訟の主導権は当事者にゆだねる。これに対し，職権主義では，訴追，立証の主導権を裁判所に与え，証拠も当事者が提出するものに限定せず，裁判所自身が証拠調べをすることができる。いわば裁判官主導の制度である。

　実験参加者に課せられた課題は，ある人の行為が正当防衛かどうかを判断することである。焦点となる条件は，証拠の提示方法と事前判断の有無である。

　半数の実験参加者には，2人の実験協力者が交互に有罪無罪の証拠を述べていった（当事者主義）のに対し，残りの半数には，まったく同じ内容を1人の実験協力者が述べた（職権主義）。また，半数の実験参加者には，事前に，違法の情報を多く含む類似案件を評価させた。残りの半数の実験参加者には，事前の評価を体験させなかった。

　実験参加者全員が評価する問題の案件では，違法性を指示する証拠と適法性を指示する証拠が同程度含まれていた。それゆえ，事前の案件に影響を受けると，問題の案件でも違法性の側に判断が偏ると考えられる。

　表に示したように，事前判断の影響は証拠提示の方法によって異なっていた。事前の判断をしない条件では，二つの証拠提示法にはあまり差がなかった。しかし，事前に類似案件を経験すると，当事者主義よりも職権主義のほうが違法と判断する傾向が大きかった。つまり，当事者主義のほうが，判断の偏りが少ない公正な手続きといえるのである。

(Thibaut ら，1972)

適法性に関する評価結果

	当事者主義	職権主義
事前判断なし	4.09	3.71
事前判断あり	3.56	2.11

＊数値は1〜9までで，大きいほど適法

友達と遊んでいて仲間はずれにされた子どもが、そのはらいせに家へ帰って飼い犬をいじめたとすれば、これはフラストレーションから派生した攻撃が置き換えられた、といえよう。

②**フラストレーション-退行理論**　レヴィンらは、フラストレーション状態においては退行が生じ、年齢にふさわしくない未分化で未成熟な行動様式が現れるとして、この理論を提唱した。レヴィンらは、これを実証するために、おもちゃで遊んでいる幼児をフラストレーション状態に置き、実際に遊びの構成度が低下する（より幼稚な遊び方になる）ことを、実験によって明らかにしている。たとえば、弟や妹が生まれて、母親の関心がそちらへ向いてしまったと感じた子どもが、すでになくなっていた夜尿を再現することなどは、フラストレーションによる退行といえよう。

③**フラストレーション-固着理論**　マイヤー（1949）は、ネズミで弁別学習の実験を行ったが、その過程で、解決不能な状況に置かれたネズミが無意味に同じ行動をくり返すという異常固着の現象がみられるとし、この理論を提唱した。人がフラストレーション状態で、無駄だとわかっている行動を見通しもなく無意味にくり返す場合がこの固着行動にあたる、といえよう。

(2)　フラストレーション耐性

さて私たちは、多少のフラストレーション状態に置かれても異常行動を起こすことなく、合理的に自分の行動を管理しうる能力をもっている。このような能力を**フラストレーション耐性**という。フラストレーション耐性は、発達過程において獲得されるのでその強度は人によって異なるが、また、自分自身の置かれた状況をさまざまな角度から正確に理解しようとすることによって高められる。

2．コンフリクト

強さのほぼ等しい相互に矛盾する二つ以上の両立し難い欲求をもったとき、解決し難い苦悩や当惑が現れることがある。これを欲求間の**コンフリクト**（葛

トピックス 78

欲求不満の防衛的解決の仕方

≪自我の防衛機制≫

　極度のフラストレーション状態では，適応性を欠いたさまざまな異常行動が現れるが，それと同時に，心理的な解決によりその事態への適応性を回復しようとする試みが，無意識的に行われることがある。これが防衛機制と呼ばれる心理的メカニズムである。防衛機制は次のような幾種類かのパターンをなしている。

　①**抑圧**　性的欲求や攻撃的欲求は，そのまま行動に表せば，他人のひんしゅくをかう恐れがある。また，潔癖なセルフ・イメージがあると，自分自身でもそれらの欲求をもっていると認めることが苦痛になる。その場合，意識上，それらの欲求をあたかも自分はもっていないかのように思い込んでしまうことがある。これを抑圧という。その結果，いらいらしたり，過緊張になったり，また神経症の症状を形成することがある。

　②**投影**　自らの不都合な欲求を抑圧し，その欲求を自分ではなく他人がもっていると思い込むことがある。たとえば，敵意の強い人が，相手が自分を憎んでいると思い込むことがある。

　③**反動形成**　抑圧されている元の欲求と正反対の表現をすることを反動形成という。たとえば，過度に親切であり馬鹿ていねいな言葉遣いをする人が，実は決して他人に気を許さず，人間関係を敵意に満ちたものとして理解している場合がある。

　④**置き換え**　性的欲求や攻撃的欲求をある対象に向けてそのまま表現するのが不安であるときには，より安全な別の対象に向けて表現されることがある。たとえば，権威主義的な父親に対する憎しみが上役や教師に置き換えられる場合や，異性に対する関心が異性の下着に置き換えられる場合などがそれである。

　⑤**昇華**　置き換えの一種であって，社会的に承認される対象に置き換える場合を昇華という。特に青年期の，性的欲求や攻撃的欲求が芸術作品の制作や激しいスポーツの練習に置き換えられる場合がそれである。

　⑥**合理化**　事柄が思い通りに行かなかった場合，自分に都合のよいように，現実を歪めて理屈づけすることがある。これを合理化という。たとえば，イソップの「すっぱいブドウ」の物語のように，実際には甘いかもしれないブドウを「すっぱいに違いない」と決めつける場合などである。

　⑦**補償**　ある種の能力に劣等感をもっている場合，別の能力を伸ばすことで劣等感をカバーしようとすることを補償という。肉体的に虚弱な人が人一倍勉学に精を出す場合などがこれである。精神分析学のアドラーにより提唱された。

　その他の防衛機制としては，**退行・同一視・知性化・逃避**などがある。

藤）状態という。

(1) 目標によるコンフリクトの分類

レヴィン（1935）は，二つ以上の両立し難い目標をもったとき生じる目標間のコンフリクト状態を，次の三つの基本的形式に分類している（図8-4 参照）。

①**接近-接近型のコンフリクト状態**　この状態は，両方の目標とも魅力的（目標の誘因価が両方ともプラス）で両方に接近したいが，一方にしか接近できない場合である。たとえば，母親が子どもに，「アイスクリームかジュースを買ってあげます。でも両方はおなかが冷えるからだめですよ」という場合である。この場合，アイスクリームもジュースも手にしたい子どもにとっては，どちらにしようか迷いが生ずる。また，どちらかを選択した後でも，別のほうにしておけばよかったかなと思って，くよくよすることがある。恋愛関係における両手に花の関係も，このコンフリクトに陥りやすい。

②**回避-回避型のコンフリクト状態**　この状態は，両方とも回避したいような事態（目標の誘因価が両方ともマイナス）であるが，一方を回避すると自動的に他方の事態に陥ってしまうような場合である。たとえば，母親が勉強の嫌いな子どもに，「勉強しなければ怒りますよ」と言って，後ろで見張っている場合，子どもはどこにも逃げ場がない。このような場合，しばしば深刻なコンフリクト状態が引き起こされる。結婚を考えるとき，一人で一生をすごすのもさみしいが，相手に束縛されるのも嫌というときのコンフリクトである。

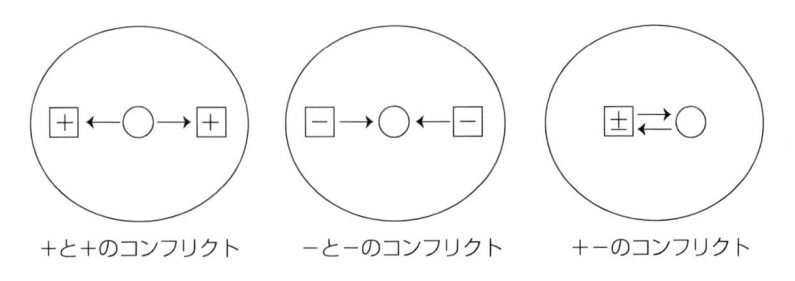

　　＋と＋のコンフリクト　　　－と－のコンフリクト　　　＋－のコンフリクト

図8-4　三つのコンフリクト状態（Lewin, 1935）

トピックス 79

買った車の広告をよく読む理由

≪フェスティンガーの決定後の認知的不協和研究≫

フェスティンガーによれば，不協和とは，二つの認知要素が相互に関連をもち，しかも一方の要素の逆が他方の要素から帰結するときの二つの要素の関係をいう。そして，不協和であると判断する根拠として，①論理的矛盾，②文化的慣習，などをあげている。不協和の存在は，不快であるので，不協和を減らすように人を動機づける。また，不協和を増やすような情報は積極的に回避される。

エールリッヒらは，意思決定後の不協和を研究するため，新しく自動車を買った人びとに面接して，購入直後からそれまでの期間にどんな自動車の広告を読んだかを調査している。彼らは次のように考えている。新車の持主にとって実際には買わなかった車の長所と，買った車の短所は，不協和を生じさせる。そこで，彼はこの不協和を減らそうとするであろう。さて，自動車の広告には広告しようとしている車種の車だけを礼讃するような材料が含まれているから，次のようなことが予測される。

①新しい車の持ち主たちは，買ったばかりの車に関する広告を，他の型の車の広告よりもたくさん読むであろう。
②新しい車の持ち主たちは，彼らが考慮したが実際には買わなかった車に関する広告を読むことを，回避するであろう。
③同じ車でも古い型の持ち主たちは，車の広告を読むうえでこのような差別をしないであろう。

エールリッヒらは，新車の持ち主（65人）と古い車の持ち主（60人）に面接し，新聞にのった自動車の広告を見せ，それが回答者の目についたかどうか，目についたとすれば読んだかどうかたずねた。

結果は，新車の持ち主が自分が買ったばかりの車の広告を，よく目に留め，よく読んでいることが明らかにされ（表を参照），不協和の理論から導かれた予測がほぼ支持されている。

(Festinger, 1957)

自分の車および他の車の広告の読み方

広告の内容	目についた広告の パーセントの平均値		読んだ広告の パーセントの平均値	
	新車の持主	古い車の持主	新車の持主	古い車の持主
自分の車	70	66	65	41
決定の際に考慮された車	66	—	40	—

③**接近-回避型のコンフリクト状態**　この状態は，一つの目標が接近したくなるようなプラスの面と回避したくなるようなマイナスの面とを，同じぐらいもっている場合である。たとえば，母親が勉強の嫌いな子どもに「勉強すればおやつをあげますよ」と言い，子どもはおやつが欲しいと思っている場合である。この場合，おやつが子どもにとってどの程度魅力的であるかが，子どもの行動を左右する。就職をすると安定するが，自由が奪われることになるというときのコンフリクトである。

(2) 決定後の不協和

　コンフリクト状態で意思決定が行われた場合，不快な状態が後に続くことを回避するための心理的メカニズムが働くとしている。フェスティンガー(1957) は，この不快な状態を，意思決定前のコンフリクト状態から区別して，決定後の**認知的不協和**から生じる行動を研究している（トピックス㊉）。

第Ⅳ部
集団のなかの人間関係

9章 集団の構造と成員の行動

§1 インフォーマル・グループとフォーマル・グループ

　毎日の私たちの生活をふりかえってみると，集団のなかにいるときの行動と一人でいるときの行動とは，ずい分違っていることに気づくであろう。ここでは，集団成員の行動と集団の構造との関係という点から，集団が私たちの行動に及ぼす影響について考えてみたい。さて，集団は**フォーマル・グループ**（公式集団，二次的集団などとも呼ばれる）と，**インフォーマル・グループ**（**非公式集団，一次的集団**とも呼ぶ）とに大別することができる。集団の構造と集団成員の行動との関係を扱うにあたって，この区分はきわめて重要である。

　今，手元に私の奉職する大学の学則がある。それをひもといてみると，第1条として「本学は，教育および研究の最高機関として，真理と平和をもとめる人間を育成するとともに，深遠な学理とその応用を攻究し，世界の文運と人類の福祉に貢献することを目的とする」とある。はたしてそれが実際に達成されているかはともかく，多くの大学は必ず類似の目的を掲げている。このように，公的な目標達成のために規則や役割が定められ，そこに個人が配置されて形成された集団を，フォーマル・グループという。官庁や会社や軍隊などがその典型である。一方，インフォーマル・グループとは，自然発生的に形成された成員相互間の，親密な感情・期待・暗黙の了解などに基づく行動により特徴づけられる集団である。家族集団や親友同士の集まりなどがその代表である。フォーマル・グループのなかにインフォーマル・グループが形成されることも，よく観察される。以下，インフォーマル・グループとフォーマル・グループのそれぞれについて，そこでみられる集団構造と成員の行動との関係を考察

| トピックス 80 |

集団内の情緒的人間関係の把握

《モレノのソシオメトリー》

　ソシオメトリーとは，本来は，臨床家モレノにより提唱された，人間関係の改善を実践目的とする，独自の世界観に基づく人間関係の量的研究を指す。そのなかで，集団理解のための一方法としてソシオメリック・テストが用いられた。今日では，このソシオメリック・テストが，ソシオメトリーとされ，単に集団内人間関係の研究上の測定具として用いられる場合が多い。

　ソシオメリック・テスト実施の具体的方法はきわめて簡単である。本文で記したような状況を設定したうえで，集団の成員は選択あるいは拒否する人の名を記入する。この調査をもとに，集団内の誰と誰が相互に選択しあっているか，最も選択されている人気者は誰か，逆に拒否されることの多い嫌われ者は誰か，他者から選択されてはいるが相互選択関係のない周辺者，あるいは誰からも選択されない孤立者はいるか，などの情報が得られるのである。その結果は集団構造マトリックスや各種の指数で表される。さらに集団内の人間関係を直観的に理解できるように，各成員間の受容・拒否の関係を図示したものがソシオグラムである。

　図はその一例であるが，実はトピックス⑩でみる，互いに対立抗争している少年たちの二つの集団のものである。ここでは，各成員はアルファベットで表されており，成員間が相互選択関係は実線，一方選択関係は点線で表されている。さらに，被選択数の順に各成員は上下に配列されている。二つの集団の構造の差異に注目されたい。

(Sherif, 1956)

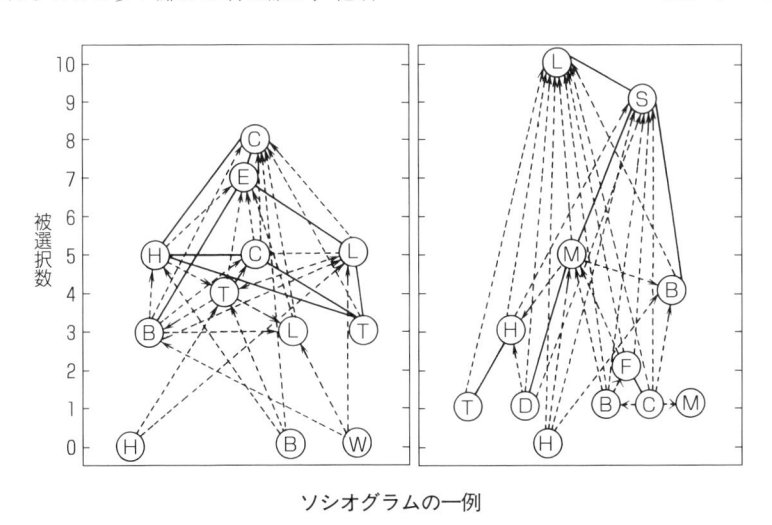

ソシオグラムの一例

してみよう。

§2 インフォーマル・グループの構造

　インフォーマル・グループにおいては，成員間の心理的な結びつきが優先される。そのような成員間の心理的結びつきのうえにたって，いわば暗黙の了解のもとに何らかの地位や役割の分化，すなわち集団の構造がみられる。たとえば，気の合った友人同士の集団を考えてみよう。そのなかでも，AとBは特に親密でいつも一緒にいるが，Cは他のグループとも付き合いがあり，それほど深入りはしていない。また，旅行や遊びの話がもち上がると，いつも中心となって計画を立案するのはDだが，Eはたいてい人まかせである等々。しかしまた，これらのはっきりとは表に出てこない暗黙裡の構造は，フォーマル・グループのそれとは異なり，流動的で絶えず変化する。この間まであれほど親密だった友人関係が，何かのきっかけで急に冷却してくるなどはめずらしい話でもない。

　こうしたインフォーマルな集団の構造を把握する手がかりを与えてくれるのが，モレノの開発にかかる**ソシオメトリー**である。モレノは，成員間の感情の流れに注目し，それが互いに引きつけ合うものなのか，反発し合うものなのか，あるいは流れそのものが欠けているかなどを調べることによって，成員間の心理的結びつきの構造を測定できる，と考えた。この測定は，グループ作業のような状況を設定し，誰と一緒になりたいか，あるいはなりたくないかを回答させることにより行われる。それによって，メンバー間の受容と拒否という側面での集団の構造が浮かび上がってくるのである。このような感情的な相互関係は，集団成員の行動とその結果に大きな影響を及ぼすことは，日常経験からも実証的研究からも示唆されるところである（トピックス⑳）。

　さて，ソシオメトリーが浮きぼりにする集団構造は，成員間の感情的関係を背景とした，中心的な成員と周辺的な成員の分化によるものである。しかし，インフォーマルな集団構造が形成される理由は，それだけではない。イン

トピックス 81

課題専門家と社会情緒専門家

《ベールスの組織的観察法による集団内行動の観察》

2〜7人の大学生の集団(延べ96集団)に人間関係についての事例を討論させ,それを観察した結果が図である。これは,ベールスが自分で考案した集団成員の行動の組織的観察のためのカテゴリー・システムを用いて行った結果である。このシステムにおいては,成員間のやりとりが図にみるような12のカテゴリーのいずれかに分類される。図に表されているグラフは,各カテゴリーの相対的発生頻度の平均である。図から,成員間の相互作用には,集団の目標達成に直接かかわるもの(カテゴリー4〜6)と同時に,成員間の良好な関係の維持に関するもの(カテゴリー1〜3)が多いことがわかる。

さらに,ベールスは,討議中に最も活動し,集団の目標達成に貢献した者は,他の成員から必ずしも好感をもたれておらず,むしろ活動の程度が第2位であった者が最も好意的評価を受ける傾向があることも示している。すなわち,前者が課題専門家であり,課題達成よりも集団維持に力ありと成員からみられたがゆえに好意的評価が集まったと考えられる後者が,社会情緒専門家である。

(Bales, 1955)

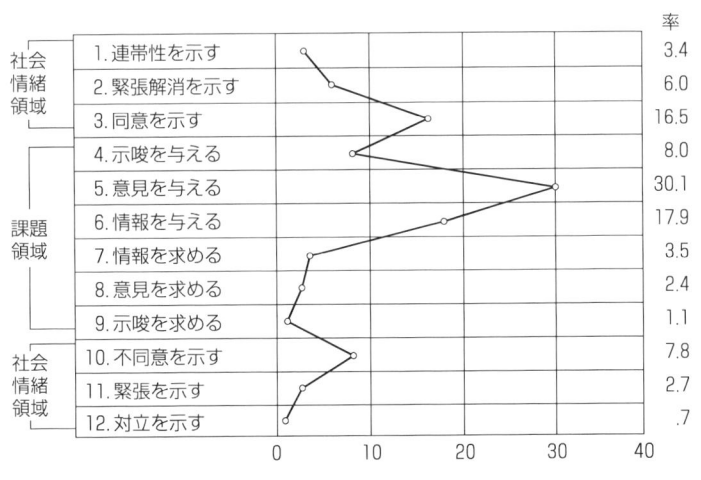

領域	カテゴリー	率
社会情緒領域	1. 連帯性を示す	3.4
	2. 緊張解消を示す	6.0
	3. 同意を示す	16.5
課題領域	4. 示唆を与える	8.0
	5. 意見を与える	30.1
	6. 情報を与える	17.9
	7. 情報を求める	3.5
	8. 意見を求める	2.4
	9. 示唆を求める	1.1
社会情緒領域	10. 不同意を示す	7.8
	11. 緊張を示す	2.7
	12. 対立を示す	.7

集団内成員の相互作用の型とその相対的頻度

フォーマル・グループは確かに明文化された目標はもたない。しかし，インフォーマル・グループにも暗黙の目標はあり，そこに課題指向上の構造化，役割分化も少なからずみられることになる。たとえば，仲間集団の「目標」の一つは，「親和欲求を満足させ，楽しい時を過ごす」ことでもあろうか。その暗黙の目標の具体化に向かって集団が活動するとき，自ずと一定の役割分化ができ上がってくる。前記した中心となって計画を立案する成員の出現などは，その例であろう。

特定の目標の達成のために集団が活動するようになったとき，その集団を**課題指向的集団**と称する。そして，そのような課題指向的集団において，もっぱら目標の効果的な達成のために計画を立て，成員相互の行動を調整・統合する役割を果たす課題的専門家と，成員間の心の交流や，連帯感・満足感の維持に意を用いる社会情緒的専門家とが分化してくることを，実験的に示したのがベールス（1955）である（トピックス㉛）。この二つの専門家あるいはリーダーは，家族集団における父親と母親の役割分化にしばしば擬せられる。

§3 フォーマル・グループの構造

会社や役所などに代表されるフォーマル・グループは，まさに，課題指向的集団である。インフォーマル・グループと異なって，役割分化は自然発生的に行われるのではなく，すでに述べたように，企画された組織図にあらかじめ定められているのである。したがって，そのなかでの成員の行動パターンも，組織図上の関係を反映したものとなる。たとえば，集団成員同士の互いの意志の伝達，すなわちコミュニケーションの流れも，その公的な役割分化の制約に従うことになる。役割構造の最上位にいる者と最下位にいる者とが中間の者をさしおいて直接意志を交換することは，少なくとも公式的には許されない。官庁の書類にはつきもののハンコの行列は，その間の事情を雄弁に物語っている。つまり，誰と誰とが意志を伝達し合えるかというコミュニケーション回路の構造は公的に決定されており，成員はそれに従って行動することが期待されてい

トピックス 82

集団内コミュニケーション構造の影響

≪リービットのコミュニケーション回路の実験≫

　リービットの行ったコミュニケーション回路の実験は，その後のこの種の研究の原型となったものである。その方法は以下のとおりである。5人からなる集団の各成員にカードが1枚渡されるが，そこには6種の符号（○△＊□＋◇）のうち5種のみが印刷されている。ただし，この5種は成員ごとに異なっている。6種のうち，5人全員に共通している符号が一つだけあるが，それをできるだけ短い時間で見つけ出すことが課題である。実験参加者の着席する円型の机は，壁で5等分に仕切られていて，各成員のもつ情報を紙片に書いて交換するわけであるが，その際，許された相手に対してのみ仕切りの連絡用窓が開くようになっている。そうすることによって**コミュニケーション回路**の構造が決定されるのである。構造の型は図に示す4種が作られた。

　各型ごとに，課題解決に要した時間，解決に至るまでに誤りがあった問題の数，および作業に対する各成員の満足感が測定された。結果は，表に示されているように，車輪型やY型は，課題解決の効率はよいが，全体として成員の満足感は低いことがわかる。特に周辺的な位置にいる成員において不満感が著しいことがわかった。

(Leavitt, 1951)

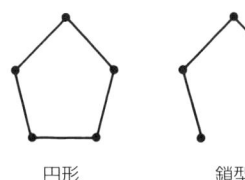

コミュニケーション回路の各型

円形　　　鎖型　　　Y型　　　車輪型

各型ごとの結果

	円　型	鎖　型	Y　型	車輪型
平均所要時間（秒）	50.4	53.2	35.4	32.0
集団の誤りの平均	3.4	1.8	0.8	1.2
作業への満足感	8.0	5.8	6.0	5.4

（各型4集団の結果の平均。各集団は15題の問題を行う。作業満足感は10段階評価の平均。数値が大きくなるほど満足大）

るのである。

　コミュニケーション回路の構造，ことにその構造のなかにあって各成員が占める位置が，成員の行動や集団全体の特性にどのような効果を及ぼすかに関して，多くの研究を生むきっかけをつくったのが，バーベラス（1950）やリービット（1951）の研究である（トピックス㉘）。彼らの行った今や古典的ともいうべき実験によれば，コミュニケーション回路が，必然的に中心的な成員と周辺的な成員との分化をもたらすような構造（車輪型やY型）のほうが，そうでない構造よりも，誤答の数・所要時間のいずれにおいても，課題達成の効率のよいことが示唆されている。反面，そのような構造をもつ集団においては，周辺的な位置を占める成員の満足感は逆に低いこともまた判明した。能率追求を旨とする組織のなかで周辺的位置にある成員は，もっぱら限られた情報しか与えられず命ぜられたことのみしか行えない。いわゆる歯車の一つとしての状態に置かれる。特にその典型例としての軍隊における集団全体の効率と，一兵卒の苦渋とを対比的に考えてみても，周辺的位置の人の集団に対する不満足は，十分理解できるであろう。

　ところで，コミュニケーション回路に関する，その後行われた多くの類似の実験の結果を総合すると，次の点が指摘されている。リービットの得たそうした結果は，課題が単純で各成員のもっている情報を一箇所に集めれば解決しうる場合にのみ妥当する。しかし，情報を各成員が相互に交換し操作することにより，はじめて解決が可能になるような複雑な課題の場合には，円型や完全結合型（すべての成員相互間に回路があり，中心的・周辺的の位置の区分がない型。トピックス㉞）のほうが，課題解決の効率も成員の満足度もともに優れているのである。

　さて，フォーマル・グループには，必ず公式的なリーダーがおり，集団の目標を達成すべき役割を担っている。リーダーとリーダーシップについては12章で触れるので，ここでは，集団のコミュニケーション構造とリーダーシップとの関係はどのようなものであるかをみてみよう。

　リーダーの果たすべき機能には，**課題遂行機能**（P機能）と**人間関係維持機**

トピックス 83

リーダーの目標達成機能と集団維持機能

≪三隅のPM理論≫

　三隅は，集団の目標に向けてメンバーの活動を統制し方向づける課題遂行機能（P機能）と，集団としてのまとまりを保ちその存続を図るべく働きかけを行う人間関係維持機能（M機能）の，それぞれが強いか弱いかによって組織集団のリーダーシップは，四つの型に分けられるとした。

　現実の組織集団に照らしてその違いをみてみよう。まず，最も悪いタイプのリーダーは，いずれの機能も果たしていないpm型（スモール・ピーエム型）である。部下に対して無関心，信頼もせず（M機能の欠如），また明確な目標を提示して積極的に仕事を委ねることもしない（P機能の欠如），といったタイプである。このようなリーダーのもとでは，集団の活動は停滞し，成果をあげることなど望むべくもない。

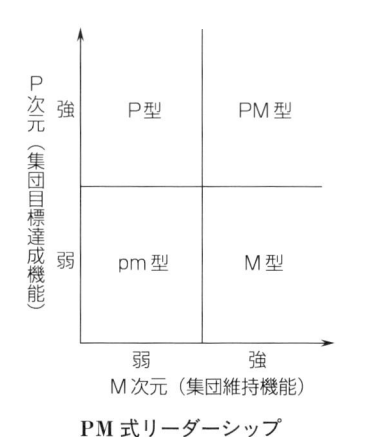

　次に，いずれかの機能のみが強いリーダーも十分とはいえない。すなわち，集団のまとまりや部下の心情には気を使うが，枠にはまったような仕事しかしないM型のリーダーや，逆に命令のみを与え部下の意見にはほとんど耳を貸さないといったP型のリーダーも，集団のもつ潜在的な力を十全に発揮させることはできない。M型は一見望ましいようにみえるが，組織集団は友人関係や学級集団と異なり，あくまで特定の活動のために形成されるものである。このため，M型のリーダーは部下から思いがけず軽視されるのである。一方，P型のリーダーのもとでは，権限はすべてリーダーに集中するため，成員個々の自発的活動は抑えられ，全体的にリーダーに対する依存度のみが増す，という結果に陥りやすい。

　さて，理想的なリーダーシップとは，集団の維持と目標達成のいずれをも配慮したPM型（ラージ・ピーエム型）である。PM型リーダーとは，仕事の面では，部下のそれぞれに明確な目標を示し，責任を賦与することで積極的に活動への意欲を高める一方，組織の現状的確に把握し，他人の意見や心情にも十分関心を払うリーダーである。

（三隅，1966）

	弱	強
強	P型	PM型
弱	pm型	M型

P次元（集団目標達成機能）／M次元（集団維持機能）

PM式リーダーシップ

能（M機能）とがある。この二つは，前出の課題的専門家と社会情緒的専門家にそれぞれ対応することになる。さて，課題達成の能率は高いが，中心的ではない成員の間に不満の高まりやすいコミュニケーション構造をもつ集団におけるリーダーシップは，三隅のPM理論（トピックス83）に沿って考えてみると，次のいずれが適しているであろうか。すなわち，成員の不満に対応すべく，M型のリーダーシップが適しているのであろうか。あるいはまた，本来その集団のもっている効率的な課題達成という構造特性と合致するゆえに，P型のほうが適しているのであろうか。狩野（1970）は，コミュニケーション回路の構造で対照的な位置にある，車輪型と完全結合型とを取り上げ，それとリーダーシップの型としてPM，P，Mの3型とを組み合わせた合計6種の集団において，いずれが課題達成の効率が高いか，また成員の満足度はどのようであるかを検討している（トピックス84）。それによれば，課題解決に要する時間は，全般に，完全結合型のほうが車輪型よりも所要時間は短く，能率の点で優れている。これは，この実験で用いられた課題が，リービットが用いたものよりもある程度困難なものであるためといえよう。リーダーシップの型に関しては，車輪型ではP型のリーダーシップ，完全結合型ではPM型およびM型が最も効果的であった。また，集団成員の満足度については，コミュニケーション構造の如何にかかわらず，P型が低くなっている。結論として，集団目標達成の効率という点に関しては，集団のコミュニケーション回路の構造とリーダーシップの型とが，一致しているのが有効であることが示唆されたのであった。

| トピックス 84 |

コミュニケーション構造とリーダーシップ特性

≪狩野の PM と集団構造の実験≫

狩野は，女子大学生の5人集団を形成し，コミュニケーション回路の構造として車輪型と完全結合型を形成した。課題解決に関連するメッセージの交換は，トピックス㉒の場合と同じく，メモ用紙を用いた筆談による。ただし，両型とも図の白丸の位置を占める者がリーダーとして指名され，口頭でPM型・P型・M型いずれかのリーダーシップ行動を行った。もちろん，実験参加者たちは各型のリーダーシップ行動が演ぜられるよう，事前に訓練が行われている。

課題は「漢字構成ゲーム」である。これは，5人の集団の各成員が，漢字の「ヘン」と「ツクリ」をそれぞれ1個ずつ持って，成員間でそれらを交換し合って正しい漢字5個を作り出すというものである。一例を示すと右図のようなもので，成員B・C・Dについては，いくつかの解答の可能性があるが，集団全体として全員が正解に至るためには，それらのうち正解は一つしかありえない。したがって，この課題はトピックス㉒で用いられたものに比べてかなり困難なものであるといえる。

結果は，全員正解に達するのに要した時間は，完全結合型ではPM型，M型，P型の順で，また車輪型ではP型，M型，PM型の順で短く，作業の満足感についてはいずれの回路においてもPM型の場合が高い値を示している。

(狩野, 1970)

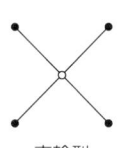

車輪型　　完全結合型
(○印がリーダー)

回路の型とリーダーの位置

	〔与える情報〕		〔可能な組み合せと正解(太字)〕
成員	A：イ──殳	成員	A：**位**
	B：氵──川		B：**没泣**
	C：扌──己		C：**折投**
	D：言──斤		D：**訓設記**
	E：糸──立		E：**紀**

漢字構成課題

10章　集団の形成と集団機能

§1　集団の形成と集団の魅力

1．集団の形成過程

　集団の形成過程は，フォーマル・グループとインフォーマル・グループではまったく異なる。会社や学校のようなフォーマル・グループでは，集団の目標や構造はあらかじめ決められており，それに合わせて計画的に人が配置される。

　私たちはこのように，組織的に割り当てられたクラスや職場で生活しているわけだが，そのなかで気の合った者同士が集まるようになる。たまたま一緒にお茶を飲んだり，仕事をしたことがきっかけとなり，私的な場面でも一緒に行動するようになるのである。はじめのうちは，誰がリーダーというわけでもなく，組織的な活動をするわけでもない。そのうちに，「まとめ役がいたほうがいい」といったことから，徐々に構造化していく。こうして，一つのまとまった仲間集団，つまりインフォーマル・グループが形成されるのである。インフォーマル・グループは一般に，次のような過程を経てつくられていく。①お互い同士の探り合い，②お互いの心理的融和，③集団目標の設定，④集団規範の成立，⑤「われわれ意識」（集団一体感）の増大，⑥構造化（地位や役割の分化）。

2．集団の魅力

　自分が属している集団の人間関係に，不満や悩みをもつ人は多い。にもかかわらず，たいていの人がさまざまな集団に属していることを考えると，集団に

トピックス 85

あなたは大学生，それとも女性，それとも日本人？

≪個人的アイデンティティと社会的アイデンティティ≫

　私たちは自分がどんな人かを話すときに，「心配性」や「ロック好き」といった個人的な情報をあげることもあれば，「○○大学の学生」や「日本人」といった所属する集団や社会的カテゴリー（国家，人種，性別，職業など）を示すこともある。前者のような個人としての自分の特徴を，個人的アイデンティティといい，後者のような所属集団のメンバーとしての自分の特徴を，社会的アイデンティティという。どちらのアイデンティティをより強く意識するかは，その人が置かれている社会的状況に応じて変化する。個人的アイデンティティがより強く意識されるときには，自分自身について他者とは異なるユニークな存在としてとらえ，個人として行動する。一方，社会的アイデンティティがより強く意識されるときには，自分が所属していると認識している集団（内集団）と，自分が所属していない集団（外集団）とを区別して対比させ，内集団に対して肯定的に評価するような行動をする。社会的アイデンティティを強く意識すると，内集団への高い評価と好意的な態度（内集団びいき）が生まれ，同時に，外集団を相対的に低く位置づけ，差別的な態度をとる結果をもたらす。

　どのレベルの社会的アイデンティティをもつか（たとえば，「△△学部生」か「○○大学生」か「日本人」か）は，自分と周囲の人との類似性をもとに，自分の周りにどのように境界をつくれば，境界の内側が，境界の外側よりもよりまとまりがよく（境界内の差違が小さく）なるかを検討して決定される（自己カテゴリー化理論）。

(Turner, 1987)

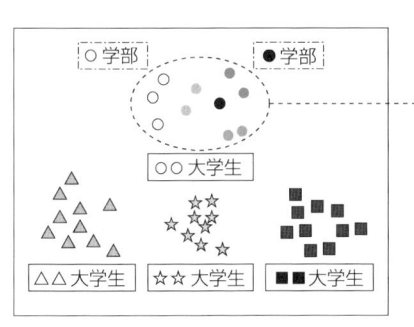

内集団成員の類似性が最大化し，外集団成員との差違が最大化したとき

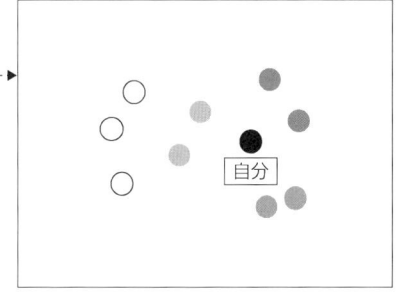

自己(●)と内集団成員との間に知覚される差違が最大化したとき＝個人的アイデンティティが顕在化したとき

自己カテゴリー化の例

は，それらをもって余りある魅力があると考えられる。では，私たちを集団に参加させ，多少いやなことがあっても引き止めておく，集団の魅力とは何であろうか。カートライトとザンダー（1968）は，集団の魅力の源泉として次のものをあげている。

⑴　集団それ自体に魅力を感じている場合
①集団の行う活動それ自体に魅力を感じている場合
②集団が掲げる目標に魅力を感じている場合
③集団生活での人間関係に魅力を感じている場合
⑵　個人に集団とは別の目標があり，その目的を達成するための充足手段としてその集団に魅力を感じている場合

私たちは，これらの魅力ゆえに，現在の集団にとどまったり，新しい集団に参加したりするのである。

3．集団の一員となること

ターナー（1987）の**社会的アイデンティティ理論**は，集団の一員になると，人の心理過程は質的に変化すると主張する。そして，これは人の自己定義の基盤が変化するためであるとして，個人的アイデンティティと社会的アイデンティティを区別する。**個人的アイデンティティ**は個人としての特性であり，**社会的アイデンティティ**は所属集団から規定される特性である。

この区分は，社会的相互作用には，人と人が個人として接する場合と，集団の一員として接する場合の，二つが存在するととらえるものである。そのどちらが優勢となるかは集団条件に依存する。すなわち，相互作用の場面に集団間関係が関与しないときは個人的アイデンティティが優勢となり，個人の特性が，たとえば態度などが行動を規定する。個人特性である態度の類似性は，個人的な接触場面では他者との関係を規定する重要な要因となる（トピックス(85)）。

しかし，集団間関係が強く関与するときには，社会的アイデンティティが優

トピックス 86

北アイルランドにおける人びとの自己定義

≪ケーンズとマーサーの社会的アイデンティティの研究≫

北アイルランドでは300年来，英国からの分離独立とアイルランドとの統合を求める人びとと，英国の統治の継続を求める人びととの鋭い対立が続いてきた。宗教的には，前者はカトリック，後者はプロテスタントに属する。つまり，「プロテスタント/カトリック」は，単なる宗派の違いではなく，さまざまな政治的社会的立場の違いと結びついているのである。

ケーンズとマーサーは，北アイルランドの大学のオープン・ユニバーシティーに参加した991人の高校生に，質問紙を配布した。質問紙には18個の二極形容詞が記されており，二つのうちのどちらが自分を表すかを記入するように求められた。このうち9個は社会的アイデンティティを表し，これにどう答えるかを知ることが目的である。

結果をみると，「プロテスタント/カトリック」と強く結びつくもの，結びつかないものに分かれた。たとえば，性別は当然連動していない（どちらの参加者も6割が女性であったことがわかる）。しかし，政治的立場や民族的自己定義は，「プロテスタント/カトリック」のカテゴリーと密接に結びついていた。つまり，プロテスタントであることは，王国派で，統一主義で，自分をアングロサクソン人と見なすことであるのに対し，カトリックであることは，共和派で，民族主義で，自分をケルト人と見なすことなのである。さらに，回答者の15%は，「プロテスタント/カトリック」が9個の社会的カテゴリーのなかで，自己を定義する最も重要なカテゴリーであると見なしていた。

民族紛争のような激しい集団間対立が存在するところでは，人びとは，対立する集団属性によって社会のなかでの自分の立場を定義するという，顕著な傾向が存在する。どちらの集団に属していても，この点に大きな違いはないのである。

(Cairns & Mercer, 1984)

「プロテスタント/カトリック」と他の社会的カテゴリーの結びつき

プロテスタント		カトリック	
王国派	92.9%	共和派	95.7%
統一主義	82.4%	民族主義	89.5%
アングロサクソン	65.7%	ケルト	87.3%
女性	58.7%	男性	41.9%

(プロテスタントで共和派と答えた人は7.1%，カトリックで王国派と答えた人は4.3%となる)

勢となり，相手がどの集団に属するかが重要になる。すなわち，内集団か外集団か，敵か味方かという視点で，自分と相手を認知するのである。この場合，個人の特性は行動の規定因とならない。仮に，対立する集団に属する者同士が私的な領域で意見や態度が一致したとしても，対立的な行動をとるのである。つまり，人びとは場面に応じて，同じ相手に対しても異なるアイデンティティを採用し，違った行動をとるのである。

　このような心理過程の変化を要約すると，第一に，個人の自尊心が内集団の盛衰と結びつくようになる。それゆえ，人は自尊心を維持するために，内集団を肯定的に評価しようとする。第二に，内集団のメンバーのほうが，外集団のメンバーよりも情報源として重要になる。すなわち，意見や判断の拠り所となる。第三に，自己ステレオタイプが起こる。たとえば，男性はいかにあるべきかという社会的に共有された理解が自己知覚を支配し，行動を規定するようになる。通常ステレオタイプは，他者，特に他集団の成員に対して適用される概念である。しかし，内集団のメンバーや自分自身にも適用されるのである。たとえば，ある人が自分を「(××人に対する)日本人，(男に対する)女」などのカテゴリーでとらえるとき，その人は自分自身の特徴を所属集団の属性と結びつけ，既存のステレオタイプによって規定しているのである。

　実際，人の自己概念（自分がどのような人間であるかという理解）は，自分が所属する集団と分かちがたく結びついている。このことは，カーンとマックパートランド（1954）が考案した自己定義を確認する質問紙で確認できる。この質問紙は，「私は誰でしょう」という質問と，自由記入の20個の回答欄が用意されているだけである。回答者はそこに一つずつ，自分に当てはまると考えるものを記入する。その結果，ほとんどの回答者が少なくとも一つ以上の集団属性に言及し，半数は10以上言及することが確認された。その内容は，「私は××の学生です」といった準拠集団から，「私は娘です」といった社会的役割まで多岐にわたる。

　この質問紙でどのような集団が言及されるかは，回答時の集団条件に左右される。社会背景として，激しい集団間対立が存在するところでは，たいてい人

トピックス 87

相互作用による集団規範の形成

≪シェリフの光点による集団規範の形成実験≫

　集団の規範はどのようにしてつくられていくのか——この問題を実験的に最初に取り上げたのは，シェリフの古典的な集団規範の研究である。

　真っ暗な中で小さな光点を凝視すると，光点は実際には動いていないにもかかわらず，やがて動いて見えてくる。これは自動運動視現象と呼ばれる。シェリフはこれを利用し，実験参加者を真っ暗な小部屋に導き，光点を提示し，それが動いた距離を判断するように求めた。

　まず，実験参加者一人で何回も判断させる。最初のうちかなり変動幅が大きい。しかし，回数を重ねていくうちに，次第に一定の値を中心に安定していった。ただし，その値は実験参加者ごとに異なる。これは，距離を判断するための手がかりが何も存在しない場合，自分の述べた回答が次回の判断の手がかりとなり，結果として，個人ごとに一定の判断枠組みが成立していくためである。

　次いで，こうして個人の判断枠組みが確立した数人を集めて，順番に判断を求めた。この集団場面では，最初のうち，各自がそれまでと同じように個人の枠組みに基づいて回答するため，判断に食い違いがみられた。しかし，その後回数を重ねていくと，各自の判断値は次第に一致し，全員が同じような距離を報告するようになった。このことは，各自が以前にもっていた個人の判断枠組みを捨て，共通の判断枠組みを採用したことを意味する。

　この実験は，集団の成員があいまいな事態に直面すると，それを理解し，適切に対処するために共通の判断枠組み（すなわち集団規範）を形成すること，また各成員の対応はこの新たな規範に基づき行われることを示しているのである。

（Sherif, 1935）

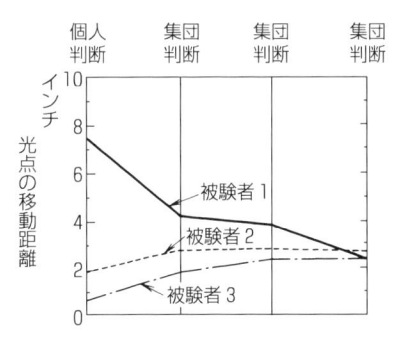

シェリフの集団規範成立過程の実験結果の一例

は自分が属している集団を含めた自己定義を行うのである（トピックス㊸）。

§2　集団規範の形成と維持

1．集団規範の形成と圧力

　集団では，明確な取り決めはなくても，すべきことやしてはならないことが暗黙のうちに了解されている。集団固有の規範や，社会や文化の一般的な規範である。たとえば，年長者や先輩に対して敬語を使うことは，わが国においては社会生活を行ううえで守るべき一般的な規範と見なされている。シェリフ(1935)は，集団内の相互作用から共通の判断枠組みが形成されることを示し，集団や社会の規範はこうした過程を経て成立すると主張している（トピックス㊹）。

　ひとたび規範が成立すると，成員の行動を規制することになる。レヴィン(1951)はこのことを，地域社会における食生活の改善という実践活動を通して明らかにしている。実験では，主婦に食生活を変えさせるための二つの方式が比較された。一つは専門の講師がその重要性を講演する講義方式で，もう一つは集まった主婦が集団討議を行いそこで決議する集団決定方式である。この2週間後と4週間後に，調査員が各家庭を回って，実際に食生活を変えたかどうかを質問した。その結果，実際に食生活を変えた人たちは講議方式ではやっと半数であるのに，集団決定方式ではほとんどの人が実行していたことがわかった（図10-1参照）。これは，集団決定により新しい集団規範が形成され，決定に参加した人たちがその規範に従って行動したことを示している。

　また，ニューカム(1950)は，進歩的な女子大学で学んだ学生が，入学当初は伝統的な価値観をもっていたにもかかわらず，卒業時には進歩的な価値観をもつようになることを明らかにしている。ただし，卒業時でも伝統的な価値観を変えないままの学生もいた。その原因を詳しく検討すると，この学生たちは心理的準拠集団を大学や友人ではなく，家族に置いていたことがわかった。つまり，進歩的な価値観を受け入れていった学生たちは，準拠集団を家族から大

トピックス 88

集団状況による集団規範の変化

≪佐々木の女子学生の門限の規範移行研究≫

　集団規範は成員にどう認知されているか。佐々木は，女子寮の門限に関する集団規範を取り上げ，その変動について検討している。研究の対象は，全寮制の看護学校（3年間で終了）である。寮には門限（平日は午後9時）があり，門限を破った場合の罰則が3段階にわたって決められている。

　このフォーマルな規則がどう理解されているかを測定するために，寮生は「もし，誰かが次のような時刻に帰ってきたら，クラスの大多数はどの罰を与えるべきだと思っているか」を尋ねられた。具体的には，帰寮時間について9時15分，9時30分などの9種類を設定し，それぞれの場合に，先に述べた3段階の罰則

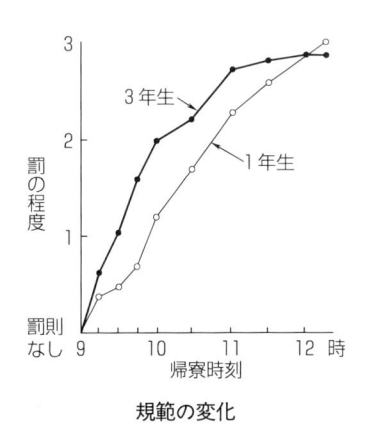

と「罰しない」を加えたうちのどれが適当かを判断させた。これによって確認される人びとの合意，すなわちインフォーマルな規範が，フォーマルな規則の運用を実際に規定しているのである。

　その結果をみると（図を参照），まず帰寮時間が遅れるほど罰則が重くなるのは，各学年とも一致していた。しかし，罰則の適用の仕方には違いがみられる。1年生は他に比べて寛容であり，軽い罰を与える傾向があった。2年生と3年生はほぼ等しい（図には3年生のみ表示）。しかし，自分自身の意見としてどの罰が適当と思うかについて調べると，両者は異なっていた。2年生では自分の意見とクラスの意見がほぼ一致していたのに対し，3年生では食い違いが大きくなったのである。つまり，2年生のとき全員で一致していた意見が，多様化したのである。

　このような学年間の違いは集団の置かれた状況の変化と密接に対応している。すなわち，1年生は集団の形成期にあたり，2年生は最も安定した状態にある。3年生になると，成員の集団外部への関心と外部からの影響がともに強まり，集団としての安定度が低下するのである。

規範の変化

(佐々木, 1969)

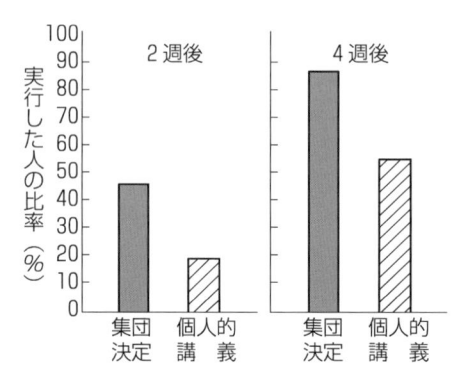

図10-1 集団決定と講義との効果の比較：内容は乳児に肝油を与えること (Lewin, 1951)

学に移し，その規範を取り入れたといえるのである。さらに，その後のニューカムら（1967）の追跡調査の結果，進歩的な価値観へと態度を変えた学生は25年後も，その態度を維持していたことが確認された。つまり，大学時に起こった変化は，決して一時的な変化ではなかったのである。

社会的アイデンティティ理論は，人がこのように集団規範に従うのは，規範の内容が正しいからでも，規範に従うことが直接何らかの利益と結びつくからでもない，自分自身をその集団の一員であると認知し，定義するためであると主張する。つまり，社会的アイデンティティが優勢な状況下では，人びとは自ら進んで集団の規範を頼りに行動するのである。

2．組織集団における規則と規範の関係

では，集団規範は，どのようにして行動を規制しているのであろうか。規範の場合，法や規則と異なり，罰則の内容が明示されてはいない。しかし，規範を逸脱した者に対しては，何らかの制裁が課されるのが普通である。実際，どのような規範も制裁と切り離して考えることはできない。そのなかでも，他の成員による批判や拒否が重要となる。たとえば，逸脱者を分け隔てすることは，その場限りの明確な罰則よりもしばしば強力に作用する。仲間が非難する

トピックス 89

集団による意思決定過程の障害

≪ジャニスの集団思考理論≫

　ジャニスは，合衆国の過去の政策決定に関する活動記録や公文書の報告を分析し，現実の政策集団のなかで意思決定がどのように行われるかを検討した。

　彼が興味を抱いたのは，誤った政策決定が行われたと考えられる場合である。たとえば，ケネディ大統領によるキューバのピッグス湾への上陸強行である。大統領をはじめとして，そのスタッフたちは決して愚かな人びとではない。そのような賢明な人たちが，なぜ愚かしい計画を立て，決定を下したのか。これがジャニスの抱いた疑問である。

　そこで，誤ったと思われる政策決定について他のいくつかの事例，たとえば，トルーマン大統領による北朝鮮への進攻などを調べると，いずれの場合も同じような集団過程が働いていることが見いだされた。

　すなわち，大統領とそのスタッフは，親密で外部と隔てられた集団を形成しがちである。そうした凝集性の高い集団では，成員は，集団から排除されたり仲間からの支持を失ったりすることを恐れるようになる。つまり，成員の主たる関心は，仲間うちでことを荒立てず，現在の好ましい対人関係を維持することに向けられるのである。この関心が暗黙の集団規範として成立してしまうと，課題の遂行や目標の達成にとって必要な現実検証能力，道徳的判断力，知的効率などが低下し，有効な問題解決ができなくなってしまう。誤った政策決定は，こうした集団過程に起因するというのである。

　ジャニスはこれを「集団思考」と名づけ，「人びとが凝集性の高い集団に深く関与するときに陥る思考形式であり，合意への努力が活動の選択肢を現実的に評価しようという動機を圧倒してしまうもの」と定義している。

　集団内の対立を抑制するための規範は，あくまでインフォーマルなものである。このため，成員が自覚しないまま，集団行動全体を支配してしまうのである。

　ジャニスは，集団思考の誤りを防ぐ方策として，①リーダーが反対意見の表明を促すこと，②リーダーが自分の意向を明らかにしないこと，③複数の集団に独自に同じ問題を考えさせることの三つをあげている。これらは，結局のところ，重要な政策決定を行う集団において，リーダーの行動が非常に重要であることを示しているといえよう。

(Janis, 1972；1982)

のではないかと予想すること自体，制裁と同様の規制力をもつ。さらに，十分内面化された規範では，逸脱に対して良心の呵責といった一種の自己制裁のかたちさえとるのである。

　会社などの組織集団では，組織内活動を規制するさまざまな規則が存在する。しかし，それが現実にどう運用されるかは一様ではない。非常に厳格に履行される規則もあれば，ほとんど有名無実といっていいものもある。フォーマルな規則が実際に効力をもつためには，それがどのような機能をもち，またどの程度守られるべきかについて，成員が合意していることが必要である。現実に成員の行動を規定しているのは，このインフォーマルな規範であり，フォーマルな規則はそれを通じて機能しているのである。

　佐々木（1969）は，これらの点を具体的な集団状況のなかで明らかにしている。規範の強制力は，集団の成員が規則から外れた行動にどう対応するかを調べることで確認することができる。この方法で測定された集団規範は，集団の安定性や結束と密接にかかわるとともに，成員の置かれた状況によって変動するのである（トピックス⑱）。

3．人間関係に関する規範の影響

　集団にとって最も重要な規範は，目標活動と関係する規範である。そのなかに，集団内の人間関係にかかわる規範がある。成員の誰もが，目標活動の効力を高めるには内部の対立を避けたいと考える。対立が激しくなれば，集団の統一が脅かされかねないからである。それゆえ，どのような集団も，内部の対立を抑制する規範をもっている。

　しかしながら，集団内の人間関係への配慮が強くなると，肝心の目標活動を損ないかねない。ジャニスによる**集団思考**の研究は，この点に注目したものである（トピックス⑲）。集団内の関係を良好に保とうという成員の志向自体は何ら異様ではない。問題は，それがインフォーマルな規範となって，集団を支配してしまうことである。このような集団思考は，私たちの周囲にも見いだせるはずである。

トピックス 90

割り込まれたら怒る？

《ミルグラムによる行列の秩序の検討》

社会規範を守らない人がいた場合，人はどうするのであろうか。ミルグラムは，社会規範の代表事例として，待ち行列への割り込み実験を行っている。駅の切符販売窓口に並んでいる6人ほどの行列を実験対象とし，実験協力者（サクラ）が，「すみません。ここに入りたいのですが……」と言いながら，行列の前から3番目の後ろに割り込むという手続きをとった。誰かから注意を受けた場合，サクラはすぐにその場を離れるが，誰からも注意を受けなければ，1分間列にとどまることとした。

割り込みの人数や，割り込み場所の直後に並んでいる人（緩衝人物）の数を変化させ，行列に並ぶ人の反応を調べた。その結果，さまざまな反応がみられた。

拒絶行動としては，割り込み者の袖を引っ張ったり，突き飛ばしたりといった物理的な力を伴う行動が，全ケースの10.1％みられた。言語的な行動は，「一番後ろに回ってください」といった明確な拒絶や，「列になっているのですが」といった婉曲な拒絶がみられ，両者を合わせると全体の21.7％となった。非言語的な行動は，「睨みつけ」や「軽蔑した目つき」が14.7％みられた。

表は，以上の反応をすべて拒絶反応として分析した結果をまとめている。割り込み人数が1人の場合よりも2人の場合に，また，緩衝人物がいない場合に，より多くの拒絶反応がみられた。

(Milgramら，1986)

各条件における割り込み行為に対する拒絶率

条件	行列の数（試行数）	割り込み者の数	緩衝人物の数	拒絶数(％)
1.	22	1	0	54.0
2.	24	1	1	25.0
3.	20	1	2	5.0
4.	23	2	0	91.3
5.	20	2	1	25.0
6.	20	2	2	30.0

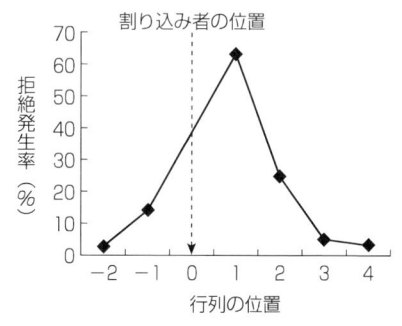

行列のなかの人の位置別にみた割り込み者への拒絶発生率

11章 集団への同調と反発

　集団が新しく形成されていく場合,集団の規範は,前述の規範の成立のところでみたように,成員同士が相互に影響し合うことでつくりあげられていく。たとえば,学校でクラス変えが行われたり新入生が4月に入学するときに,見知らぬ同士が集まってきて,友人になり集団を形成していくような場合がこのケースである。ここでは,少なからず自分の意見が反映されて規範づくりがなされるので,集団の規準と本人たちの意見との間にそうズレはないであろう。

　しかし,現実の社会生活においてある集団の成員になるときは,このようなケースはむしろまれである。通常は,すでに長期間にわたり活動している集団に新人として入っていく場合が多い。新入社員として,新入生として,新入会員として入っていく場合である。このような場合,既存の集団や職場やサークルにはすでにその集団独自の規準があり,集団の各メンバーにより当然のこととして維持されている。そのような集団に新たに入っていく人は,その規準が本来その人のもっている意見や態度に合致すればよいが,そうでない場合は面くらったり,とまどったりしながら人間関係を形成していくことになる。

　このようなとき,私たちはどのような対人行動をとるであろうか。考えられるのは次の4通りである。

　　(1) その集団の規範に同調し,それを受け入れる。
　　(2) その集団の規範は無視し,独立的にふるまう。
　　(3) その集団の規範を変えるように働きかける。
　　(4) その集団から退去する。

トピックス 91

同調行動の実験への参加

≪アッシュの同調行動の実験≫

　アッシュの実験に参加すると思って，以下を読んでいただきたい。大学の心理学実験室で知覚実験の実験参加者の募集があり，参加したとする。実験室に着くと，もう他の人は集まって席に着いており，6番目の席に着くようにいわれる。その後1人来て，全部で7人で実験が始められる。

　実験者は，二つのカードを皆に見えるように前の机の上に置く。実験課題はきわめて簡単で，図のように2枚のカードのうち，1枚には線が3本，もう1枚のカードには線が1本だけ引いてある。この1本と同じ長さの線を先の3本の線のなかから選んで答える，という課題である。

　全員で行うので，実験者にわかるように一番の人から順番に声に出して答えるように，と言われる。そこで，6番目のあなたは前の5人が答えるのを待ってから答えることになる。まず1番目の人が答える。下に示した図の場合，答えは2なので多分，間違いなく1番目の人も2と言うであろう。2番目，3番目の人も2と答える。そしてあなたも2と答える。一巡すると，次のカードが出される。少し線の長さが短くてわかりにくいが，よく見ると標準線と同じものがわかる。1番目の人から順にそれを答える。ともかくあなたも答える。さて，3番目のカードが出される。答えは見てすぐわかる。1番目の人も当然そう答えると思っていたら，なんと違う答えをした。どうしてこんな問題で間違えるのだろう，とあなたは思うかもしれない。ところが，2番目の人も1番目の人と同じ答えである。「あれ！おかしいなぁ」とあなたは思うかもしれないが，3，4，5番目の人も同じ答えである。ちょっと不安になってくる。あなたの番である。1番目から5番目までの人，全員が同じ答えである。あなたは違う線が正解だと思っている。さて，あなたなら何と答えますか。考えてみてください。　(Asch, 1953)

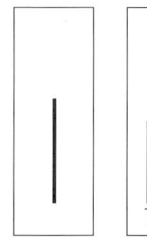

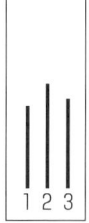

アッシュの同調行動の実験風景と提示刺激

そして多くの場合，まずは(1)の行動をとるのである。

§1　同調行動とその心理

ある集団に入ったとき，他のメンバーが皆同意見で自分だけが違っていると気づいた場合，私たちは何か落ち着かぬものである。それによって人間関係がギクシャクしかねない。何か圧力を感じる。そこで，ここはひとつ自分の意見を変え皆の意見に合わせようかという気持ちになる。これが同調の心理である。

アッシュ（1953）は，このような同調行動がどんな条件において生起するのかを，きわめて独創的な実験方法を用いて実証的に検討している。そして，アッシュの実験結果は，トピックス(91)，(92)に紹介してあるように，周りの多くの人たちが自分とは違った意見をもっているとわかったとき，同調行動が起こりやすいことを示している。

さて，このような同調行動はどのような心理から生じるのであろうか。キースラー（1969）は**同調の心理**として，私たちのもっている次のような四つの社会的欲求をあげている。

(1)　皆と一致して集団の目標を達成したいという欲求。
(2)　集団の他のメンバーから好かれたいという欲求。
(3)　現在進行している人間関係をそのまま維持したいという欲求。
(4)　間違った答えはしたくないという欲求。

これらの欲求の一つあるいはいくつかが働き，同調行動が生じる，と考えられる。

トピックス 92

集団の圧力に屈するとき

≪アッシュの同調行動の実験結果≫

　アッシュが考案した同調行動の実験状況の目的と手続きは，トピックス91のとおりでこれを18回繰り返す。この実験は表向きは知覚実験ということになっているが，本当の目的は同調行動の研究である。この実験の実験参加者は，7人となっているが，実は6番目に入ってきた人だけである。後の残りの人は，実験者側の協力者であり，実験参加者のふりをして実験に参加しているサクラである。そして，サクラは実験者に前もって指示された回のときには皆一致して間違った答えを作為的に行う。そのとき，本当の実験参加者がどのように答えるかを実験したわけである。

　実験の結果，集団が一致して間違った答えをした場合，実験参加者31名中の80％以上の人が，18回のうち1回以上その回答に引きずられ，いわば集団の圧力に屈して，間違った答えを回答している。また，このような集団実験状況でなければほとんど間違うことのないこの課題に対して，集団の回答に押されて，全体で3分の1以上の誤答（同調行動）が生じている。

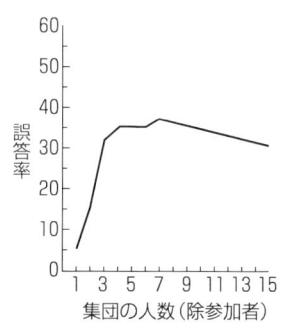

　また，約20％の人が一度も同調しなかった正解者（非同調者）であったが，後で面接してみると，「自分だけがいつも違う」との実験中の心理的葛藤や不安が大変なものであることが知れている。大勢に迎合しないことの難しさをうかがわせた。

　さて，アッシュは，この実験にいくつかのバリエーションを加え，同調行動をさらに検討している。たとえばこの実験では，サクラの圧力人数は5人であるが，それを1人から16人まで変えて実験している。その結果，他の集団成員が1人とか2人ではほとんど同調行動は起こらないが，3人や4人になると大きな同調を引き起こすことがわかった。そして，4人以上は人数の多さによって変わらず，あまり多いとかえって同調が減ってしまうような傾向さえみられることがわかった（図を参照）。

　また，サクラのうち1人だけは常に正しい答えを回答した場合，実験参加者の反応に著しい変化が起き，同調行動はほとんど起きないことがわかった。さらに，このサクラが正解ではなく，他の人たちとは違ったもう一つの間違いの回答をしても，同調行動は著しく低下することが知られている。このように，正誤にかかわりなく，皆と違った意見を言う人が集団のなかにいることは，集団の圧力を弱め，自分の正しいと思った意見を言いやすくすることになる。

(Asch, 1955)

アッシュの同調行動の実験結果

§2 本心からの同調？

　集団成員の一人が表向き，集団の大多数の意見や判断に同調したとしても，その人が心の内から賛成しているとは限らない。状況をみて表面上皆に合わせておいたほうがよいと判断し，同調しよう，という人も少なくない。しかしなかには，他の人の意見を聞き，なるほどと思い，本心から他の人たちの意見に同意して同調する人もいると考えられる。フェスティンガー（1950）は，この点に注目し，同調行動を，①私的承諾を伴った同調行動と，②私的承諾を伴わない同調行動とに区分している。また，ドイッチェとジェラード（1955）は，このような影響を**規範的・社会的影響**と**情報的・社会的影響**とに分けている。さらに，ケルマン（1961）も，同調行動を，トピックス㉔のように，屈従と同一化と内在化の三つのタイプに分類している。これらの同調行動は，その場においては，同調することにおいて変わりはなく表面上は同一であるが，心理的にはまったく異なっており，それ以後の行動や他のメンバーとの相互作用は違ったものになることが十分予想される。それゆえに，このような区分は，同調行動を考える場合，重要な区分だと思われる。特に日本のような「ホンネ」と「タテマエ」を使い分けている社会においては，同調行動とその心理（本心からなのかどうか）は人間関係を理解するうえで一つの重要なポイントとなるといえよう。

§3 非同調者への圧力

　ある人がサークルか職場に新人として入ったとしよう。ところが，すぐにその集団の規範はどうも自分には合わないとわかった。しかし，新人で集団の規範を変えようなどとはおこがましいので，ともかくあまり気にせず，独立的に行動したとする。このような場合，その人は間もなく集団から言い知れない圧力を感じることになろう。このような非同調者，特に新人など地位の低い非同

トピックス 93

意見はもっと大勢(たいせい)に流される

≪クラッチフィールドの同調行動の実験≫

　クラッチフィールドは，アッシュの同調行動実験を効率的に行うために，同調行動の集団実験装置を考案した。クラッチフィールド型実験装置と呼ばれるこの装置では，写真に示すように，実験参加者は各ブース（ついたて）によって区切られ，実験者との交信はすべてパネルとスイッチによって行われる。このため，実験者はパネル操作により，アッシュ型の実験のようにサクラを何人も使わなくても，全員が実験参加者でほぼ同様の実験が可能となる。

　このような効率的な実験装置を用いて，クラッチフィールドは，線分の知覚だけでなく図形や社会的意見や好みなどのいろんな材料や課題を提示し，課題の内容による同調性の違いや，個人の性格による同調性の相異を多面的に研究した。

　研究を通して，クラッチフィールドは，個人的好みの問題などは同調性は低いが，社会的な事象に対する意見や態度においては，線分知覚のような物理的にはっきり正誤がわかるものに比べ，実験参加者は著しく高い同調性を示すことを見いだした。そして，クラッチフィールドは，このことを危惧し，このような集団の圧力に屈しない独立性をもった人格の研究も行っていった。

クラッチフィールドの実験状況

(Crutchfield, 1955)

調者を集団の他のメンバーはほうっておくことはない。他の集団成員は，自分たちの規範に合致させようと，つまり自分たちと同じように行動させるようにいろいろな働きかけを行う。集団は，一つにまとまろうとし，集団の**凝集性**（まとまり）をより高めようとすることにより維持・発展されるので，そこではその凝集性を崩すような人に対しては，他の成員と斉一性を保つように多くの働きかけがなされることになる。

フェスティンガーは，小集団の**インフォーマルな社会的コミュニケーション**についての仮説のなかで，次のように述べている。集団の斉一性を図るための集団成員間のコミュニケーションは，①その課題について集団成員間のズレが大きいほど，②その課題が集団にとって重要な課題であるほど，③その集団の凝集性が強いほど，活発になる。そして，成員単位でみると，意見のズレが大きい相手に対して，また意見を変化させそうな人に対してコミュニケーションが向けられる，としている。

さらに，フェスティンガーはこれらを実験的に検討している。たとえば，フェスティンガーとシボー（1951）は，大学生の討議集団をつくり，フットボールの作戦とか非行少年への対策などを討議させ，成員間のコミュニケーションの内容や方向を調べた。その結果，コミュニケーションは，極端な意見を言う人に対して意見を変えさせるように集中的に集まることがわかった（図11-1参照）。

また，シャクター（1951）は，同様の討議集団のなかに，他のメンバーに最後まで譲らない人と，途中で他のメンバーの意見に同調する人をサクラ（実験協力者）として入れて，実験を行った。その結果，非同調者に対してしばらくコミュニケーションが集中するが，ある時点を過ぎると，そのような呼び戻しのコミュニケーションは急速に減少する。つまり，いくら言っても意見を変えないと，他の成員は働きかけるのをやめるのである。ただし，あきらめてその人を許容したかというと，そうではない。もう一度討議してもらうといったとき，その人とは一緒にしたくない，という答えが大多数であった。つまり，コミュニケーションが激減した時点で，その人を心理的に集団メンバーから排し

トピックス 94

同調の心理——本心からの同調？

《ケルマンの同調の三類型》

ケルマンは，同調行動を心理的要因から三つのタイプに分類し，それら各特質やその後の行動との関連を，次のように説明している。

(1) 屈従的同調

屈従的同調とは，他の人から好意的な反応や承認を得ようとして，あるいは不承認や排除を避けたいと望むことから，意見の内容には疑問をもちながらも，表向き同意する同調である。社会的報酬を得るための道具としてその意見を表明するという，いわば手段としての同調である。それゆえ，この同調は一定の報酬が得られると考えられたときにのみ生じることになる。これは私的承諾のない同調や規範的・社会的影響による同調と同一カテゴリーに入る。

(2) 内在化による同調

内在化による同調とは，他の人の意見や判断を聞き考えてみた結果，それに納得し，自らの価値体系のなかにそれを組み入れることが適当であると判断し，自らの意見をその意見と同じ方向に変えていくような，いわば心からの同調である。これは私的承諾を伴った同調や情報的・社会的影響による同調と同一のカテゴリーに入るといえよう。

(3) 同一化による同調

同一化による同調とは，非常に魅力的な集団や人に魅了されて，その集団や人と一緒にいるときにはその集団や人の判断や態度を自らのものとして取り入れて，それに沿った判断や意見を積極的に表明するような同調行動をいう。その集団や人と関係をもちたいと思うがゆえに，自らの価値体系とは別個の独立した体系が生じ，その集団や人と関係しているときには，期待に応えようと自ら進んでその集団や人に沿った意見を表明する。しかも，その時点ではそのように実際思い込んでいるという同調である。

(Kelman, 1961)

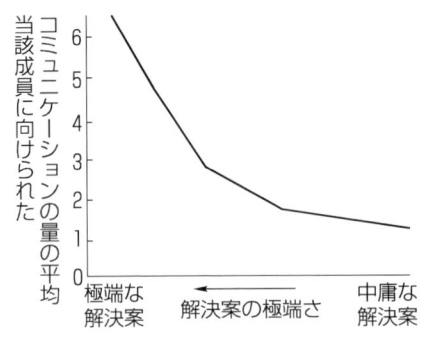

図11-1 集団討議において極端な意見を提唱している者と中庸な意見を提唱している者への他の集団成員からのコミュニケーションの量の比較 (Festinger & Thibaut, 1951)

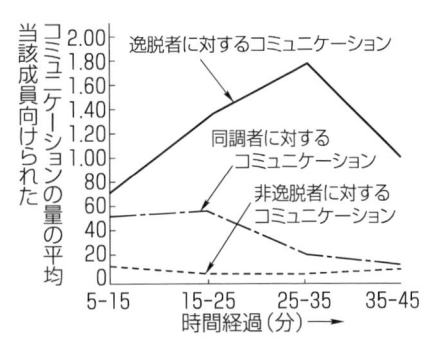

図11-2 集団標準から意見が逸脱している者と意見が途中で移行する同調者に向かう，集団内の他の成員からのコミュニケーションの量 (Schachter, 1951)

たといえるだろう（図11-2参照）。

§4 マイノリティ・インフルエンス

集団に新しく加入して，集団規範と自分の意見が違っていることがわかり，先輩や同僚から同調するよう働きかけがあったとき，それに従い同調しその規準を内面化していく人が多い。特に，日本のような一致団結して一糸乱れぬ集団をもってよしとするような社会においては，非同調者は住みにくい。多くは同調していくことになるであろう。

しかしなかには，頑固者・一徹者・変り者と言われながらも，自分の意見を断固として曲げないで主張し続ける人もいる。「誰がなんと言っても正しいものは正しい」と主張する人が，どんな集団にも一人や二人はいるものである。このような人が集団に影響を及ぼすことはないのであろうか。ガリレオもフロイトも，最初は世間から物笑いの対象にされた変り者であったはずである。

モスコヴィッチとフォーショ（1972）は，このような少数ではあるが一貫して一つの意見を主張した場合の多数者への影響を**マイノリティ・インフルエン**

トピックス 95

ガンコー徹——少数者の集団への影響

《モスコヴィッチらのマイノリティ・インフルエンスの実験》

　小集団影響の実験状況は集団実験で，4，5人の大学生が一つのグループを構成している。

　実験課題は，64枚の図形が次々と提示されるが，それらの図形は大きさ・色・形・線がそれぞれ違っているので，提示された図形がどのようなものであるかを答える実験である。答えは大きさ・色・形・線それぞれあるわけだが，そのうち一つだけを解答することになっている。答える順番は順序を順送りにしている。

　実験参加者は，各自適当に判断して，提示された図形の特性を「赤」とか「大きい」とか答えていく。

　実験操作として，ある集団のなかに，サクラの実験参加者（普通の大学生のような顔をしているが，実は実験の協力者）を1人入れる。その実験参加者は一貫して「色」の解答をし続ける。このような一人の一貫した解答者が，他の大勢の実験参加者の解答にどのような影響を及ぼすかをみるのが，この実験の目的である。

　実験の結果，集団のなかに，このような一貫した解答者がいると，集団の他の実験参加者らは，そういうサクラのいない集団の実験参加者に比べて，色の解答を多く答えることが明らかにされている。つまり，一貫した姿勢はたとえ少数者であっても他の集団メンバーに影響を及ぼすものであることが実証された。このような現象は，マイノリティ・インフルエンスと呼ばれ，その少数者を**積極的少数者**と呼んでいる。特に，規範が明確でない場合は，このような一貫した行動傾向が他のメンバーに大きな影響を与える，とされている。頑固者の一徹さが皆を変えていくこともある，という実験的証明である。

（Moscovici & Faucheux, 1972）

ス（少数者の影響）として検討し，トピックス㉟のような実験を行っている。モスコヴィッチは，多数者が多勢で確固とした主張をすると少数者に大きな影響を及ぼすことは確かであるが，同様に少数者でも確固とした主張をし続けると少なからぬ影響を他の成員に及ぼす，としている。そして，特に状況が不安定で見通しが立たないとき，社会的リアリティのよりどころがなかったりゆれ動いているときは，このような一貫した人の意見が集団を動かすことがある，としている。その確固とした主張が他の成員の視点を変換し，集団変革へのきっかけとなる，というのである。

12章 リーダーシップとフォロアーシップ

§1 リーダーシップの機能

　集団が目標に向かって活動する過程で，成員の機能は分化し，互いに仕事を分担していく。これらを調整し，統合することがリーダーシップの機能であり，その役割を担うのがリーダーである。リーダーは他の成員に比べて大きな勢力をもち，その判断や決定は，集団の方向やあり方，成員一人ひとりの行動に，少なからぬ影響を与える。

表 12-1　リーダーが果たすさまざまな役割

1. 集団活動を調整しそれに対して責任を負う，執行者の役割。
2. 目標達成の方法や手段などについて決定を下す，計画者の役割。
3. 集団の目標や政策自体について検討し決定する，政策決定者の役割。
4. 技術や情報の面で他の成員より優れているという意味での，エキスパートの役割。
5. 外部に対してその集団を代表する，代表者の役割。
6. 集団の構成の詳細を統制し，成員の配置などを指示する，集団内関係の統制者の役割。
7. 成員の活動いかんによって報酬を与えたり罰を課したりする，配分者の役割。ここには地位や名誉の配分も含まれる。
8. 集団内での紛争や対立を調停し判定を下す，裁定者の役割。
9. 成員にとって行動の手本となり，あるべき姿を具体的に示す，模範者の役割。
10. 集団の独自性を強調し一体感を醸成する，統合の象徴としての役割。
11. 成員はリーダーに従う代わりに決定や行動の責任をある程度解除される。これに伴う，責任の代行者の役割。
12. 成員の信念や価値・規範などの源泉となる，集団におけるイデオロギーの供給者の役割。
13. 成員の情緒や感情の焦点となるという意味で，情緒面全般にかかわる父親的役割。
14. リーダーに対する成員の感情は尊敬や憧憬だけではない。目標が達成できず失望感を抱く集団で，リーダーは非難や攻撃の的となる，スケープ・ゴートの役割。

リーダーシップ機能とは，具体的にどのような内容をもつのであろうか。クレッチら（1962）は，リーダーには表 12-1 に示したような 14 の役割があると述べている。もちろん，すべてのリーダーが，これらすべての役割や機能を完璧に果たすように要求されるわけではない。どの役割が重要であるか，またどう履行されるべきかは，それぞれの集団や状況によって異なるのである。

§2　望ましいリーダーシップのあり方

リーダーの行動スタイルは，集団にさまざまな影響を与える。それゆえ，集団にとってどのようなリーダーが望ましいかという問題は，これまでさまざまな視点から研究されてきた。

レヴィンら（1939）は，実験場面のなかで，民主的リーダー，専制的リーダー，放任的リーダーの三つのタイプをつくり，集団活動の有効性や，成員個々の集団活動に対する動機や関心や満足などの点から，各リーダーシップの効果を比較した（トピックス(96)）。その結論は，さまざまな点で民主的なリーダーシップが優れているというものであった。

リーダーの果たすべき機能から，望ましいリーダーシップを示したものが，三隅（1966）である。クレッチら（1962）が示したように，リーダーに要求される役割が多岐にわたるとしても，集団目標に照らしたリーダーシップは，集団の運営と維持に集約される。三隅はこうした観点に立ち，理想的なリーダーシップとは何か，さらにどのようにしてそれを実現するかについて，**PM 理論**を提唱している（トピックス(83)）。よきリーダーとは，具体的な目標や政策を設定し，集団活動へ成員を組織すると同時に，集団内部の紛争や対立を調停し，その統一と維持に向けて働きかけを行う PM 型であるとしている。わが国において，PM 型のリーダーが集団活動の成果を高めることは，実験室の一時的集団だけでなく，現実のさまざまな組織集団においても，ほぼ一貫して確認されている。

フィードラー（1967，1976）は，望ましいリーダーのあり方は，リーダーの

トピックス 96

民主的リーダーシップが最も有効

≪レヴィンのリーダーシップの型の実験≫

　リーダーシップにかかわる主要な関心の一つは，どのようなタイプのリーダーが有効であり，また集団にとって望ましいか，というものである。この問題を最初に実験的な形で取り上げたのがレヴィンである。

　レヴィンらは，**専制的リーダー・民主的リーダー・放任的リーダー**のもとで，集団活動にそれぞれどのような特徴がみられるかを，詳しく観察した。

　対象は，10歳の少年各5人からなる集団であり，それぞれ大人のリーダーの下で工作などの課題に従事する。リーダーは，定められた型で集団を指導するように，あらかじめ訓練を受けていた（表を参照）。

　このようなリーダーのもとで，集団の示す特徴や成員間の相互作用が観察された。その結果，専制的なリーダーのもとでは，成員の示す敵意や攻撃は，民主的リーダーの場合に比べてはるかに多く，また攻撃を向ける対象として成員の一人をスケープゴートとする傾向がみられた。民主的リーダーの場合，この種の行動は生起せず，作業は質量ともに優れ，さらにリーダーが不在のときでも活動の積極性は保たれた。これらに対し，放任的リーダーのもとでは，仕事の能率は低下し，集団の統一は妨げられるという結果が示された。

(White & Lipitt ら, 1953)

リーダーシップの三つの型

	専　制　型	民　主　型	放　任　型
集団活動方針の決定	指導者がすべてのことを決定する。	集団の討議によって決定する。指導者はそれを補佐する。	指導者は関与せず，メンバーたちに自由にまかされる。
仕事の分担	どの仕事を誰がやるか，誰と誰とが一緒にやるかを，指導者が決定してメンバーに指示する。	メンバー間の合議によって決める。	指導者は一切関与しない。
仕事の見通し	指導者から仕事の段落ごとに次の段階に必要なことだけ知らされ，メンバーたちは全般的な見通しをもっていない。	初めに討議によって仕事の計画を立て，全員が仕事の見通し，予備知識を十分にもつ。	仕事の見通し，予備知識は，メンバーが指導者にたずねた場合にだけ与えられる。
メンバーの仕事に対する指導者の批評	メンバーの仕事に対する賞賛や批評は，個人的色彩が強い。	客観的に，事実に即して賞賛や批評がなされる。	指導者はメンバーから求められない限り，メンバーの仕事に口出ししない。

行動スタイルと，集団の特性や集団を取り巻く状況の両方に依存すると主張した（トピックス(97)）。つまり，二つの要因の間には交互作用が存在するというのである。実際，軍事組織と研究集団では，適切なリーダーシップのあり方は異なるであろう。

フィードラーはさらに，個人はそれぞれ自分に合ったリーダーシップのスタイルをもっており，それを知ることが必要であるとしている。これは質問紙で測定され，LPC 得点で表現される。**LPC** とは，Least Preferred Coworker の略であり，**最も苦手とする仕事仲間**と訳される（トピックス(98)）。

リーダーシップにおいて状況要因が重要であることは，コミュニケーション・ネットワークで中心に位置する者がリーダーになりやすいという知見とも一致する（トピックス(82)）。

§3　リーダーと成員の関係

集団の成員（フォロアー）は，リーダーの命令に服従するだけの従属者ではない。成員はリーダーに対して，こうあってほしいという要求や期待をもっている。一方，リーダーの側もこれに応えようとする。こうした過程を通して，成員も，リーダーに対して少なからぬ影響力をもつようになるのである。実際，リーダーは成員を無視して，勝手にふるまえるわけではない。たとえば，独断でこれまでの集団目標を破棄しようとしたら，リーダーとしての地位が危うくなるだけであろう。リーダーシップはあくまで，集団の伝統や成員の期待のうえに立たねばならないのである。このようにみるならば，リーダーシップの多様性は，成員の要求の多様性を反映した結果であるといえるのである。

それでは，リーダーは自由な行動をとれないのだろうか。ホランダー（1958）は**独自の信用**という概念を用いて，リーダーの自由裁量権の根拠と限界を説明している。この概念によって，統率者と改革者という，リーダーの矛盾した役割を理解することができる（トピックス(99)）。

成員からみたリーダーについて，クレッチらは次のようにまとめている。

トピックス 97

リーダーシップの効果は状況に依存する

≪フィードラーのリーダーシップの状況理論≫

　どのようなタイプのリーダーが最も有効なのか。この問題に対しリーダーシップの効果は，状況的諸要因に依存する，という観点からリーダーシップの理論化を試みたのが，フィードラーである。

　フィードラーはまず，リーダーシップの様式を次の二つに区分している。一つは課題志向型であり，統制力が強く，課題実行に積極的であり，対人関係の側面にはあまり注意を向けない。もう一つは対人関係志向型であり，成員に寛容で，統制や命令などの試みにはむしろ消極的で，その関心は成員の感情にあり，各自の満足を高めることを主眼としている。

　この二つの様式のいずれが有効であるかは状況いかんで決まる。その状況は，リーダーの勢力の使用が受け入れられる程度，言い換えれば，リーダーが影響を行使することの容易さによって分類されている。これには三つの次元が関係する。最も重要な次元はリーダーと成員の関係，つまり，成員がリーダーを好む程度である。第二の次元は課題の構造であり，課題遂行上の条件や手続きが明確かどうかにかかわる。第三の次元は，リーダーの地位に対して与えられている勢力の強さであり，これは成員に対する制裁力の強さである。

　フィードラーは，このような基準で多くの研究を整理した結果，以下のようにみている（図を参照）。課題志向的リーダーは，影響力の行使が非常に容易か，逆にまったく困難なときに有効となる。それは，前者の場合これ以上集団との関係に配慮することは余計なことであり，後者の場合ともかく状況を整理し秩序づけることが急務となるからである。これに対して，対人関係志向リーダーは中程度の影響力の発揮が可能な状況で効力をもつ。成員に対する配慮の姿勢が好意的に受け取られ，両者の関係をさらに円滑化していくうえで有利に働くのである。

(Fiedler, 1967)

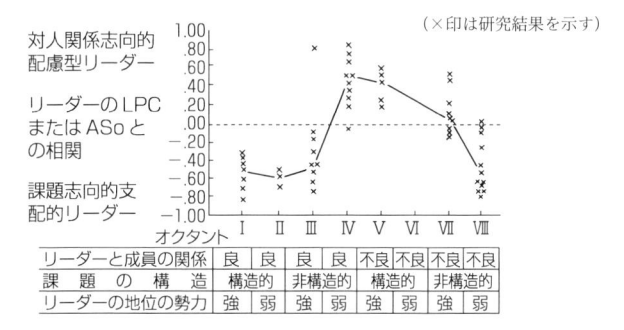

（×印は研究結果を示す）

オクタント	I	II	III	IV	V	VI	VII	VIII
リーダーと成員の関係	良	良	良	良	不良	不良	不良	不良
課題の構造	構造的		非構造的		構造的		非構造的	
リーダーの地位の勢力	強	弱	強	弱	強	弱	強	弱

フィードラーの集団・課題・事態の三次元とリーダーの型による集団効率の検討

リーダーは，集団の成員としての特徴をそなえた「われわれの一人」であり，また集団にとって中心となる価値や規範を体現した「われわれの代表者」であり，かつ力量や技能などの点で「われわれの最良者」であることが必要なのである。

§4 交換型リーダーシップと変革型リーダーシップ

人びとが抱くリーダー像は，単に集団の中心で指示や命令を発し，関係を調整するだけの人ではなく，集団をまとめあげ，成員を励まし，困難な目標に向かわせることのできる，より能動的な人であろう。このようなリーダーの特徴は，一般にカリスマ性と呼ばれる。

バス（1985）はこうした点に注目して，交換型リーダーシップと変革型リーダーシップを区別した。いずれも目標の達成をめざすが，成員から目標達成のための行動を引き出す過程が異なる。**交換型リーダーシップ**では，リーダーと成員は報酬の約束で結びついている。成員はそれぞれに欲求をもち，集団目標の達成に伴って得られる報酬によってそれを満たそうとする。このことが，リーダーに従おうとする動機となる。一方，リーダーは成員に対して目標を示し，目標活動を遂行することに対して報酬を約束する。リーダーは，一般にそうした権限を賦与されており，それが交換型リーダーの社会的影響の基盤となる。

これに対し，**変革型リーダーシップ**では，報酬への期待だけでなく，成員を活動の遂行そのものへと動機づける。すなわち，共通の目標のために，個人の利益を犠牲にすることもいとわずに活動するように鼓舞するのである。変革型リーダーとは，成員から普通期待される以上の力を引き出す人なのである。バスとアヴォリオ（1994）は，会社，学校，軍隊，政府機関など，さまざまな組織のなかで指導的な立場にある人びとに，自分の知っているなかで最も傑出したリーダーについて述べるように求め，その結果を整理して，変革型のリーダーの特徴を，表12-2に示したような四つにまとめた。

トピックス 98

あなたは苦手な仕事仲間をどう評価しますか？

≪フィードラーのLPC得点≫

「あなたがこれまで知り合った仕事仲間のうち，最も一緒に働きにくい相手を考えてください。現在一緒に働いている人でもよいし，過去に知った人でも結構です。その人は，最も嫌いな人というわけではありません。最も一緒に働きにくい人のことです。あなたが感じたとおりのことを，以下の16の項目に1～8までの段階で答えてください」。

尺度項目のうち「愉快な，友好的な，支援的，熱烈な，協力的，支持的，自信のある，有能な，開放的」は評定値を逆転させたうえで（評定値 x を $9-x$ とする），16尺度の合計点を求め，これをLPC得点とする。

フィードラーは当初，「最も好ましい相手」と「最も苦手な相手」の両方を測定し，その差に注目した。これは仮説された類似性得点（AS_o: Assumed Similarity between Opposites scores）と呼ばれる。ところが，AS_oと「最も苦手な相手」のみを測定したLPCは，非常に相関が高い（0.8～0.9）ことがわかった。「最も好ましい相手」は誰もが同じように肯定的に評価するため，AS_o は実際上，LPCで決まるのである。そこで，LPCを指標に用いるようになった。

LPC得点は，苦手な相手をどう評定するかをみるものである。苦手な相手は，一般に低い評価が与えられる（平均すると，LPC得点は58くらいである）。ただし，評価の与え方は人によって異なる。苦手な相手に相対的に高い評価を与える者（高LPC）は，苦手な相手と好ましい相手を似ている人間であると受け取っていることを示す。このような人は，人物に対する評価と仕事に対する評価を区別しているという意味で，関係志向が強いと考えられる。これに対し，低い評価を与える者（低LPC）は，課題志向が強いと考えられるのである。フィードラーによれば，求めたLPC得点が35以下であれば低LPC，66以上であれば高LPCに属する。

(Fiedler, 1967)

LPC尺度の項目

愉快な	1	2	3	4	5	6	7	8	不愉快な
友好的な	1	2	3	4	5	6	7	8	非友好的な
拒絶的	1	2	3	4	5	6	7	8	受容的
支援的	1	2	3	4	5	6	7	8	阻害的
熱烈な	1	2	3	4	5	6	7	8	熱がない
緊張した	1	2	3	4	5	6	7	8	リラックスした
隔たりがある	1	2	3	4	5	6	7	8	密接な
冷たい	1	2	3	4	5	6	7	8	暖かい
協力的	1	2	3	4	5	6	7	8	非協力的
支持的	1	2	3	4	5	6	7	8	敵対的
たいくつな	1	2	3	4	5	6	7	8	面白い
けんか好きな	1	2	3	4	5	6	7	8	仲のよい
自信のある	1	2	3	4	5	6	7	8	おどおどした
有能な	1	2	3	4	5	6	7	8	無能な
暗い	1	2	3	4	5	6	7	8	陽気な
開放的	1	2	3	4	5	6	7	8	閉鎖的

表12-2 変革型リーダーの四つの特徴

1. カリスマ	将来展望（ビジョン）をもつ。尊敬，信頼，信任を受ける。成員に強い一体感をもたせる。「強い使命感をもち，私たちに伝える」
2. 鼓舞	コミュニケーションのなかで，檄を飛ばし，希望と意気込みを高め，気持ちを高揚させる。「私たちの努力を集中させるために，象徴やイメージを使う」
3. 知的刺激	積極的に既存の価値や仮定の再考をうながす。想像力や知性を使うようながす。「私たちに古い問題を考え直させる」
4. 一人ひとりへの配慮	全成員に注意を払い，相談相手となり，成員個人が成長するために受け容れられ，理解でき，役に立つ意見を述べる。「必要なときは私を指導する」

　このうち，**カリスマ**は，リーダーが成員から賞賛や信頼を受け，同一視されるという事情を表している。こうしたことを可能にするものは，リーダーの地位に付随するものではなく，あくまでリーダー個人の資質に依存する。それゆえ，表12-2のカリスマは，「リーダー個人の影響力」とも表現される。実際，変革型リーダーシップでは，交換型リーダーシップよりも，リーダーの有能さに対する評価や，リーダーに対する成員の貢献度との間に強い相関がみられるのである。カリスマを特徴とするリーダーシップ・スタイルは，特定の組織にのみ存在するのではなく，さまざまな領域に共通する一般性をもっているのである。

　知的刺激や成員一人ひとりの配慮が示しているように，変革型リーダーシップは，成員に対し組織への貢献を求めるだけでなく，その成長をうながす。それゆえ，変革型リーダーシップの変革とは，組織の仕組みや慣行，雰囲気を変えていくという以上に，成員のあり方そのものを変えていくことを指しているのである。

トピックス 99

リーダーが比較的自由に活動できる根拠

≪ホランダーの独自の信用の理論≫

　リーダーは，規範を守り，集団を維持していくだけでなく，刻々と変化する周囲の状況に合わせて，役に立たなくなった規範や仕組みを変えていくことも要請される。このため，リーダーはときに，自ら進んで規範から逸脱する。

　日ごろ他のメンバーの逸脱行動を抑えているリーダーが，なぜ規範を無視できるだろうか。また，他の成員はなぜリーダーの逸脱を承認するのだろうか。

　ホランダーはまず，リーダーとして認められるには，それ以前に集団に対して十分な貢献をしていることが必要であると指摘する。そのうえで，集団に貢献するごとにその人に固有の**独自の信用**が与えられると考えた。つまり，集団の目標達成に寄与し，規範を遵守し，他の成員の要求や期待を満たすことで，それぞれの成員は一歩一歩信用を獲得していくのである。こうして信用が蓄積された者が，リーダーとして認められるのである。実際，新たに集団に加入して，ただちにリーダーであると自称しても，誰も認めてくれないであろう。

　ホランダーの考え方の興味深い点は，この独自の信用を，リーダーの示す逸脱行動と結びつけたことにある。つまり，リーダーが集団の規範に対して比較的自由でいられるのは，まさにそれまでに蓄えた信用のおかげだというのである。信用の蓄積がある限り，フォロアーはリーダーの自由な行動を承認する。ただし，リーダーが規範から外れたふるまいをするたびに，その信用は消費されていくことになる。そこで，リーダーは，集団にとって重要な規範を維持する働きを示したり，集団が円滑に活動できるように働きかけたりして集団に貢献し，目減りした信用を補給していかねばならないのである。

　以上のように，独自の信用という考え方は，リーダーのもつ矛盾した機能や行動の多様性を把握するものとして，注目されるのである。

(Hollander, 1958)

13章 偏見とステレオタイプ

§1 偏見とは

　私たちは自分の周囲にある諸々の事物を，すべて「ありのままに」とらえているとはいえない。むしろ，細かい相違を無視して十把一からげにみてしまうほうが普通である。つまり，一定の対象を認知するとき，個々に即して判断するのではなく，カテゴリー化する傾向をもっている。このような傾向によってある対象に対して極端に固定的・類型的に単純化されて形成された観念を，**ステレオタイプ**という。また，ステレオタイプ化された認知様式が，特定の集団あるいは集団に属する個人に対して適用された場合，これを**偏見**と称することが多い。

　たとえば，オールポート（1954）は，偏見を，「ある集団に属しているある人が，単にその集団に属しているからとか，それゆえにまたその集団のもっている嫌な性質をもっていると思われるとかいう理由だけで，その人に対して向けられる嫌悪の態度ないし敵意ある態度である」と定義している。他者に対するそのような認知・態度は，まさしく人間関係の疎外要因の一つである，といえよう。言い換えれば，偏見のない状態とは，ある集団の成員に対して反応したり評価したり認知したりするとき，集団を基準にして行うのではなく，個人として行うことである。そうしてはじめてこだわりや隔心のない人間関係が成立するといえよう。

　ここでは，「なぜそのような認知の様式あるいは態度が形成されるのか」という問題に焦点を絞って，偏見とステレオタイプについて考えてみる。先の定義にもみられるように，偏見は，一方では個人の認知様式・態度の問題である

トピックス 100

集団間の葛藤と偏見の発生

《シェリフの少年集団間葛藤の実験》

　偏見現象の背後には集団間の葛藤があって，葛藤が激しくなれば成員たちは互いに敵意・偏見をもち合い，逆に葛藤が弱まれば偏見もまた解消するに至ることは，シェリフの行った実験から示唆される。

　11，12歳の少年たちが参加した3週間にわたる夏期林間キャンプを舞台に，この実験が行われた。最初の1週間は，それぞれ約10人からなる二つの集団が形成される。最初は互いに面識のなかった少年たちの集団も，生活を共にするうちに，徐々に集団らしさ，つまり地位や役割の分化や規範の形成などがかもしだされるようになる。また，自分たちの集団のニックネームや旗も制定され，仲間意識はいやが上にも高まってくる。この期間中，二つの集団はいまだ互いに出会わない。次いで第2段階に入るが，ここで集団間の葛藤が実験的に導入される。具体的には，野球やサッカーのような対抗競技や競争を行わせ，勝者になることを強く推奨するのである。こうして各々の集団が互いに両立し得ない目標を追求し葛藤が生じていくにつれて，それぞれの集団の成員の相手の集団に対する見方は，著しく否定的になっていく。図の左側は，この期間中に「相手の集団の少年たちは"全員"ずるくてきたないと思う」と答えた少年の比率を示している。相手の集団の成員に対する過度に一般化された非好意的な態度が，ここにみられる（図中の1，2は各々の集団を示す）。

　第3段階に至り，二つの集団に共通する上位目標が導入され，葛藤の解消が図られる。上位目標とは，両集団が力を合わせない限り解決不能な深刻な事態の解決，たとえば故障した水タンクの修理などである。上位目標を設定せずに単に両集団の接触の機会を増すだけでは，かえって火に油を注ぐような結果にしかならなかったのに，こうすることにより，相手集団の成員に対する偏見は解消したのであった（図の右側）。

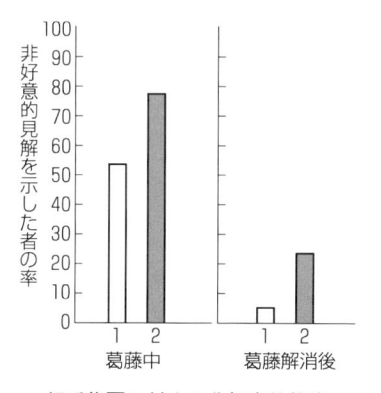

相手集団に対する非好意的態度

(Sherif, 1956)

と同時に，他方では集団成員性が重要な決定要因として介在している。すなわち，偏見は，認知者の属する集団（**内集団**）と相手の属する集団（**外集団**）にかかわる集団間現象という一面ももつ。したがって，一口に偏見形成の機制といっても，そこには社会・経済体制といったマクロなものから，個人の情報処理過程というミクロなものまで，さまざまな要因が複合して機能していると考えられる。

以下，それらのうち代表的なもののいくつかを考察してみよう。

§2 偏見形成の機制

偏見の集団的要因を特に重視し，それにより偏見の成立を説明しようとする考え方がある。これが集団間葛藤説である。この考え方によると，二つの集団の間に利害関係の対立や競争があって互いに葛藤状態にあるとき，それに伴って，各々の集団の成員は相手の集団の成員に対して非好意的な態度を形成する，とされる。

たとえば，米国においては，1890年代までは反日感情というものはほとんどみられなかったが，以後，日本からの移民が漸次増加し，ことに下層の白人との経済的対立が高まるにつれて，加速度的に日本人に対する非好意的な態度は増大したといわれる。現在でも，日米・日欧のいわゆる貿易摩擦が激しくなると，決まって「黄禍論」が欧米の一部で取沙汰されるなども，その一例といえよう。さらに，この説に従えば，黒人に対する白人の偏見や，女性に対する男性の偏見や，心身障害者に対する健常者の偏見もまた，それら二つの集団の間に何らかの利害の対立あるいは搾取関係があるのが根本原因である，ということになる。

このような集団間の葛藤がもたらす偏見，さらには葛藤が解消したときの偏見の低減を，実験的に示したのがシェリフ（1956）による研究である（トピックス⑩）。

偏見の原因を，個人の感情的側面や欲求・動機あるいは性格に求めること

トピックス 101

フラストレーションが高じると非好意的になる

≪ミラーとバゲルスキの欲求不満-偏見実験≫

　フラストレーション-攻撃仮説の立場では，フラストレーションにより引き起こされた攻撃衝動が外集団の成員に置き換えられて生まれたのが偏見である，と考えられている。これを実証してみせたのが，ミラーとバゲルスキによる第二次世界大戦前に行われた古典的実験である。

　入営中の若い米軍兵士が実験参加者である。上官に命ぜられて実験に参加した彼らのうち，半数はメキシコ人の印象を，残り半数は日本人の印象をそれぞれ回答させられる。これは，好意的なものと非好意的なものがそれぞれ11個ある形容詞のなかから，当てはまると思うものを選ぶことにより行われる。次いで，実験参加者ははなはだ困難でかつ興味の乏しいテストを受けることを求められる。そのテストは延々2時間も続くので，彼らが楽しみにしていた抽選会付きの映画に行くことができなくなってしまう。こうして，テストをうまくやり遂げたいとか映画に行きたいという目標を阻害された実験参加者は，フラストレーションを高める。最後に，初めメキシコ人の評価をした者は日本人の，日本人の評価をした者はメキシコ人の評価をすることが求められ，実験は終わる。

　結果は表に示すとおりである。メキシコ人と日本人に対する評価は，実質的な差はなかったので，一緒にして示してある。フラストレーション喚起後に行われた調査では，両者に対する印象は，喚起前よりも好意的なものが減り，非好意的なものが増えていることがわかった。フラストレーションを体験することなく，評価のみを前後2回行った統制群では，このようなことはみられなかった。すなわち，外集団の成員に対する非好意的な見方をフラストレーションが増大させた，といえるのである。

（Miller & Bugelski, 1948）

回答された特性の平均個数

フラスト レーション	好意的 特　性	非好意的 特　性
喚 起 前	5.71	2.93
喚 起 後	4.11	3.26

も，よく行われる。たとえば，フラストレーション-攻撃仮説の観点から偏見を説明しようとする立場がある。それによれば，不快な感情体験を伴うフラストレーションによってもたらされた攻撃的衝動をフラストレーションを引き起こした対象に対して直接向けえないとき，衝動は置き換えられた対象へ向けられる，といわれる。そのとき，置き換えの対象，いわゆるスケープ・ゴートとして選ばれやすいのが外集団の成員であって，かくしてそれらの成員に対する非好意的な態度，はなはだしい場合には直接的攻撃行動（たとえばリンチ）が助長されるのである。19世紀末から20世紀前半にかけての米国において，綿の年平均価格が低くなると，白人の黒人に対するリンチ発生件数が増したという報告があるが，これはその一例であろう。

さらにこれを実験的に検討した例もある（トピックス⑩）。偏見と性格との関係についても，研究が進められてきた。アドルノらは，権威主義的性格という性格特性を提唱し，かつこれの測定法を開発している。

これに対し，特定の欲求や感情・人格的基盤がなくとも，ステレオタイプ化されたものの見方は生まれるとする見解もある。これによると，ステレオタイプや偏見の生起は純粋に個人の情報処理過程の問題であるとされる。たとえば，私たちは，自分の周囲にある環境的刺激を知覚する際，諸刺激の類似と相違の観点から情報を処理し，直面する世界の複雑さを解消し秩序づけようとする傾向がある。これがカテゴリー化の過程であり，当然ステレオタイプ化された認知の一基礎となる。

テーラーら（1978）は，黒人白人それぞれ3人ずつからなる6人の集団討論のビデオ録画を実験参加者に見せ，その後，討論内容の再生を求めた。その結果，各発言を行った人種については再生可能であったが，それがその人種内のどの個人の発言であったかについては不可能であった。すなわち，カテゴリー（この場合は人種）間の弁別は容易であるのに対して，カテゴリー内の弁別は困難であることを，この実験の結果は示している。このような情報処理の結果，「黒人は……」という**ステレオタイプ化された認知**が生じることになる。

さらに，知覚者の注意をひくきわだった刺激を核にして情報が処理される傾

トピックス 102

B型は本当に自己チューか

≪ハミルトンとギフォードの誤った関連づけの実験研究≫

「B型の人は自己チューだ」「外国人は犯罪を犯す」などといわれるが，これは社会の少数者が悪く言われるという心理が無自覚に働いていることによるのである。これは認知の歪みによるといえる。そのことを実証したのが，ハミルトンとギフォードの研究である。

日常生活での具体的な良い行動，たとえば病気見舞いなど27，と悪い行動12を選び出した。そして，この合計39の行動について，所属集団名AかBかと個人名をつけて，たとえば，「A集団のジョンは，友人の見舞いで病院に行った」というように行動記録の文にした。実験は，記憶実験であると話し，参加者に個人名と所属集団がついた39行動を次々とスライドで映し出した。その順序はバラバラであるが，AB集団とも良い行動と悪い行動の比率は同じで，表のとおりである。ただし，A集団のほうが人数が多く，集団メンバーがB集団に比べて倍である。このため，良い行動文も悪い行動文も倍である。参加者がすべて見終わった後，行動の記憶テストを行った。それは，「（ ）集団のジョンは友人の見舞いで病院に行った」というように39の行動のすべてを提示し，（ ）のなかにA，B集団名を書き込む問題である。その結果，提示はAB集団とも，良い行動と悪い行動の比率は同じだったが，記憶テストの結果は，B集団のほうが悪い行動の比率が高くなっていたのである。また，集団の評価においても，A集団の人のほうが優れていると評価されたのである。

なぜこのような誤った認知がなされるのかというと，両者が数が少ないということで，関連づけられてしまったからである。人数の少ない集団と数の少ない行動との間に関連づけが行われているのである。これは明らかに誤った関連づけである。しかし，それが無自覚に行われているのである。このため，社会でも，数の少ない集団と数の少ない行動（悪い行動）とが結びついてしまうと考えられるのである。このような認知の歪みが，偏見やステレオタイプの原因となることが容易に考えられよう。

(Hamilton & Gifford, 1976)

誤った関連づけ実験の提示行動数

	良い行動	悪い行動	小 計
A集団	18	8	26
B集団	9	4	13
小 計	27	12	39

向もあるが，これがステレオタイプ化された認知を生むことになる，と主張する研究者もいる。しかし，偏見の成立を考えるときには，このような個人の認知における情報処理上の問題との関連と同時に，前述したような偏見という現象のもつ集団的・社会的要因の重要性を見落してはならないだろう。

トピックス 103

飛行機事故のあった次の日，飛行機には乗りたくない

《ツバスキーとカーネマンのヒューリスティックス》

　人は生来「節約家」である，というのが認知心理学者の一つの人間観である。外の世界を認知するときも，できるだけ効率よくしてあまり時間をかけないようにする傾向がある。特に自分にあまり関連のない事象に対してはこの傾向が強い。しかし，この手抜き傾向が偏見を生む原因となる。目の前の実際の事象に対して，詳しく見たり，深く考えたりせず，ステレオタイプ的知識を用いて即断してしまうからである。このイージーな即断傾向をツバスキーとカーネマンはヒューリスティックスと呼んで次のような代表例をあげている。

(1) 典型性ヒューリスティック

　典型性ヒューリスティックは，主として確率判断に利用される。たとえばある女性が図書館司書であるかどうかという判断において，うわさで「彼女は引っ込み思案である。世俗的なことにはあまり関心がない，秩序を求める心をもっている」という話を聞くと，きっとそうだろうと判断する。しかし，このような典型性ヒューリスティックを用いた判断は，次のようなとき，誤りを生じることがある。

　事前確率に関する情報を与えられても，それを無視する。たとえば，上記の判断の際，集団の80％がセールスレディであるという情報が与えられても，彼女を司書だとする。また，サンプル数を考慮しない。たとえば，「赤ちゃんが1月に100人生まれる大病院と，10人生まれる小病院がある。過去一年間，生まれた赤ちゃんの60％以上が男の子だった日数は，どちらの病院のほうが多いか」という問いに対し，どちらもほぼ同じ，と考える。正しくは，小病院のほうが多くなる。偶然に対する誤った考えもある。たとえば，硬貨を投げたとき，「表－表－表－表」は，「表－裏－裏－表」という，よりランダムらしい表れ方よりも，起こりにくいと考えてしまう。

(2) 利用可能性ヒューリスティック

　ある出来事の確率を判断する際，具体的な事例を思い出しやすいものに基づいて判断してしまう。たとえば，「中年の心臓マヒになる可能性」は，自分の知人のうち，心臓マヒになった人の例を思い出すことによって（事例の利用可能性が高いほど），確率が高く判断される。このため，思い出しやすさによるバイアスが生じる。テレビでよく放映されていること，よく知っていること，目立つこと，最近接したことは，より思い出されやすく，確率が過大判断される。たとえば飛行機事故の後など，飛行機に乗りたくないのはこのためである。

（Tversky & Kahneman, 1974）

参考文献

(Journal of Abnormal and Social Psychology は JASP,
Journal of Personaluty and Social Psychology は JPSP とした)

Adams, J. S. 1965 Inequity in social exchange. In L. Berkowitz (ed.), *Advances in experimental social psychology. vol 2*. Academic Press. pp.267-301.

Adorno, T. W., Brunswik E. F., Levinson, D. J., & Sanford, R. N. 1950 *The authoritarian personality*. W. W. Norton.

Alden, L. 1987 Attributional responses of anxious individuals to different patterns of social feedback: Nothing succeeds like improvement. *JPSP*, **52**, 100-106.

Alicke, M.D. 1985 Global self-evaluation as determined by the desirability and controllability of trait adjectives. *JPSP*, **49**, 1621-1630.

Allport, G. W. 1935 Attitudes. In C. M. Murchison (ed.), *A handbook of social psychology*. Clark University Press. pp.798-844.

Allport, G. W. 1954 *The nature of prejudice*. Addison-Wesley.（原谷達夫・野村昭共訳 1958 偏見の心理 培風館）

Anderson, N. H. 1968 Likableness ratings of 555 personality-trait words. *JPSP*, **9**, 272-279.

Arnold, M. B. 1960 *Emotion and personality*. Columbia University Press.

Aronson, E., & Linder, D. 1965 Gain and loss of esteem as determinants of interpersonal attractiveness. *Journal of Experimental Social Psychology*, **1**, 156-171.

Asch, S. E. 1946 Forming impressions on personality. *JASP*, **41**, 258-290.

Asch, S. E. 1953 Effects of group pressure upon the modification and distortion of judgments. In D. Cartwright & A. Zander (eds.) *Group dynamics*, Harper.

Asch, S. E. 1955 Opinions and social pressures. *Scientific American*, **193**, 31-35.

Atkinson, J. W., & Litwin, G. H. 1960 Achievement motive and test anxiety conceived as motive to approach success and motive to avoid failure. *JASP*, **60**, 52-63.

Averill, J. R. 1983 Studies in anger and aggression: Implications for theories of emotion. *American Psychologist*, **38**, 1145-1180.

東洋ほか（編） 1970 心理学の基礎知識 有斐閣

Bales, R. F. 1955 How people interact in conference. *Scientific American*, **192**, (3).

Bandura, A. 1965 Influence of model's reinforcement contingencies on the acquisition of imitative responses. *JPSP*, **1**, 589-595.

Bandura, A. 1977 *Social learning theory*. Prentice-Hall.（原野広太郎監訳 1979 社会的学習理論 金子書房）

Bass, B. M. 1985 *Leadership and performance beyond expectations*. Free Press.

Bass, B. M., & Avolio, B. J. 1994 *Improving organizational effectiveness: Through transformational leadership*. Sage.

Bavelas, A. 1950 Communication patterns in task-oriented groups. *Journal of the Acoustical Society of America*, **22**, 725-730.

Beach, L., & Wertheimer, M. 1962 A

free response approach to the study of personal cognition. *JASP*, **62**, 367-374.
Berkowitz, L. 1962 *Aggression: A social psychological analysis*. McGraw-Hill.
Berkowitz, L., & Cottingham, D. R. 1960 The interest value and relevance of fear arousing communications. *JASP*, **60**, 37-43.
Berkowitz, L., & Geen, R. G. 1966 Film violence and cue properties of available target. *JPSP*, **3**, 525-530.
Bruner, J., & Taguiri, R. 1954 Person perception. In G. Lindzey (ed.), *Handbook of social psychology, Vol.2*. Wesley.
Brunswik, E. F. 1950 Parents and childhood as seen through the interviews. In T. W. Adorno, E. F. Brunswik, D. J. Levinson & R. N. Sanford. *The authoritarian personality*. W. W. Norton. pp.337-389.
Brunswik, E. 1956 *Systematic and representative design of psychological experiments*. California University Press.
Buss, A. H. 1961 *The psychology of aggression*. Wiley.
Byrne, D., & Nelson, D. 1965 Attraction as a linear function of proportion of positive reinforcement. *JPSP*, **1**, 659-663.
Cairns, E. & Mercer, G. W. 1984 Social identity in Northern Ireland. *Human Relations*, **37**, 1095-1102.
Cannon, W. B. 1927 The James-Lange theory of emotion. *American Journal of Psychology*, **39**, 106-124.
Cannon, W. B. 1931 Again the James-Lange and thalamic theories of emotion. *Psychological Review*, **38**, 281-295.
Cartwright, D., & Zander, A. 1968 *Group dynamics: Research and theory*. 3rd ed. Harper & Row.
Cattell, R. B. 1965 *The scientific analysis of personality*. Penguin Books. （斎藤耕二ほか訳 1981 パーソナリティの心理学 改訂版 金子書房）
Cialdini, R.B., Schaller, M., Houlihan, D., Arps, K., Fultz, J., & Beaman, A. L. 1987 Empathy-based helping : Is it selflessly or selfishly motivated? *JPSP*, **52**, 749-758.
Cohen, C. E. 1981 Person categories and social perception: Testing some boundaries of processing effects of prior knowledge. *JPSP*, **40**, 441-452.
Costa, P. T., Jr, & McCrae, R. R. 1988 From catalog to classification: Murray's needs and the five-factor model. *JPSP*, **55**, 258-265.
Crutchfield, R. S. 1955 Conformity and character. *American Psychologist*, **10**, 191-198.
Darley, J. M., & Latané, B. 1968 Bystander intervention in emergencies: Diffusion of responsibility. *JPSP*, **1**, 377-383.
de Charms, R. 1976 *Enhancing motivation: Change in the classroom*. Irvington Publishers. （佐伯胖訳 1980 やる気を育てる教室——内発的動機づけ理論の実践 金子書房）
Deutsch, M., & Gerard, H. B. 1955 A study of normative and informational social influences upon individual judgment. *JASP*, **51**, 629-636.
Digman, J. M. 1989 Five robust trait dimensions: Development, stability, and utility. *Journal of Personality*, **57**, 195-214.
Dollard, J., Doob, L. W., Miller, N. E., Mowrer, O. H., & Sears, R. R. 1939 *Frustration and aggression*. Yale University Press. （宇津木保訳 1959 欲求不満と暴力 誠信書房）
Dutton, D. G., & Aron, A. P. 1974 Some evidence for heightened sexual attraction under condition of high anxiety.

Ekman, P. 1973 *Darwin and facial expression.* Academic Press.

Erikson, E. H. 1950 *Childhood and society.* W. W. Norton.（草野榮三良訳 1954 幼児期と社会 日本教文社）

Eysenck, H. J. 1960 *The structure of human personality.* Methuen.

Fantz, R. L. 1961 The origin of form perception. *Scientific American,* **204**, **5**, 66-72.

Fenigstein,A., Scheier, M.F., & Buss, A.H. 1975 Public and private self-consciousness: Assessment and theory. *Journal of Consulting and Clinical Psychology,* **43**, 522-527.

Festinger, L. 1950 Informal social communication. *Psychological Review,* **57**, 271-282.

Festinger, L. 1954 A theory of social comparison. *Human Relations,* **7**, 117-140.

Festinger, L. 1957 *A theory of cognitive dissonance.* Row, Peterson.（末永俊郎監訳 1965 認知的不協和の理論——社会心理学序説 誠信書房）

Festinger, L., & Carlsmith, J. M. 1959 Cognitive consequences of forced compliance. *JASP,* **58**, 203-210.

Festinger, L., Schachter, S., & Back, K. 1950 *Social pressures in informal groups: A study of human factors in housing.* Harper.

Festinger, L., & Thibaut, J. 1951 Interpersonal communication in small group. *JASP,* **46**, 92-99.

Fiedler, F. E. 1967 *A theory of leadership effectiveness.* McGraw-Hill.（山田雄一監訳 1970 新しい管理者像の探求　産業能率短期大学出版部）

Fiedler, F. E., Chemers, M. M., & Mahar. L. 1976 *Improving leadership effectiveness.* John Wiley & Sons.（吉田哲子訳 1978 リーダー・マッチ理論によるリーダーシップ教科書　プレジデント社）

Fiske, S.T., & Neuberg, S. L. 1990 A continuum of impression formation, from category-based to individuating processes: Influences of information and motivation on attention and interpretation. In M. P. Zanna (ed.) *Advances in Experimental Social Psychology.* vol.23, Academic Press. pp. 1-74.

Fiske, S. T., & Taylor, S. E. 1991 *Social Cognition* 2 nd ed. McGraw-Hill.

For, U. G. 1961 Convergences in the analysis of the structure of interpersonal behavior. *Psychological Review,* **68**, 341-353.

Frankl, V. E. 1947 *Ein Psychologie erlebt das Konzentrationslager.* Verlag fur Jugend und Volk.（霜山徳爾訳 1956 夜と霧——ドイツ強制収容所の体験記録 みすず書房）

Freedman, M. B., Leary, T. F., Ossorio, A. G., & Coffey, H. S. 1951 The interpersonal dimension of personality. *Journal of personality,* **20**, 143-161.

French, E. G. 1955 Some characteristics of achievement motivation. *Journal of Experimental Psychology,* **50**, 232-236.

French, J. R. P., Jr., & Raven, B. 1959 The bases of social power. In D. Cartwright (ed.), *Studies in social power.* Institute for social research.（千輪浩監訳 1962 社会的勢力 誠信書房）

Glick, P., & Fiske, S.T. 1996 The ambivalent sexism inventory: Differentiating hostile and benevolent sexism. *JPSP,* **70**, 491-512.

Goddard, H. H. 1927 *The kallikak family: A study in the heredity of feeblemindness.* Macmillan.

Gouldner, A. W. 1960 The norm of reci-

procity: A preliminary statement. *American Sociological Review*, **25**, 161-178.
Hall, E. T. 1966 *The Hidden Dimension*. Doubleday.
Hamilton, D. L., & Gifford, R. K. 1976 Illusory correlation in interpersonal perception: A cognitive basis of stereotypic judgment. *Journal of Experimental Social Psychology*, **12**, 392-407.
Hammock, T., & Brehm, J. W. 1966 The attractiveness of choice alternatives when freedom to choice is eliminated by a social agent. *Journal of Personality*, **34**, 546-554.
Harlow, H. F. 1966 Love in infant monkeys. In S. Coopersmith (ed.), *Frontiers of psychological research*. Freeman.
Hazan, C., & Shaver, P. 1987 Romantic love conceptualized as an attachment process. *JPSP*, **52**, 511-524.
Heider, F. 1944 Social perception and phenomenal causality. *Psychological Review*, **51**, 358-374.
Heider, F. 1958 *The psychology of interpersonal relations*. Wiley. (大橋正夫訳 1978 対人関係の心理学 誠信書房)
Heider, F., & Simmel, M. 1944 An experimental study of apparent behavior. *American Journal of Psychology*, **57**, 243-259.
Hess, E. H. 1958 'Imprinting' in animals. *Scientific American*, **198**, 3, 81-90.
Higgins, E.T. 1996 Shared reality in the self-system: The social nature of self-regulation. *European Review of Social Psychology*, **7**, 1-29.
Hollander, E. P. 1958 Conformity, status, and idiosyncrasy credit. *Psychological Review*, **65**, 117-127.
Horner, M. S. 1972 Toward an understanding of achievement-related conflicts in woman. *Journal of Social Issues*, **28**, 157-176.
Hovland, C. I., Lumsdaine, A. A., & Sheffield, F. D. 1949 *Experiments on mass communication*. Princeton University Press.
Hovland, C. I., & Weiss, W. 1951 The influence of source credibility on communication effectiveness. *Public Opinion Quarterly*, **15**, 635-650.
Janis, I. L. 1972 *Victims of groupthink: A psychological study of foreign-policy decisions and fiascoes*. Houghton Mifflin.
Janis, I. L. 1982 *Groupthink: Psychological studies of policy decisions and fiascos* 2 nd ed. Houghton Mifflin.
Janis, I. L., & Feshbach, S. 1953 Effects of fear-arousing communications. *JASP*, **48**, 78-92.
Janis, I. L., & King, B. T. 1954 The influence of roleplaying on opinion change. *JASP*, **49**, 211-218.
Jones, E. E., & Davis, K. E. 1965 From acts to dispositions: The attribution process in person perception. In L. Eerkowitz (ed.), *Advances in experimental social psychology vol.2*. Academic Press.
Jones, E. E., & Pittman, T. S. 1982 Toward a general theory of strategic self-presentation. In J. Suls (ed.), *Psychological perspectives on the self vol.1*. Erlbaum. pp.231-262.
狩野素朗 1970 集団効率と成員満足感におよぼす構造特性とリーダーシップ特性との交互作用 教育・社会心理学研究, **9**, 127-144.
Kelley, H. H. 1967 Attribution theory in social psychology. In D. Levine (ed.) 1971 *Nebraska Symposium on Motivation. vol.15*. University of Nebraska Press.
Kelman, H. C. 1961 Processes of opinion change. *Public Opinion Quarterly*, **25**, 53-78.

Kiesler, C. A. 1969 Group pressure and conformity. In J. Mills 1969 *Experimental social psychology*. Macmillan.

Krech, D., Crutchifield, R. S., & Ballachey, E. L. 1962 *Individual in society*. McGraw-Hill.

Kuhn, M. H., & McPartland, T. S. 1954 An empirical investigation of self attitudes. *American Sociological Review*, **19**, 68-76.

Leary, M. R., & Baumeister, R. F. 2000 The nature and function of self-esteem : Sociometer theory. In M. P. Zanna (ed.) *Advances in experimental social psychology*. vol. 32. Academic Press. pp. 1-62.

Leary, M. R., Schreindorfer, L. S., & Haupt, A. L. 1995 The role of self-esteem in emotional and behavioral problems: Why is low self-esteem dysfunctional? *Journal of Social and Clinical Psychology*, **14**, 297-314.

Leavitt, H. J. 1951 Some effects of certain communication patterns on group performance. *JASP*, **46**, 38-50.

Lee, J. A. 1977 A typology of styles of loving. *Personality and Social Psychology Bulletin*, **3**, 173-182.

Lewin, K. 1935 *A dynamic theory of personality: Selected papers*. McGraw-Hill. (相良守次・小川隆訳 1957 パーソナリティの力学説 岩波書店)

Lewin, K. 1951 *Field theory in social science: Selected theoretical papers*. Harper. (猪股佐登留訳 1956 社会科学における場の理論 誠信書房)

Lewin, K., Lippitt, R., & White, R. K. 1939 Patterns of aggressive behavior in experimentally created 'socialclimates'. *Journal of Social Psychology*, **10**, 271-299.

Lorentz, K. 1966 *On aggression*. Brace & World.

Luchins, A. S. 1958 Definitiveness of impression and primacy-recency in communications. *Journal of Social Psychology*, **48**, 275-290.

Maier, N. R. F. 1949 *Frustration: The study of behavior without a goal*. McGraw-Hill. (池田貞美・高橋守雄訳 1962 欲求不満の心理 誠信書房)

Markus, H., & Kitayama, S. 1991 Culture and the self: Implications for cognition, emotion, and motivation. *Psychological Review*, **98**, 224-253.

Marrow, A. J. 1969 *The practical theorist: The life and work of Kurt Lewin*. Basic Books. (望月衛・宇津木保訳 1972 KURT LEWIN——その生涯と業績 誠信書房)

Maslow, A. H. 1943 A theory of human motivation. *Psychological Review*, **30**, 370-396.

松井 豊 1993 恋心の科学 サイエンス社

McClelland, D. C. 1961 *The achieving society*. Van Nostrand. (林保監訳 1971 達成動機——企業と経済発展におよぼす影響 産業能率短期大学出版部)

McDougall, W. 1908 *Introduction to social psychology*. Methuen.

McGuire, W. J., & Papageorgis, P. 1961 The relative efficacy various types of prior belief-defense in producing immunity against persuasion. *JASP*, **62**, 327-337.

Milgram, S. 1974 *Obedience to authority: An experimental view*. Harper & Row. (岸田秀訳 1975 服従の心理——アイヒマン実験 河出書房新社)

Milgram, S., Liberty, H. J., Toledo, R., & Wackenhut, J. 1986 Response to intrusion into waiting lines. *JPSP*, **51**, 683-689.

Miller, N. E., & Bugelski, R. 1948 Minor studies in aggression: The Influence of frustrations imposed by the in-group on attitudes expressed toward out-groups. *Journal of Psychology,* **25**, 437-442.

三隅二不二 1966 新しいリーダーシップ ダイヤモンド社

Morse, S., & Gergen, K. J. 1970 Social comparison, self-consistency and the concept of self. *JPSP,* **16**, 148-156.

Moscovici, S., & Faucheux, C. 1972 Social influence, conformity bias, and the study of active minorities. In L. Berkowitz (ed.), *Advances in experimental social psychology. vol.6*. Academic Press.

Murray, H. A. 1938 *Explorations in personality: A clinical and experimental study of fifty men of college age.* Oxford University Press. (外林大作訳編 1961 パーソナリティ 1, 2 誠信書房)

Musa, K. E., & Roach, M. E. 1973 Adolescent appearance and self concept. *Adolescence,* **8**, 385-394.

内閣府青少年対策本部編 2005 世界の青年との比較からみた日本の青年

中根千枝 1967 タテ社会の人間関係 講談社

Newcomb, T. M. 1950 *Social psychology.* The Dryden Press. (森東吾・萬成博共訳 1956 社会心理学 培風館)

Newcomb, T. M. 1968 Interpersonal balance. In R. P. Abelson et al. (eds.), *Psychology: A study of a science, vol.3*. McGraw-Hill. pp.28-51, 384-422.

Newcomb, T. M., Koening, K. E., Flacks, R., & Warwick, D. P. 1967 *Persistence and Change: Bennington College and its Students after Twenty-five Years.* Wiley.

西出和彦 1985 人と人との間の距離 建築士と実務, **5**, 95-99.

小川捷之 1974 いわゆる対人恐怖症者における「悩み」の構造に関する研究 横浜国立大学教育学部紀要, **14**, 1-33.

奥野明 1964 (古賀行義ほか編 教育心理学要説 協同出版)

Pennebaker, J. W., & Beall, S. K. 1986 Confronting a traumatic event: Toward an understanding of inhibition and disease. *Journal of Abnormal Psychology,* **95**, 274-281.

Pepitone, A. 1950 Motivational effects in social perception. *Human Relations,* **3**, 57-78.

Petty, R. E., & Cacioppo, J. T. 1986 The elaboration likelihood model of persuasion. In L. Berkowitz (ed.), *Advances in Experimental Social Psychology. vol.19.* Academic Press. pp. 123-205.

Plutchik, R. 1980 *Emotion: A psychoevolutionary synthesis.* Harper & Low.

Portman, A. 1944 *Biologishe Fragments zu einer Lehre vom menschen.* Berro Schwabe. (高木正孝訳 1961 人間はどこまで動物か 岩波書店)

Rosenberg, M. J. 1960 Cognitive reorganization in response to the hypnotic reversal of attitudinal effect. *Journal of Personality,* **28**, 39-63.

Rosenberg, M. J., & Hovland, C. I. 1960 Cognitive, affective, and behavioral components of attitudes. In C. I. Hovland & M. J. Rosenberg (eds.), *Attitude organization and change.* Yale University Press. pp.4-14.

齊藤勇 1990 対人感情の心理学 誠信書房

佐々木薫 1969 寮の門限に関するインフォーマルな集団規範の変動 関西学院大学社会学部紀要, **18**, 29-46.

Schachter, S. 1951 Deviation, rejection, and communication. *JASP,* **46**, 190-208.

Schachter, S. 1959 *The psychology of affiliation.* Stanford University Press.

Schachter, S. 1964 The interaction of cognitive and physiological determinants of emotional state. In L. Berkowitz (ed.), *Advances in experimental social psychology vol.1*. Academic Press.

Schaffer, R. R. 1979 *Social and personality development*. Books/Cole.

Shaver, K. G. 1975 *An introduction to attribution processes*. Winthrop Publishers.（稲松信雄・生熊譲二訳 1981 帰属理論入門──対人行動の理解と予測 誠信書房）

Sherif, M. 1935 A study of some social factors in perception. *Archives of Psychology*, **187**. Cited in M. Sherif & C. Sherif 1969 *Social psychology*. Harper.

Sherif, M. 1956 Experiments in group conflict. *Scientific American*, **193**, (11).

Sidowski, J. B., Wycoff, L. B., & Tabory, L. 1956 The influence of reinforcement and punishment in a minimal social situation. *JASP*, **52**, 115-119.

Siegel, A. E., & Siegel, S. 1957 Reference groups, membership groups, and attitude change. *JASP*, **55**, 360-364.

Snyder, M. 1987 *Public appearances/private realities: The psychology of self-monitoring*. Freeman.（齊藤勇監訳 1998 カメレオン人間の性格──セルフ・モニタリングの心理学 川島書店）

Spranger, E. 1922 *Lebensformen*. Niermeyer.

菅原健介 1984 自意識尺度（self-consciousness scale）日本語版作成の試み 心理学研究, **55**, 184-188.

Symonds, P. M. 1939 *The psychology of parent-child relationships*. Appleton.

高田利武 1981a 対人恐怖と社会的比較 年報社会心理学, **22**, 201-218.

高田利武 1981b 社会的比較過程理論における物理的真実・社会的真実の二分法仮定の検討 日本グループ・ダイナミックス学会第29回大会発表論文集 pp.20-21.

高田利武・林春男 1975 社会的比較過程についての基礎的研究 II 日本グループ・ダイナミックス学会第23回大会発表論文集 pp.46-48.

詫摩武俊 1967 性格はいかにつくられるか 岩波新書

Taylor, S. E., & Brown, J. D. 1988 Illusion and well-being: A social psychological perspective on mental health. *Psychological Bulletin*, **103**, 193-210.

Taylor, S. E., Fiske, S. T., Etcofs, N. L., & Ruderman, A. J. 1978 Categorical and contextual bases of person memory and stereotyping. *JPSP*, **36**, 778-793.

Tesser, A. 1988 Toward a self-evaluation maintenance model of social behavior. In L. Berkowitz (ed.), *Advances in Experimental Social Psychology.vol.21*. Academic Press. pp. 181-227.

Thibaut, J. W., & Faucheux, C. 1965 The development of contractual norms in a bargaining situation under two types of stress. *Journal of Experimental Social Psychology*, **1**, 89-102.

Thibaut, J., Walker, L., & Lind, E. A. 1972 Adversary presentation and bias in legal decisionmaking. *Harvard Law Review*, **86**, 386-401.

Turner, J. C. 1987 *Rediscovering the Social Group: A Self-Categorization Theory*. Brackwell.（蘭 千壽ほか〈訳〉 1995 社会集団の再発見──自己カテゴリー化理論 誠信書房）

Tversky, A., & Kahneman, D. 1974 Judgment under uncertainty : Heuristics and biases. *Science*, **185**, 1124-1131.

宇井美代子・山本眞理子 2001 Ambivalent Sexism Inventory (ASI) 日本語版の信頼性と妥当性の検討 日本社会心理学会第42回大会発表論文集 pp.300-301.

浦 光博 1992 支えあう人と人──ソーシャル・サポートの社会心理学 サイエンス社

Walster, E., Aronson, E., Abrahams, D., & Rottman, L. 1966 Importance of physical attractiveness in dating behavior. *JPSP,* **4**, 508-516.

Watson, J. B. 1930 *Behaviorism.* Norton. (安田一郎訳 1980 行動主義の心理学 改訂版 河出書房新社)

Weber, M. 1956 Wirtschaft and Gesellschaft, Grundriss der verstehenden Soziologie, vierte, neu heraus-gegebene Auflage, besorgt von Johannes Winckelmann, IX. *Soziologie der Herrschaft.* (世良晃志郎訳 1960 支配の社会学 I 創文社)

White, R., Lipitt, R. et al. 1953 Leader behavior reaction in three 'Social Climates'. In D. Cartwright (ed.), *Group dynamics.* Harper.

Winter, L., & Uleman, J. S. 1984 When are social judgments made? Evidence for the spontaneousness of trait inferences. *JPSP,* **47**, 237-252.

Winterbottom, M. R. 1958 The relation of need for achievement to learning experiences in independence and mastery. In J. W. Atkinson (ed.), *Motives in fantasy, action, and society.* Van Nostrand. pp.453-478.

Zimbardo, P., Haney, C., Banks, W., & Jaffe, D. 1977 The psychology of imprisonment: Privation, power and pathology. In J. C. Brighan & L. S.Wrightsman (eds.), *Contemporary issues in social psychology.* 3 rd ed. Books/Cole Pub. Co.

人名索引

ア 行

アイゼンク（Eysenck, H. J.）　48, 50
アヴォリオ（Avolio, B. J.）　214
東洋　13, 14
アダムス（Adams, J. S.）　167
アッシュ（Asch, S. E.）　59, 60, 61, 199, 200, 201
アトキンソン（Atkinson, J. W.）　142, 144, 145
アドラー（Adler, A.）　42
アドルノ（Adorno, T. W.）　156, 222
アーノルド（Arnold, M. B.）　100
アベリル（Averill, J. R.）　102
アルデン（Alden, L.）　51
アロン（Aron, A. P.）　95, 102
アロンソン（Aronson, E.）　93, 94
アンダーソン（Anderson, N. H.）　88, 89
ウィンター（Winter, L.）　60, 63
ウインタボトム（Winterbottom, M. R.）　146
ウェーバー（Weber, M.）　152
ウェルトハイマー（Wertheimer, M.）　6, 56
ウォルスター（Walster, E.）　90
ウルマン（Uleman, J. S.）　60, 63
ヴント（Wundt, W.）　4
エクマン（Ekman, P.）　102, 103
エリクソン（Erikson, E. H.）　25, 28, 42
小川捷之　84
奥野　明　21
オールポート（Allport, F. H.）　40
オールポート（Allport, G. W.）　105, 218

カ 行

ガーゲン（Gergen, K. J.）　81, 82
カシオッポ（Cacioppo, J. T.）　114, 119
カートライト（Cartwright, D.）　188
カーネマン（Kahneman, D.）　224
狩野素朗　184, 185
カールスミス（Carlsmith, J. M.）　117
カーン（Kuhn, M. H.）　190
キースラー（Kiesler, C. A.）　200
キタヤマ（Kitayama, S.）　9
ギフォード（Gifford, R. K.）　223
キャッテル（Cattell, R. B.）　46
ギーン（Geen, R. G.）　140, 141
キング（King, B. T.）　116
クラッチフィールド（Crutchfield, R. S.）　203
グリック（Glick, P.）　37
グールドナー（Gouldner, A. W.）　136
クレッチ（Krech, D.）　105, 108, 210, 212
ケーラー（Köhler, W.）　6
ケリー（Kelley, H. H.）　74, 76, 77
ケルマン（Kelman, H. C.）　202, 205
ケンズ（Cairns, E.）　189
コーエン（Cohen, C. E.）　64, 65
コスタ（Costa, P. T. Jr.）　50
ゴッダード（Goddard, H. H.）　27
コッティンガム（Cottingham, D. R.）　114
コフカ（Koffka, K.）　6

サ 行

齊藤　勇　96, 97
サイモンズ（Symonds, P. M.）　19
佐々木　薫　193, 196
ザンダー（Zander, A.）　188
シェイバー（Shaver, P.）　23
ジェームス（James, W.）　4, 98
ジェラード（Gerard, H. B.）　160, 202
シェリフ（Sherif, M.）　191, 192, 219, 220
シーゲル（Siegel, A. E.）　111

シドウスキー（Sidowski, J. B.）　161, 164
シボー（Thibaut, J. W.）　165, 166, 168, 169, 204
シャクター（Schachter, S.）　94, 100, 150, 151, 204
ジャニス（Janis, I. L.）　114, 116, 195, 196
シュプランガー（Spranger, E.）　28, 53
ジョーンズ（Jones, E. E.）　73, 75, 120
ジンバルド（Zimbardo, P.）　155, 162
ジンメル（Simmel, M.）　71
スキナー（Skinner, B. F.）　6, 36
スナイダー（Snyder, M.）　45, 54

タ 行

高田利武　79, 84, 85
詫摩武俊　29
タジュウリ（Taguiri, R.）　62
ダットン（Dutton, D. G.）　95, 102
ターナー（Turner, J. C.）　188
ダラード（Dollard, J.）　139, 168
ダーリー（Darley, J. M.）　134, 135, 136
チャルディーニ（Cialdini, R. B.）　137
ツバスキー（Tversky, A.）　224
ディグマン（Digman, J. M.）　50
テイラー（Taylor, S. E.）　41, 54, 62
デーヴィス（Davis, K. E.）　73
テッサー（Tesser, A.）　49
テーラー（Taylor, S. E.）　222
ド・シャーム（de Charms, R.）　146, 149
ドイッチェ（Deutsch, M.）　160, 202
トールマン（Tolman, E. C.）　6

ナ 行

中根千枝　152
ニューカム（Newcomb, T. M.）　113, 192, 194
ネルソン（Nelson, D.）　91, 92

ハ 行

ハイダー（Heider, F.）　7, 8, 68, 70, 71, 72, 110, 122
パヴロフ（Pavlov, I. P.）　32, 34
バゲルスキ（Bugelski, R.）　221
バーコウィツ（Berkowitz, L.）　114, 138, 139, 140, 141
バス（Bass, B. M.）　214
バス（Buss, A. H.）　137
パパゴジス（Papageorgis, P.）　116
バーベラス（Bavelas, A.）　182
ハミルトン（Hamilton, D. L.）　223
ハモック（Hammock, T.）　118
林　春男　85, 86
ハル（Hull, C. L.）　6
ハーロウ（Harlow, H. F.）　18, 20, 125
バーン（Berne, E.）　44
バーン（Byrne, D.）　90, 91
バンデュラ（Bandura, A.）　38, 39, 140, 143
ヒギンズ（Higgins, E. T.）　129
ビーチ（Beach, L.）　56
ビール（Beall, S. K.）　35
ビンスワンガー（Binswanger, L.）　8
ファンツ（Fantz, R. L.）　17
フィスク（Fiske, S. T.）　62, 69
フィードラー（Fiedler, F. E.）　210, 212, 213, 215
フェスティンガー（Festinger, L.）　80, 82, 84, 88, 110, 117, 173, 174, 202, 204
フェッシュバック（Feshbach, S.）　114
フェニグスタイン（Fenigstein, A.）　43
フォア（For, U. G.）　131
フォーショ（Faucheux, C.）　165, 166, 206
フランクル（Frankl, V. E.）　8, 153
フリードマン（Freedman, M. B.）　131
プルチック（Plutchik, R.）　100
ブルーナー（Bruner, J.）　62
ブルンスヴィク（Brunswik, E. F.）　58, 157
ブレーム（Brehm, J. W.）　118
フレンチ（French, E. G.）　144, 156
フレンチ（French, J. R. P. Jr.）　154

人名索引　237

フロイト（Freud, S.）　5, 6, 18, 40, 42, 139
ヘス（Hess, E. H.）　15
ペッティ（Petty, R. E.）　114, 119
ペネベーカー（Pennebaker, J. W.）　35
ペピートン（Pepitone, A.）　66, 67
ベールス（Bales, R. F.）　179, 180
ホヴランド（Hovland, C. I.）　107, 112, 115
ホーナー（Horner, M. S.）　146, 147
ホランダー（Hollander, E. P.）　212, 217
ポルトマン（Portman, A.）　14, 16

マ　行

マイヤー（Maier, N. R. F.）　170
マーカス（Markus, H.）　9
マクガイア（McGuire, W. J.）　116
マクドゥガル（McDougall, W.）　126
マクレランド（McClelland, D. C.）　142, 148
マーサー（Mercer, G. W.）　189
マスロー（Maslow, A. H.）　8, 127, 128
マックケア（McCrae, R. R.）　50
マックパートランド（McPartland, T. S.）　190
マレー（Murray, H. A.）　123, 124, 126, 142, 148
三隅二不二　183, 184, 210
ミラー（Miller, N. E.）　221
ミルグラム（Milgram, S.）　157, 158, 159, 162, 197

ムーサ（Musa, K. E.）　82, 83
モース（Morse, S.）　81, 82
モスコヴィッチ（Moscovici, S.）　206, 207, 208
モレノ（Moreno, J. L.）　177, 178

ヤ　行

ユング（Jung, C. G.）　42

ラ　行

ラタネ（Latané, B.）　134, 135, 136
リー（Lee, J. A.）　99
リトウィン（Litwin, G. H.）　144, 145
リービット（Leavitt, H. J.）　181, 182
リンダー（Linder, D.）　93, 94
ルーチンズ（Luchins, A. S.）　60
レアリー（Leary, M. R.）　47
レイヴン（Raven, B.）　154
レヴィン（Lewin, K.）　3, 8, 170, 172, 192, 210, 211
ローゼンバーク（Rosenberg, M. J.）　107, 109
ローチ（Roach, M. E.）　82, 83
ロレンツ（Lorentz, K.）　138

ワ　行

ワトソン（Watson, J. B.）　4, 33

事項索引

ア 行

愛着　22
誤った関連づけ　223
暗黙のパーソナリティ観　62
意識心理学　4
一次的集団　176
遺伝説　12
印象形成　59
　　──の連続体モデル　69
インフォーマル・グループ　176, 178, 186
インフォーマルな社会的コミュニケーション　204
インプリンティング　15
ANOVA モデル　74
A・B・X モデル　113
エゴグラム　44
エス　5, 40
LPC（Least Preferred Coworker）　212, 215
援助行動　132
援助不快解消説　137
オペラント　34
オペラント条件づけ　34, 36
親の養育態度　19, 21

カ 行

快感原則　5
外向的性格　42, 44
外集団　220
学習説　126
家系研究　27
課題指向的集団　180
課題遂行機能（P 機能）　182
価値態度　53
カリスマ　216
環境説　12
観察学習　38, 140, 143
感情的成分　106
感情の社会構築理論　102
帰属過程　68, 74
帰属の立方体モデル　77
キティ・ジェノヴェーゼ事件　133, 134
規範的・社会的影響　202
キャノン-バード説　98
ギャング・エイジ　26
競争的行動　162, 164
協同的行動　162, 164
恐怖条件づけ　33
近接性　88
ゲシュタルト　57
ゲシュタルト心理学　6
権威主義的特性　54
権威主義的パーソナリティ　156
権威への抵抗　160
原因帰属　70
言語的コミュニケーション　102
好意　87
　　──の互恵性　93
行為的成分　106
交換型リーダーシップ　214
交換理論　10
攻撃学習説　140
攻撃行動　137
攻撃手がかり理論　139
攻撃本能説　138
向社会的援助　132
向上性の動因　84
行動主義心理学　6
興奮-好意説　95
衡平理論　167
交流分析　44
互恵性の原理　136

事項索引　239

個人的アイデンティティ　187, 188
古典的条件づけ　32, 34
コミュニケーション回路　181, 182
混合動機　162
コンピテンス（有能さ）　22
コンフリクト　170, 172

サ 行

最小社会状況　161
錯誤帰属　94
指し手的人間　149
ジェームス-ランゲ説　98
自我　5, 40
　──の発見　28
　──の発達理論　25
自我同一性　28
自己意識　43, 54
自己開示　35
自己概念　78
自己制御フォーカス　129
自己呈示方略　120
自己評価　54, 80
自己評価維持モデル　49
自尊感情　54, 92
実験社会心理学　6
失敗回避欲求　144
支配と服従　131, 152
シャイネス　51
社会的アイデンティティ　187, 188, 189
社会的学習　38, 39
社会的隔離　18
社会的隔離実験　20
社会的スキーマ　62
社会的勢力　152
社会的認知　6
社会的比較　78, 81, 84, 85
社会的比較過程　80
社会的欲求　126
社会的リアリティ　80
社会不安障害（SAD）　52
囚人のジレンマ　163, 164

集団間葛藤　219
集団規範の形成　191, 192
集団思考　195, 196
集団内行動　179
集団の圧力　201
集団の凝集性　204
集団力学（グループ・ダイナミックス）　3
周辺特性　59, 60
16 PF 理論　46
準拠集団　26
条件反射　32
常識心理学　68, 70
情緒心理的進化説　100
情緒の認知-生理説　100
情緒評価説　100
情報的・社会的影響　202
職業ステレオタイプ　65
初頭効果　60, 61
進化心理学　128
親近効果　60, 61
身体的魅力　90
心理的離乳　26
親和的行動　151
親和と拒否　131
親和欲求　148
ステレオタイプ　218
ステレオタイプ化された認知　222
図と地の知覚　57
性格形成要因　13
性格特性論　46
性格類型論　53
成功回避欲求　146, 147
性差別主義　37
成人愛着理論　23
精神分析学　5
精神分析的性格論　40
精緻化見込みモデル　119
生理社会心理学　98
生理的欲求　126
責任拡散　134, 135
接種理論　116
説得的コミュニケーション　112

セルフ・モニタリング　45, 54
専制的リーダー　211
ソシオメーター理論　47
ソシオメトリー　177, 178
組織的観察法　179
ソーシャル・サポート　101

タ 行

第一印象　56
第一反抗期　24
対応推論モデル　73
対人感情　94, 96
対人恐怖　84, 85
対人恐怖症　52
対人行動の構造　131
対人認知　56
対人魅力　88
態度の形成　108
態度の構造　105
態度の三成分　107
態度の変化　110
第二次留巣性　16
第二反抗期　26
代理母親実験　125
達成欲求　142, 144, 146
タテの人間関係　152
注視　17
中心特性　59, 60
超自我　5, 42
手続きの公正　166, 168, 169
同調行動　199, 200, 201, 203
同調の三類型　205
同調の心理　200
独自の信用　212

ナ 行

内向的性格　42, 44
内集団　220
人間関係維持機能（M機能）　182
人間性心理学　8, 127

認知心理学　6
認知的成分　106
認知的不協和　173, 174
認知的不協和理論　117

ハ 行

バランス理論　7
PM理論　183, 184, 185, 210
P-O-Xモデル　7
非言語的コミュニケーション　58
非公式集団　176
ビッグ・ファイブ（5要因モデル）　50
ヒューリスティックス　225
表情判断　102
フォーマル・グループ　176, 180
服従実験　157, 158, 159
輻輳説　12
物理的近接性　88
フラストレーション　168
フラストレーション攻撃仮説　139
プロクセミックス（近接学）　130
文化相対論　8
文化的自己観　9
分析心理学　4
紛争と規範　164
変革型リーダーシップ　214, 216
偏見　218
防衛機制（自我の）　171
放任的リーダー　211
ポジティブ・イリュージョン　41, 54
ポジティブ心理学　54
本能説　126

マ 行

マイノリティ・インフルエンス　206, 207
マキャベリズム特性　54
民主的リーダー　211
模擬監獄実験　154, 155
モデリング　140

ヤ 行

役割演技　116
役割理論　10
要素心理学　4
抑うつ性　52
欲求-圧力仮説　124, 126
欲求発達階層（段階）説　127, 128
欲求不満-偏見　221
欲求分類表　123

ラ 行

リアクタンス理論　118
リアリティ判断　79
利己的援助　132
離巣性　14, 16
リーダーシップ　209
　　──の状況理論　213
リビドー　5, 42
留巣性　14, 16
類似性　82, 90
類似性-好意度　91
劣等感コンプレックス　42
恋愛感情　94
恋愛類型　99

執筆者一覧 (執筆順)

齊藤　勇　　　立正大学心理学部教授
　　　　　　　序章,第3章§1,2,3,4,第5章§1,2,第7章§1,2,
　　　　　　　3,第11章§1,2,3,4
　　　　　　　トピックス：1,3,15,27,41,42,43,44,45,48,57,58,59,91,
　　　　　　　92,93,94,95,102,103

木村　裕　　　早稲田大学文学学術院教授
　　　　　　　第1章§1,2,第2章§1,2
　　　　　　　トピックス：6,7,8,9,10,12,13,14,16,19,26

松本芳之　　　早稲田大学教育・総合科学学術院教授
　　　　　　　第4章§1,第8章§4,第10章§1,2,第12章§1,2,
　　　　　　　3,4
　　　　　　　トピックス：28,29,30,31,32,73,74,75,76,77,83,86,87,88,
　　　　　　　89,96,97,98,99

生熊譲二　　　湘南工科大学工学部教授
　　　　　　　第4章§2,第8章§1
　　　　　　　トピックス：34,35,36,62,63,64,65

高田利武　　　宮城学院女子大学学芸学部教授
　　　　　　　第4章§3,第8章§2,第9章§1,2,3,第13章§1,2
　　　　　　　トピックス：37,38,39,40,66,67,68,69,80,81,82,84,100,
　　　　　　　101

内藤哲雄　　　信州大学人文学部教授
　　　　　　　第6章§1,2,3,第8章§3
　　　　　　　トピックス：49,50,51,52,53,54,70,71,72

田嶋清一　　　東京福祉大学特任教授
　　　　　　　第8章§5
　　　　　　　トピックス：2,5,78,79

畑中美穂　　　立正大学心理学部特任講師
　　　　　　　トピックス：4,11,17,18,20,21,22,23,24,25,33,46,47,55,
　　　　　　　56,60,61,85,90

※肩書きは第2版刊行当時の情報です。

(カット　渡部　健)

編者紹介

齊藤　勇（さいとう　いさむ）

1943年　山梨県に生まれる
1972年　早稲田大学大学院博士課程単位取得満期退学
現　在　立正大学名誉教授
　　　　日本ビジネス心理学会会長
　　　　大阪経済大学客員教授
　　　　ミンダナオ国際大学客員教授
　　　　文学博士
主　著　『対人感情の心理学』誠信書房
　　　　『日本人の自己呈示の社会心理学的研究』誠信書房
　　　　『対人心理の分解図』誠信書房
　　　　『人間関係の分解図』誠信書房
　　　　『図説心理学入門［第2版］』（編）誠信書房
　　　　『対人心理学トピックス100』（編）誠信書房
　　　　『欲求心理学トピックス100』（編）誠信書房
　　　　『対人社会心理学重要研究集　全7巻』（編）誠信書房
　　　　『イラストレート心理学入門［第3版］』誠信書房
　　　　『イラストレート人間関係の心理学［第2版］』誠信書房
　　　　『イラストレート恋愛心理学』（編）誠信書房

人間関係の心理学［第2版］

1983年 6月10日　初　版第 1刷発行
2004年 2月25日　初　版第31刷発行
2007年12月10日　第 2版第 1刷発行
2022年 4月30日　第 2版第 6刷発行

編　者　　齊　藤　　勇
発行者　　柴　田　敏　樹
発行所　　株式会社　誠　信　書　房
　　　　　〒112-0012 東京都文京区大塚 3-20-6
　　　　　　　電話 03 (3946) 5666
　　　　　　　http://www.seishinshobo.co.jp/

ⓒ Isamu Saito, 1983, 2007　　印刷／あづま堂印刷　製本／協栄製本
検印省略　　落丁・乱丁本はお取り替えいたします
ISBN978-4-414-30168-7 C1011　Printed in Japan

JCOPY　<（社）出版者著作権管理機構　委託出版物>
本書の無断複写は著作権法上での例外を除き禁じられています。複写される場合は、そのつど事前に、（社）出版者著作権管理機構（電話 03-5244-5088、FAX 03-5244-5089、e-mail: info@jcopy.or.jp）の許諾を得てください。

イラストレート心理学入門 [第3版]

齊藤 勇 著

心理学の入門書として、また大学の教科書として選ばれ続け、毎年増刷を重ねてきた大好評ロングセラーの第3版。入門的な内容と、かみくだいた解説は踏襲しつつ、性格の特性論や効果的学習法など、注目の研究動向も盛り込んだ。また、心理学史上のエポックメイキングな実験を分かりやすくまとめたトピックスも、イラストと構成を刷新してさらに分かりやすくなった。楽しく読んで、心理学の全体を見渡す知識を身につけることができる。

目次
第1章　知覚と認知の心理
第2章　感情と情緒の心理
第3章　欲求と動機の心理
第4章　学習と記憶の心理
第5章　性格と知能の心理
第6章　無意識と臨床心理
第7章　発達と成長の心理
第8章　対人と社会の心理

A5判並製　定価(本体1500円＋税)

図説 心理学入門 [第2版]

齊藤 勇 編

はじめて心理学を学ぶ人のために、心理学全般についての基本的な知識が得られるように、ビジュアルにわかりやすく説明した入門書。心理学上の重要な考え方や主要な実験についてはトピックスとして右側の頁にまとめ、どこからでも学べるようになっている。今版では、新たに「臨床心理学」の章を設けるとともに、ほぼ全章で最新の知識を加えるなど、大幅な修正を行なった。

目次
序章　心理学入門
1　知覚と認知
2　欲求と感情
3　学習・思考・記憶
4　発達と教育
5　性格と異常心理
6　対人心理と社会心理
7　脳と生理心理学
8　臨床心理と心理療法

A5判並製　定価(本体1800円＋税)

図説 社会心理学入門

齊藤 勇 編著

好評の『図説 心理学入門』の姉妹編。豊富な図版と約100点のトピックスで、社会心理学を初めて学ぶ人にもわかりやすく、楽しく読み進められるように編集した。本書は、自己、人間関係、集団、文化と大きく四分野に分け、小さな社会から大きな社会へと視点を移せるよう構成し、また、社会心理学の研究方法や主要な理論的背景にも言及した、社会心理学の入門書である。

目次
序　章　社会心理学とは
第1章　自己と社会心理
第2章　性格・態度と社会心理
第3章　対人行動と社会心理
第4章　集団と社会心理
第5章　文化と社会心理
付　章　社会心理学の応用

A5判並製　定価(本体2800円＋税)

わかる社会人基礎力
人生100年時代を生き抜く力

島田恭子 編著

大学の教養科目のひとつである社会人基礎力を、心理学・社会学・経営学等の理論も交え、学生と等身大の主人公とともに学べるテキスト。

主要目次
第1章　社会人基礎力とは
第2章　「規律性」の巻：社会のルールや人との約束を守る力
第3章　「課題発見力」の巻：現状を分析し目的や課題を明らかにする力
第4章　「情況把握力」の巻：自分と周囲の人々や物事との関係性を理解する力
第5章　「計画力」の巻：課題の解決に向けたプロセスを明らかにし準備する力
第6章　「ストレスコントロール力」の巻：ストレスの発生源に対応する力
第7章　「創造力」の巻：新しい価値を生み出す力
第8章　「発信力」の巻：自分の意見をわかりやすく伝える力/他

A5判並製　定価(本体1800円＋税)

心理学から見た社会
実証研究の可能性と課題

安藤清志・大島 尚 監修
北村英哉・桐生正幸・山田一成 編著

研究を始めようとする人や、研究を次の段階に進めようとする人に向けて、「社会」という切り口から、心理学研究の最先端を平易に概観。

主要目次
PART 1 　人間はどのように社会的か？
第１章　公正と道徳：モラルサイコロジーへの展開
第２章　影響力保持者の認知パターン：影響力の概念と理論
第３章　人間−状況論争は続いている：心理的状況研究の新たな展開を中心に
第４章　人間的成長をもたらす感情：感動の適応的機能 / 他
PART 2 　社会的要請にどう応えるか？
第６章　自制心はなぜ大切なのか：社会生活とセルフコントロール
第７章　懐疑と冷笑：オンライン消費者の広告不信
第８章　対人関係のダークサイド：ストーキングと悪質クレーマーの分析から / 他

A5判並製　定価(本体2700円+税)

消費者の心理をさぐる
人間の認知から考えるマーケティング

日本心理学会 監修
米田英嗣・和田裕一 編

購買意欲をかき立てるコマーシャルやバナー広告などを、心理学を応用したマーケティングの見地から解説。企業の広告担当者必見の書。

目　次
第１章　マーケティングを理解する
　　　　――消費者行動と感覚マーケティング
第２章　広告効果を上げる認知心理学
第３章　視線・脳機能計測による消費者行動研究
第４章　物語説得における認知・感情反応
　　　　――物語はいかにして消費者に訴えかけるのか，そのメカニズムにせまる
第５章　物語の情報処理
　　　　――物語をどのようにマーケティングに応用できるのか
第６章　物語を用いた消費者行動
　　　　――ナラティブ・プロジェクションに基づく検討
第７章　映画製作のクリエイティブマーケティング

A5判並製　定価(本体1900円+税)

影響力の武器[第三版]
なぜ、人は動かされるのか

ロバート・B・チャルディーニ 著
社会行動研究会 訳

社会で騙されたり丸め込まれたりしないために、私たちはどう身を守れば良いのか？　ずるい相手が仕掛けてくる"弱味を突く戦略"の神髄をユーモラスに描いた、世界でロングセラーを続ける心理学書。待望の第三版は新訳でより一層読みやすくなった。楽しく読めるマンガを追加し、参考事例も大幅に増量。ネット時代の密かな広告戦略や学校無差別テロの原因など、社会を動かす力の秘密も体系的に理解できる。

目次
第１章　影響力の武器
第２章　返報性──昔からある"ギブ・アンド・テーク"だが……
第３章　コミットメントと一貫性──心に住む小鬼
第４章　社会的証明──真実は私たちに
第５章　好意──優しそうな顔をした泥棒
第６章　権威──導かれる服従
第７章　希少性──わずかなものについての法則
第８章　手っとり早い影響力──自動化された時代の原始的な承諾

四六判上製　定価(本体2700円+税)

影響力の武器 実践編 [第二版]
「イエス！」を引き出す６０の秘訣

ノア・J・ゴールドスタイン／
スティーブ・J・マーティン／
ロバート・B・チャルディーニ 著
安藤清志 監訳　曽根寛樹 訳

豊富な実例が好評の「実践編」が新たなシーンを加えさらに実用的に。ビジネス等の交渉で有利になる術を明快な６０の秘訣で習得できる。

目次より
○　不便を感じさせて高める説得力
○　バンドワゴン効果をパワーアップ
○　社会的証明の思わぬ落とし穴
○　「平均値の磁石効果」を防ぐには
○　選択肢が多すぎると買う気が失せる
○　「何もしない」という選択肢が影響力を高めることも
○　特典のありがたみが薄れるとき
○　上位商品の発売によって従来品が売れ出す不思議／他

四六判上製　定価(本体2200円+税)

プロパガンダ
広告・政治宣伝のからくりを見抜く

A. プラトカニス / E. アロンソン 著
社会行動研究会 訳

プロパガンダの歴史と社会心理に基づきながら、大衆操作の企てや集団規模の説得の標的から、いかに身を守るかをわかりやすく解説。

目次
1　プロパガンダの時代
第1章　日常生活のなかの説得
第2章　説得のお膳立て
　　　　──効果的な説得を行うために
第3章　伝達者の信憑性
　　　　──本物とまがい物
第4章　メッセージ
　　　　──それはどのように伝達されるのか
第5章　感情にアピールする説得
第6章　説得の戦略を打ち破るために
第7章　情報戦略が失敗するとき
　　　　──プロパガンダと社会

A5判並製　定価(本体3200円＋税)

ポケットブック 影響力の武器
仕事と人間関係が変わる21の心理学

N・ゴールドスタイン / S・マーティン / R・B・チャルディーニ 著
安藤清志 監訳　曽根寛樹 訳

影響力の武器シリーズに、持ち運びにも便利なポケット版が誕生。21の短いセクションに仕事や人間関係で便利な心理学を凝縮した。

主要目次
1　与える
2　交換する
3　プレゼントを贈る
4　協力する
5　一呼吸置く
6　譲歩する
7　知ってもらう
8　認める
9　頼む
10　会話する
11　人間味を添える
12　好かれる
13　褒める /他

B6変判並製　定価(本体1300円＋税)